『日本三部曲』之三

国家的重生

日本战后腾飞之路

马国川◎著

中信出版集团 | 北京

图书在版编目（CIP）数据

国家的重生：日本战后腾飞之路 / 马国川著 . -- 北京：中信出版社，2021.8（2024.10 重印）
ISBN 978-7-5217-2967-2

Ⅰ . ①国… Ⅱ . ①马… Ⅲ . ①日本—历史—研究—1945-1973 Ⅳ . ① K313.5

中国版本图书馆 CIP 数据核字（2021）第 050138 号

国家的重生：日本战后腾飞之路

著　　者：马国川
出版发行：中信出版集团股份有限公司
（北京市朝阳区东三环北路 27 号嘉铭中心　邮编　100020）
承 印 者：嘉业印刷（天津）有限公司

开　　本：880mm × 1230mm　1/32　　印　　张：13.5　　字　　数：315 千字
版　　次：2021 年 8 月第 1 版　　印　　次：2024 年 10 月第 4 次印刷
书　　号：ISBN 978-7-5217-2967-2
定　　价：68.00 元

推荐序

一个国家为什么能成功？

《财经》杂志总编辑

王波明

翻阅马国川先生的这本新书《国家的重生：日本战后腾飞之路》，我不由得想起40多年前的往事。那是在我国改革开放初期，有一本名为《访日归来的思索》的书风靡一时。此书作者是中国社会科学院的领导和专家，1978年11月他们到日本进行了一个多月的考察，回国后撰写报告介绍战后日本的经济发展情况，展现当时日本民众的生活，大开国人眼界。[①] 人们惊讶地发现，日本原来已经那么富裕，因此出现了学习东邻的热潮。

从那时起，我就对日本产生了兴趣，认为这是一个非常值得关注的国家。1980年我到美国留学，看到市场上有许多日本产品，而且越来越多。事实上，1981—1986年，日本对美国的出

① 参见《访日归来的思索》，邓力群、马洪、孙尚清、吴家骏著，中国社会科学出版社，1979年10月第一版。

口远远高于进口。为了解决美国的巨额贸易赤字问题，1985 年 9 月，美国、日本、联邦德国、法国、英国的财政部长和央行行长齐集纽约协商，于是诞生了著名的《广场协议》。协议签署地“广场饭店”就位于纽约第五十九街，距离我就读的哥伦比亚大学并不远。

《广场协议》签署后，日元升值，日本借机大力拓展海外市场。我硕士毕业后在纽约证券交易所工作，发现有大量日本资本涌入美国。无论是工业、房地产，还是文化等产业，到处都可以看到日本人活跃的身影。日本富豪在美国购买工厂、豪宅、饭店、艺术品，日本三菱集团甚至买下了被视为美国象征的洛克菲勒中心大厦。这一波“买下美国”的热潮，一直持续到 20 世纪 90 年代初才平息下来。由于经济泡沫破灭，“日本神话”逐渐褪色。随着中国经济的起飞，许多国人也不再把日本作为学习对象。尤其是 2010 年中国 GDP（国内生产总值）总量超过日本之后，有些人对日本颇不以为然。

但是我认为，作为和中国一样的追赶型国家，日本走过的道路是值得关注的，它的经验和教训都是宝贵的财富，不应忽视。马国川先生花费五年时间完成的“日本三部曲”（《国家的启蒙：日本帝国崛起之源》《国家的歧路：日本帝国毁灭之谜》《国家的重生：日本战后腾飞之路》），描写的恰好是 1853—1973 年的日本现代化进程。读日本的这段历史，可以让我们更清晰地了解日本所走过的曲折道路。以日本为参照，审视同时代中国的现代化奋斗历程，更可以给我们许多思想启迪。

《国家的重生：日本战后腾飞之路》讲述的是 1945—1973 年日本的故事，诚如副标题所示，此书的主题是“日本战后腾飞之路”。一个满目疮痍的战败之国，仅仅用20多年的时间就成为仅次于美国的经济大国，跻身世界强国之列，这在世界范围内都是罕见的（只有当时的联邦德国可以相提并论）。如果放眼第二次世界大战结束后的全球就会发现，同时期有许多新兴国家都在“建国”，可是“成功国家”很少，“失败国家”是多数。因此，在阅读《国家的重生：日本战后腾飞之路》时，我一直在思考一个问题：一个国家为什么能成功？

对这个问题，已经有各种各样的回答，可谓言人人殊，难有统一的解释。我个人认为，麻省理工学院的德隆·阿西莫格鲁教授和哈佛大学的詹姆斯·A. 罗宾逊教授的解释更有说服力。这两位经济学家认为，自然资源、文化背景、民族个性等都不是国家能否成功的决定性因素。他们在2012年共同出版的《国家为什么会失败》一书中，对历史发潜阐幽，提出了解释国家成败的两个重要制度框架——包容性制度（inclusive institutions）和攫取性制度（extractive institutions），前者是一种多数人参与、利益分享的多元制度，后者是权力和财富高度集中、被少数人垄断的制度。包容性制度分为包容性政治制度和包容性经济制度，攫取性制度分为攫取性政治制度和攫取性经济制度，由此构成四个组合：

（1）包容性政治制度＋包容性经济制度；

（2）包容性政治制度＋攫取性经济制度；

（3）攫取性政治制度＋包容性经济制度；

（4）攫取性政治制度＋攫取性经济制度。

第一种是最好的组合，能够让一个国家实现经济的持续发展和人民生活水平的持续提高；第二种是不存在的，因为如果一个国家采取的是包容性政治制度，就不会采取攫取性经济制度；第三种也可以让一个国家在一定的阶段里发展起来，但是攫取性政治制度会侵蚀包容性经济制度，因此，最好是通过改革向第一种制度组合转型，当然也有可能堕入第四种制度组合；第四种是最差的选择，一个国家一旦陷入“攫取性制度”的怪圈，即使经济有所发展，也难以持续，最终将导致经济停滞，人们生活水平下降，社会发生动荡。①

日本战后能够实现经济腾飞、国民富裕、社会安定，完全可以根据上述的制度框架进行分析。

20 世纪 30 年代，日本的政党政治被废止，议会民主名存实亡，天皇及其背后的一小群特权阶级掌控着日本的军队、政府机构和经济命脉。这是典型的攫取性制度。从《国家的重生：日本战后腾飞之路》一书可以看出，战后日本改革的主要内容之一，就是抛弃攫取性政治制度，建立包容性政治制度。例如，战争结束后，美国在日本推行真正的普选制，日本女性第一次获得了选举权和被选举权。在本书的“在日本寻找麦克阿瑟”一章中，就记载了日本一位立法领袖和麦克阿瑟的一次有趣对话：

“我很遗憾地告诉您，选举中发生了一件可怕的事情。阁下，有一个妓女被选进了众议院。”

“她得了多少票？”

“25.6 万张。”

① 参见《国家为什么会失败》，德隆·阿西莫格鲁、詹姆斯·A. 罗宾逊著，李增刚译，湖南科学技术出版社，2015 年 6 月第一版。

“那么，这么多选票恐怕不全是靠她那不光彩的职业得来的吧！”

这次选举产生的国会议员中，既有政治家、企业家，也有农民、教师、医生、工人和律师，其中有39名女性，包括那位有“不光彩的职业”的女性。日本民众第一次拥有了真正的民主权利，这彻底改变了少数人垄断政治权力的局面。不久后，日本实施新宪法，进一步巩固了民主制度。当时日本政府给每个家庭都分发了一本袖珍小册子《新的宪法，新的生活》，其发刊词庄严宣称：“旧的日本被投进阴影之中，新的日本诞生了。”

几乎与此同时，日本在经济上也实行了一系列变革，包括解散财阀、赋予工人“三权”（罢工权、自由结社权、集体谈判权）、颁布反垄断法等，打破了财富高度集中、被少数人垄断的旧格局。其中，土地改革尤其重要，日本政府从地主手里征购了当时全国近一半的土地，将其低价卖给农民，基本实现了“耕者有其田”。农民的劳动积极性大大提高，生产力也得到极大释放。几年间农业产值增加360%，为经济腾飞打下了坚实的基础。通过这场不流血的和平的土地革命，日本消灭了地主阶级，瓦解了日本法西斯和军国主义滋生的土壤，也避免了各种激进社会运动。难怪麦克阿瑟说：“在占领期间取得的所有成就当中，土地改革的影响最为深远。”

通过一系列改革，日本建立了包容性政治制度和包容性经济制度，为此后的经济腾飞奠定了坚实的基础。在经济高速发展的过程中，包容性制度化解了各种利益冲突，让大众能够普遍分享经济发展的成果，也让利益受损者得到了合理的补偿。反之，由于社会矛盾被吸纳和化解，经济发展的可持续性也得到了保障。与此形成对比的是实现民主化之前的韩国，攫取性政治制度导致韩国社会冲突不断，经济发展不稳定。在建立了包容性政治制度，完成从威权发展模式向民主法治模式的转型之后，韩国才走上了平稳发展的道路。

近年来，我多次前往日本，这个富裕、文明、有秩序的高度现代化的国家给我留下了良好印象。然而，就像“日本三部曲”所描写的，日本现代化道路绝非一帆风顺：它通过明治维新而崛起为世界强国，却由于选择了法西斯主义而走上歧路，给国家和民族带来巨大灾难。它在战败之后，建立了包容性制度，因此才脱胎换骨，重新走上发展的正途，在很短时间就成为亚洲第一个实现现代化的国家。

没有人愿意成为失败者，也没有国家不想成功。综观世界，成功的国家虽然是少数，但是从过去 70 多年的历史来看，通过建立包容性制度而走向成功的国家在逐渐增多。放眼未来，将会有越来越多的国家摈弃攫取性制度，建立包容性制度。在这个意义上，包容性制度是世界的潮流。一个国家只有建立包容性制度，才有光明未来。

自序

读日本，看未来

马国川

一

阅读日本近代历史，常常想起历史学家唐德刚先生的“历史三峡论”。与中国一样，日本这个东亚岛国自从打开国门之后，也进入了惊涛骇浪的现代化大转型。这一路百折千回，走得好辛苦，既有过跻身世界强国之列的荣光，也有过沦为被占领国的至暗时刻。那么，它是什么时候才顺利穿过“历史的三峡”的呢?

转折点就是本书开篇所写的1945年。那一年既是日本战败之年，也是其重生之年。当时的日本满目疮痍，几代人为之奋斗的现代化成果毁于一旦。但是在盟军总司令部的推动下，日本沉痛反思自己走过的道路，开始在废墟之上重建家园。企业家创业，知识人启蒙，科学家探索，政治家抉择，民主人士呐喊，环保主义者抗争，普通人为生活而拼搏……仅仅经过20多年，日本就成为经济总量仅次于美国的第二大国家。1973年，也就是开国120周年之际，日本不仅成了世界各国羡慕的“经济大国”，还成了一个民众共享发展成果的“福利国家”，贫富差距小，社会安定和谐。

在名著《拥抱战败》的开篇，美国历史学家约翰·W. 道尔就写道：“日本作为现代国家的兴起令人震惊：更迅猛、更无畏、更成功，然而最终也比任何人能够想象的更疯狂、更危险、更具有自我毁灭性。”不足60字的一段话，概括了日本从1853年到1945年的历程。其实，这段话后面还可以加上一句：战后日本的复兴更有力、更快速、更令人称奇。

日本战后重建的这段历史丰富多彩，尽管其中有汗水、血泪、挫折与不幸，但是总体来看，这仍是一个成功的现代化故事。紧随日本之后，韩国、新加坡、中国台湾地区、中国香港地区也相继起飞，形成了一个“东亚雁队”，被誉为“东亚奇迹”。从20世纪下半叶的世界图景上看，东亚这些国家和地区的繁荣昌盛，与其他诸多失败国家和地区形成了鲜明对比。因此，在写作本书的时候，一个问题萦绕在我心中：成就“日本奇迹”的秘密是什么？

我出入历史，寻找答案。我把自己置身日本战后的情境中，怀着时人在面对未来何去何从时的全部疑虑和彷徨，一起探索，一起追求。我也时时走出来，努力以超脱的眼光去俯视逝去的历史，就像俯瞰一条奔流的大河。答案有时清晰，有时模糊，“瞻之在前，忽焉在后”。

直到有一天，我突然想起著名学者周有光先生对我讲过的一个故事。改革开放初期，新加坡大学邀请周有光先生参加国际学术会议。他问一位英国教授："许多人说新加坡是一个奇迹，你是什么看法？"英国教授回答道："世界上没有奇迹，只有常规。什么叫常规呢？就是按照国际先例去做。"

这个故事启发了我。看来，没有什么"日本奇迹"，日本只是尊重战后的国际规则，然后循规蹈矩地去做而已。战后，为了防止战争悲剧重演，欧美国家摈弃以殖民地和霸权为特征的旧秩序，构建了新的世界秩序与贸易体系。坊间流传一种说法："战后跟着美国跑的都富了。"其实这种说法是不准确的，应该说是尊重新的世界秩序与贸易体系的国家都富了。日本就是一个成功的典型。它彻底放弃了与世界主流文明为敌的老路，走上了民主主义与和平主义的新发展路径。日本是一个资源匮乏的国家，一旦认同和遵循国际规则，致力于融入世界，就能通过和平的方式从世界上获得各种资源，通过国际贸易发展自己。从此，日本驶出"历史的三峡"，"扬帆直下，随大江东去，进入海阔天空的太平之洋"[①]，迅速实现了国家的重生。

二

曾出任日本首相（1991—1993年）的宫泽喜一在回忆录里讲述了这样一个故事：

2001年7月4日，在东京举行"回首日美安保五十周年研

① 引自唐德刚著《晚清七十年》，岳麓书社，1998年6月第一版。

讨会”，在我提到“国土被占实为丧权辱国”时，一位与会者指出：“先生此言差矣，与其说是丧权辱国，不如说是解放新生。”该人士德高望重，人格修养都无可指摘，他的话令我无法忘却。

起初看到这则史料，我感到非常吃惊。为什么在日本的精英阶层里，竟然有人认同战后盟军对本国的占领，而且将其称为“解放新生”，甚至连宫泽喜一似乎也倾向于这种观点？对于被日本军国主义蹂躏过的国家的民众来说，日本战败当然是值得欢欣的。可是对于日本人来说，赞扬占领者难道不是有些“不爱国”的味道吗？仔细想来，这并没有什么不可理喻的。日本民众支持 1946 年颁布的《日本国宪法》，实质上就意味着抛弃和废止“大日本帝国”，从此开始建设一个新的国家——“日本国”。

同样的土地，同样的国民，这两个“国家”有什么不同呢？根据从 1890 年开始施行的《大日本帝国宪法》，“大日本帝国”是由万世一系之天皇统治的国家，国家主权属于天皇，国民都是天皇的“臣民”，有限的权利也是天皇恩赐的，随时可以被剥夺。而 1946 年的《日本国宪法》规定，天皇只是国家的象征，国家主权属于国民，国民享有的一切基本人权是不可侵犯的永久权利。以《日本国宪法》为奠基石，战后的日本成了一个全新的国家。在这个国家里，国民才是主人，一切都以国民的福祉为重。

战后初期，曾有学者提出这样的观点：资源贫乏、人口过剩、没有军备的日本，在今后的世界中将失去存在的价值。这个观点既反映了日本知识界对于未来的忧虑，也折射出某些人在思想深处对于“国家”的执念。在他们看来，日本只有成为一个强大的国家，才能够“在今后的世界中具有价值”。这意味着只承认国家的利益，经济发展和军力强大就是最终目标。如果按照这样的逻辑，日本就应该重启以富国强兵为目标的“明治梦”。但是人们从沉重的历史教训中认识到，这条老路只会走向自我毁灭。与国家利益相比，最根本的还是每个人的权利和自由。

美国的日本历史学家马里乌斯·詹森曾经自问：“这个从19世纪的传统中摆脱出来的国家，如此极速地从议会立宪主义转向军国主义，接着又转向和平主义，从通过战争追求国力强盛转向通过贸易追求民富国强，凡是有历史责任感的历史学家都会追问：这到底是为什么？”① 在我看来，这就是一个后发国家在追赶现代化过程中的不断追问。

如果把1853—1945年视为日本的第一波现代化，那么1945年战败则是日本第二波现代化的开始。在第一波现代化过程中，日本把国家/天皇作为最高价值，最终走上了一条自我毁灭的歧路。在第二波现代化过程中，它校准历史航向，彻底改变政治体制和经济体制，不再强调国家利益，而是把民众的利益作为最高原则。日本通过对现代核心价值观的认同，全面革新国家制度，顺利完成了第二波现代化，成为亚洲第一个现代化国家。

国家存在的意义是什么？如何处理国家和国民的关系？这是每个追赶型国家早晚都要面对的问题。在当代世界，如果一个国家没有建立对此问题的普遍价值认同，那么它的“建国”任务就没有完成。如果不能正确处理国家与国民的关系，那么一个国家即使经济再发达，军事力量再强大，也不能说它完成了真正意义上的现代化转型。如果国家利益压倒一切，蔑视、践踏国民的个

① 引自马里乌斯·詹森著《日本的世界观》，上海三联书店，2020年2月第一版。

人权利，那么一个国家就可能成为失去制约的“利维坦”，给整个民族带来灾难。

在我看来，日本战后历史的最大意义，就是确立现代价值观，在历史废墟上成功转型，完成了建国任务。

三

2019 年 11 月，在完成了《国家的歧路：日本帝国毁灭之谜》之后，我开始写作本书。起初很顺利，但是两个月后，随着新冠肺炎疫情暴发，便很难再安心读书写作。接连发生的不幸事件，无数人的悲剧命运，让我感到恐惧、悲哀、愤怒、失望、无奈。由小小的病毒引发的国际局势动荡，更让我对未来充满了疑虑与担忧。

在这个充满暴风雨的时代，在一道道锃明彻亮的闪电中，每个国家都清楚地暴露了它的优点和弱点。不同的国家涌动着不同的社会激情，价值观的对立与冲突凸显。因此，有人预言人类将迎来“大萧条”以来最困难的时期，也有人预言世界将陷入“新冷战”。不管怎样，世界发生了巨变，我们再也回不到过去了。在大时代的转弯处，面对充满风险的未来，瞻念前途，路在何方？

美国外交家亨利·基辛格多次警告世人，“当今世界比第一次世界大战之前还要危险”。确实，第一次世界大战前德意志帝国强调国家至上，敌视外界，导致了一场人类历史上空前的浩劫。20 多年后，极端民族主义和极端国家主义的主张又在日本帝国和希特勒的“第三帝国”泛滥。作为追赶型国家，它们都否定以 18 世纪启蒙运动思想家倡导的自由、理性为核心的价值观，蔑视以现代民主政体、自由市场经济等为代表的现代文明秩序，期望走出一条新的现代化道路，实现“弯道超车”，而英法等国采取绥靖政策，结果酿成了更大规模的人类悲剧。

随着 2021 年春天的到来，各种新冠疫苗的推广让希望重新降临世界。生活总要继续下去，不过这次世界范围的公共卫生危机将强化民族主义和民粹主义的浪潮，民族国家的角色可能会在一段时间里得到强化。与此相反，一种主张新的世界主义、更积极的国际合作的立场也会得到发展。在如何处理人类共同的挑战和各国内部的问题上，这两种观点之间的博弈可能会长期存在。我担心的是，在博弈中，那些来自历史的经验和教训会不会被忽视，那些至高的、永久的价值观会不会被忘记，人类会不会再次走进历史的泥沼？

21 世纪以来，科技发展突飞猛进，人们沾沾自喜，以为走了很远，一个美好新世界就在眼前。这场新冠肺炎疫情让我们停下匆匆的脚步，回头反思，才发现我们仍然走在 20 世纪的延长线上。这不应让人气馁，反而让我们更清醒地认识到，20 世纪的思维也仍然纠缠着许多人，20 世纪遗留的诸多问题仍然困扰着世界。许多人虽然身在 21 世纪，但头脑仍然停留在 20 世纪。许多貌似刚刚出现的新问题，其实可能只是老问题在“借尸还魂”。

近年来，德高望重的著名经济学家吴敬琏先生不断呼吁重读历史。他认为，人们在前进的过程中，会遇到虽然形态上可能有所变化，但实质却类似的艰难险阻，因此，应该“对历史经验进行深入总结，从中吸取教训”①。国家层面也是同样的道理，一个

① 引自吴敬琏著《吴敬琏论改革基本问题》，上海三联书店，2021 年 2 月第一版。

国家在向前走的同时，还应该不断回头看，以校正前进的方向，同时也要旁顾左右，研究其他国家走过的道路，吸取已有的教训，学习成功的经验，只有这样才能行稳致远。事实上，世界上固然有许多失败国家，但是也不乏像战后的日本这样转型成功的案例。

如果各国能够审时度势，取长补短，惨重的历史代价就没有白白付出。我们也有理由期待，当这场史无前例的世界性灾难结束后，人类将迎来一个更美好的世界。

是为序。

目录

第一编　改造

第二编　起飞

第三编　大国

第一编　改造

8 月 15 日：毁灭还是重生？

1945 年 8 月 15 日注定成为日本近代史的一个拐点，标志着由明治维新开辟的日本式现代化道路的失败。自 1853 年佩里将军叩响国门以来，这个闭关的东方岛国就被迫启航，驶进了现代化的汪洋大海。它曾经一帆风顺，一度似乎靠近了理想的彼岸。可是，后来它却迷失航向，跌进滔天巨浪之中，几乎船毁人亡。从这一天起，它在迷茫、绝望、犹疑和希望中，“朝向荒芜的世界”开始了新的航程。

他的旗帜倾倒，
他的声音在嘀嘀，
从收音机中传来——空洞、颤抖、悲伤……
这一刻定格于历史。
这本神话编制的书页，今天合上了，
打开了人们的眼睛，
朝向荒芜的世界。

这首诗描写的是日本历史上关键的一天——1945 年 8 月 15 日——昭和天皇通过广播宣布日本无条件投降。该诗作者壶井繁治是一位左翼诗人，战前曾入狱两年。作为军国主义的受害者，他当然欢迎日本投降时刻的到来。

那天中午，晴空万里，酷热难耐。全日本的人都站在收音机前，等待“天皇玉音”的播放。农村里农民们聚集在一起，低垂着头恭听收音机里播出的声音。他们从未听过天皇的声音，更不知道这次的广播目的何在。经过普通日语翻译解释天皇的演说，农民们得知日本投降后，发出阵阵的啜泣声，而后就陷入一种极度的沉寂之中。

与这些淳朴老实的农民不同，在东京，数以千计的人络绎不绝地涌向皇居二重桥前的广场，跪地痛哭。海明威在《永别了，武器》中描写道，从欧洲到北美，从中国到英国，世界各地都为第二次世界大战的结束而欢呼，人们纷纷走上街头，奔走相告，载歌载舞，热泪盈眶。这些人流下的是幸福的眼泪，而日本人流下的却是痛苦、悔恨与无助的眼泪。

在此之前，日本社会被打造成一台严密的战争机器，上下都围绕着“大东亚战争”而运转。尤其是在城市里，接受了军国主义思想的民众从来没有，也根本不敢设想战争的失败，而是始终对战争的胜利抱有极大的期待。随着战争越拖越久，生活也越来越困苦，可是期待却更加强烈。许多人直到日本投降前夕，还仍然以为日本即将取得胜利。得知战争失败的消息后，生活在期待与梦想中的人们失去了灵魂，茫然不知所措。

一位教师写道：“这天集合起来的全体职工互相抱头痛哭。这是因为在过去四年间，通过教育儿童挺身为国拼命的行为在一瞬间被打得粉碎。”另一位教师在日记中详细地追述了当时的心境：“听到日本无条件投降的时候，简直不敢相信，真受不了了。但这是事实，是冷酷且不可否认的事实。辉煌的皇国历史遭到玷辱，这是令人遗憾的。我们曾经立志从事皇国教育，参加圣战，真实地生活，但现在却为不够努力而自责。背负沉重的背包，忍着干渴的煎熬，接连数日废寝忘食地在大陆进攻，这一切倒成了错误和罪恶。到底什么是真的，靠什么生活才好？干什么，怎么干才好？这一切我一点也弄不懂。过去的精神支柱动摇了，我虚脱了，感到深深的不安。”

一些人因此而精神失常。思想家丸山真男的一位弟子当时是一个服役中的军人，他所在部队的驻地旁边有一个小树林，他讲述了那时的见闻：“在聆听了天皇玉音后的当天，我看到旁边的小树林里，有一位妇女只披了一件衣服，光着脚来回奔跑，一边跑还一边叫喊。问了围观的人才知道，原来那位妇女的丈夫已经战死了，她的家门上还有‘靖国之家’的标牌。现在，她听到战败的消息，精神受到巨大的冲击。这一天晚上，我们刚刚回到宿舍，有一位妇女突然闯了进来，进屋后立即抢过军人的战刀，高喊着：‘我要和你一起去！’同时要用战刀自杀。我们拼命夺下她手中的战刀，但是这位妇女仍然不断地喊着：‘还我的丈夫！还我的丈夫！’原来，她的丈夫就是预备队的少尉，作为神风特攻队的队员已经战死了。”

接近战败时，日本竭力宣扬“玉碎”思想，甚至喊出“一亿玉碎”的疯狂口号，这确实也影响了许多人。居住在镰仓的作家大佛次郎在1945年8月15日的日记中记述道：“十二时新闻播报，演奏《君之代》，主上自行广播大诏，接着公布波茨坦的建议和开罗会谈的诸条件。台湾、满洲、朝鲜均被剥夺，暂时允许敌军统治本土。……这对日本来说如同一场突然袭击。……上床就寝，却无法入睡。这是前所未有的革命性事件，对于这一屈辱，流血甚多的日本人，尤其是那些少壮军人能够忍受吗？”

那些少壮军人确实不能忍受。直到录音播放前，天皇周围的一些军人还在竭力阻止录音通过广播播出，甚至发生了未遂政变。失败后，几名为首的年轻军官以切腹等手段来逃避面对投降广播的那一刻。著名电影《日本最长的一天》就生动地反映了当时的情形。对于这些被“皇国思想”洗脑、发誓奋战到底的死硬分子来说，没有比投降更可耻的了。

除了老作家、疯狂的少壮军人，担心未来的还有天真而愚蠢的中学生。一位女中学生在战败当天的日记里只写了一行字：“霹雳！！这是怎么一回事！”这表明她已经被战败的现实打晕了。想了两天之后，这个十几岁的孩子又在日记里写道：“这样的日子，对日本人来说真是难过啊！在听到 15 日的大诏之前，我们都在为胜利而奋斗着。真没想到是这样的结果。如果不是天皇的命令，即使只剩下我一个人，也要战斗下去，不管原子弹有多么厉害。这样一来，就要忍受屈辱，成为可憎的美国佬的属国了。其实，即使领土被占领、同胞被杀戮，即使战斗到最后一个人，战斗到日本剩下最后一寸土地，也要高呼着‘万岁’倒下，这才是日本人的幸福。”

耐人寻味的是，在“玉音放送”之后，选择“玉碎”的人比预想的要少得多。那位宣称“即使只剩下我一个人，也要战斗下去”的中学生当然没有去死。根据当时的资料，有 527 名军职人员在宣布投降之后自杀身亡。这一数量仅相当于德国投降时自杀的纳粹军官的数量。要知道，德国从来没有日本式的自杀殉国的疯狂信仰。

政治高压往往导致“两面人”，日本也不例外。在战争中许多人虽然嘴上说不甘心失败，但其实心里清楚这样下去没有未来。只有在战争结束的时候，他们才敢于把这种感情表达出来。一个忍耐了许久之后终于可以一吐胸中郁闷的时机到来了。

作为一名坚定的消极反战者，知名作家永井荷风一直拒绝加入几乎所有文人均被网罗在内的“日本文学报国会”。他以风花雪月、醇酒妇人的姿态与主流阵营保持着遥远的距离，平日不参加当局举行的任何活动，逍遥于世。在 1945 年 8 月 15 日，他以酒宴欢迎和平的到来。当时他住在一处旅舍，记录了当天的情况：“S 君夫妇告知，今日正午的广播，公布了日美战争突然停止的消息。是该停止了。傍晚洗染店的老妇携来鸡肉、葡萄酒，于是摆开酒宴，庆祝停战，人人皆醉，就寝。”那天他还在日记里留下了“农家的庭院内夹竹桃盛开，稻田间开着荷花”这样闲适的文字，欣喜之情溢于笔端。

与永井荷风同龄的经济学家河上肇，多年来也是避世而居。1930 年以来，当局对左翼运动进行疯狂镇压，迫于残酷的现实，几乎所有的知识人都匍匐在军部的淫威之下，集体噤声。河上肇也因为参加地下共产党而锒铛入狱，被监禁数年。1937 年，他在报纸上发表“我决定终结自己作为马克思主义学者的生涯”的声明后，就转入了沉默期。1945 年 8 月 15 日他从隐居处露面，呼吸着自由的空气。兴奋的心情无以言表。“言之不足，歌之”，于是 66 岁的河上肇写了一首诗：

啊，如此幸福，
活到今日，
看到战争结束这珍贵的一天。
此刻我也从病床上爬起，
看天空如洗的月光。

与这位含蓄内敛的老人不同，年仅 26 岁的加藤周一几乎要欢唱起来。虽然加藤周一后来成为名满天下的“知识巨匠”，但当时他还只是东京帝国大学附属医院的一名医生。由于东京遭到轰炸，医院被迫迁到农村地区。加藤周一注意到，从 1945 年 8 月 10 日开始，报纸上不再出现“决战”“玉碎”“焦土战术”这些词，取而代之的是“维护国体”。他敏感地意识到，在决策层中已经出现了主张“投降”的强大力量。当预告说 15 日有“重大放送”的时候，他就预感到可能是投降宣言。他在自传《羊之歌》中生动描写了当时的情形：

八月十五日正午，院长，还有医生、护士、工作人员和患者，医院里所有人全都集中到了食堂，神情紧张地听了那段听不太清的“玉音放送”。放送结束后，事务长深吸了一口气，面对着院长，问道：“这是什么意思？”“就是战争结束的意思。”院长简短地回答道。几十个护士，都是本地姑娘，就跟什么都没发生过一样，就像平时吃过午饭后那样，热闹地说笑着，一眨眼就从食堂消失，出现在各个病房里。不管进行了多少教育和宣传，战争到最后也没能渗透进姑娘们的世界。以事务长为首，包括部分职员和大多数疏散过来的医生，他们都一脸阴沉的表情。但没有一个人流下眼泪。

我回到院长室，默默地喝着院长泡的绿茶，跟院长两人各自陷入了沉思。如今，我的世界充满了光明。夏天的云朵、白桦树的叶子、山峦、城镇，所有一切都充满了欢乐，闪耀着希望之光。长久以来，我一直都在盼望着这一刻的到来，却又不敢相信这一刻居然真的到来了。军靴践踏了所有的美好，权力愚弄了所有的理性，军国主义抹杀了所有的自由，可就在突然之间，它们就像噩梦一般消失殆尽、分崩离析。当时我就想，接下来我要开始“活”了。如果有所谓“生之喜悦”，那么，从那一刻开始我体会到了。我想要放声高歌。

自从“二二六”事件发生后，加藤周一就看破新闻宣传的谎言，敏锐地意识到这是“通向荒凉未来的军部独裁之路”。从此，他对所谓“家国天下”总是保持冷眼旁观的姿态，“拒绝为集体献身”。面对战后的废墟，他的心中却充满了希望：“我从没有像当时那样对日本的未来充满乐观的情绪。”

与加藤周一这种“青春作伴好还乡”的欢快不同，律师正木昊以诗歌表达自己的义愤：

日本投降了。
神的审判，已经庄严下达，
败北后仍然能够继续生存。
这是广大无边的神的恩惠啊！
是神在我们日本民族濒临灭亡前的一瞬，
给了我们一个反省的机会。

如果我们不能理解这个恩惠，
神将会立刻执行令人恐惧的最后审判，使这个民族灭绝。
罪恶的国度，日本！
虽不知远古野蛮未开化的时代如何，
但中世纪以后，还有比日本更愚昧和品行恶劣的国家吗？

正木昊刚正不阿，敢于向厚黑的权势挑战。从 1937 年开始，他创办个人杂志《身边》（邮寄 4 000 份），用巧妙的方式对军部和官僚的暴政进行谴责。历史学家家永三郎称赞他“将战时的合法抵抗发挥到了极致”，是“日本的良心”。上面这首诗就发表在战败那一天手写油印的《身边》杂志上。在诅咒之外，他也呼吁同胞“反省”。

高见顺就是当时的一个反省者。这位作家一度是左翼人士，1933 年被警察拷打而“转向”。战争胜利的希望越来越渺茫，高见顺的心灵备受折磨。在 8 月 15 日那天的日记里，他这样写道：

十二点。报时。演奏《君之代》。朗读诏书。果然是宣布战争结束。终于战败了。已经被战争拖得疲惫不堪了。夏日的太阳灼灼发光，令人眼睛发痛。在烈日之下获知了战败的消息……车站上，与往常无异。一位中年女子对着中学生问道：“说是中午有重大的广播，什么事呀？”中学生显出尴尬的神情，低下头轻声作了回答。“啊？啊？”那妇女大声追问道。轨交车厢内也与平日无异。比平时稍空些。

在苦涩、酸楚、愤懑之中，高见顺开始反省国家的过去。他斥责整个国家充斥着欺骗，“都在互相欺骗，政府欺骗民众，民众欺骗政府。军部欺骗政府，政府欺骗军部”。同时，他也开始思考国家的未来：“之前可怕的军部力量是左右一切的。一个真正健康的民主社会会在日本出现吗？会成为现实吗？”但是，他又对自己的思考表示怀疑：“这恐怕还只是一种幻想吧。我们毕竟是在这样专制的社会中生活过来的。”

绝望也罢，希望也罢，1945 年 8 月 15 日注定成为日本近代史的一个拐点，标志着由明治维新开辟的日本式现代化道路的失败。自 1853 年佩里将军叩响国门以来，这个闭关的东方岛国就被迫启航，驶进了现代化的汪洋大海。它曾经一帆风顺，一度似乎靠近了理想的彼岸。可是，后来它却迷失航向，跌进滔天巨浪之中，几乎船毁人亡。从这一天起，它在迷茫、绝望、犹疑和希望中，“朝向荒芜的世界”开始了新的航程。日本将向何处去？迎接日本的将是怎样的命运呢？

假如日本是战胜方……

“日本与美国的差距根本无法以数字衡量”，真正打败日本的绝不是外部因素，也不是敌人先进的武器装备，更不是原子弹。日本其实是败给了一种更高尚的精神理念。

在宣布无条件投降后，按照盟军的要求，日本还要派天皇、政府和军部的代表参加投降仪式。这些代表既要能够对结束战争负责，又要被对方所信任。这是战败后的第一个步骤，稍有差池，后果将不堪设想，因为一方已经放下武器，而另一方尚未完全控制局势。因此，遴选代表成为摆在天皇与政府面前的首要问题。

按道理说，首相和副首相是当然人选。时任首相东久迩宫稔彦王不仅身负办理投降事宜之责，他更是天皇的叔父，可以直接代表天皇。但是，东久迩宫首相却不肯出面，身为副首相的近卫文麿公爵同样选择了逃避，内阁其他成员也纷纷退后，避之唯恐不及。军部更是没有人愿意参加近代以来日本从未有过的投降仪式。这反映了当时日本要员的普遍心理：尽量避免承担这可憎的职责。在当时的氛围中，他们甚至认为去签署投降书的那个人，若是文官就表示其政治前途已经“完结”，若是军人则无异于自杀。

最后，经各方协商，由外务大臣重光葵代表天皇和政府，陆军参谋总长梅津美治郎代表军方，参加投降仪式。重光葵从1911年起就投身外交界，长时间卓越的外交生涯使他获得了谨慎、自信、保守和对天皇极其忠诚的名声。在战争后期，他曾为尽早终结这场无望的战争做过一些努力。因此，在他人避之如瘟疫的情况下，重光葵却认为这是一项痛苦但有益的使命。在接受天皇的任命前，重光葵对友人说，这意味着天皇陛下的信任，乃是莫大光荣。

可是，梅津美治郎却坚决不肯。这位长期身居要职的军人固执而倔强，绰号“石头人”，直到最后一刻仍然反对停止战争。他曾经对别人说，要签字的话，让那些主张投降的海军军人去是最合适的。据说他在得知自己被推荐为执行这项任务的人选时，气得脸色发白，斩钉截铁地说，如果硬逼他就范，他就立马切腹以死抗议。最后，昭和天皇亲自出面召见，温言劝说，梅津美治郎才十分勉强地接受了任命。

1945年9月2日，也就是在天皇宣布无条件投降的17天后，两位代表和九名分别来自外务省、陆军省及海军省的随员在首相官邸集合，一同遥拜宫城后，启程前往横滨。这是一个绝密的行动，因为担心极端分子暴力阻挠，所以所有汽车引擎盖上的外交官小旗事先已被除下，同行的军官也没有携带他们的佩刀。初秋的黎明，路上鲜有行人，车队在弹坑累累、崎岖不平的道路上行驶。车窗外满目疮痍，天色灰暗，浓云低悬，一行人在阴郁中前行。战争留下的废墟和投降带来的耻辱在他们心头交织出一股别样的痛楚。在后来的回忆录里，重光葵记载了当时看到的凄惨景象："沿途荒凉无比，路上尚无人影，只见一片烧毁的断壁残垣，其间仍有经受灾难的人群在烧残的瓦砾中搜寻着什么。血战的痕迹全部在眼前展开了。"一个曾经蒸蒸日上的后发国家，因为选择了邪路而走向毁灭。以空旷的废墟为背景，这个沉默的代表团就像在为这陨落的帝国送葬。

当日本代表团登上停泊在横滨湾的"密苏里号"战列舰时，发现甲板上站满了各战胜国代表、媒体记者和众多陆海军官兵。日本人穿过人群，感觉就像在游街示众。在狭窄且挤满了人的会场中，各国代表隔着一张长条桌与日本代表团面对面站好。尽管日本人竭力保持镇定，试图维护战败国的尊严，但对他们来说，每一分钟都如同几个世纪那样漫长。麦克阿瑟平静地从舱内走出，发表了简短的演说。他并没有对战败国进行诅咒、斥责或鄙夷，也没有表露出战胜国的炫耀、傲慢和张狂，而是展现出胜利者的胸怀。他说：

参战大国的代表们！我们今日齐聚于此，缔结一项令和平得以恢复的庄严协定。不同理念与意识形态的争端已在世界战场上决出了胜负，所以我们无须再来讨论和争辩。我们在此代表的是地球上最广大的人民，所以我们也不是怀着猜疑、恶意以及仇恨前来相见的，而是要让我们胜败双方都保有一种更崇高的尊严，只有它才符合我们即将为之奋斗的神圣目的，使我们所有人都全心全意地信守在此正式承担的职责。

我的殷切希望其实也是全人类的希望。那就是从这一庄严的时刻起，从过去的流血和屠杀中诞生一个更美好的世界，一个建立在信义和谅解之上的世界，一个致力于人类尊严及其最珍视之愿望的世界，一个自由、宽容和公正的世界。

不安与恐惧消失了，日本代表团安静下来。在一张长条桌前，重光葵、梅津美治郎在投降文书上签字，同盟国阵营的国家代表也先后签字，麦克阿瑟宣布“仪式到此结束”。那一刻，原本阴沉的天空云开见日。随后，麦克阿瑟对美国公众发表广播演说。他指出：“按照《波茨坦公告》，我们拥有将日本人民从奴役状态下解放出来的义务。因此，我的目标是一俟解散日本军队并采取其他消除日本战争潜能的必要措施后，便尽快履行上述承诺。如果得到适当的引导，日本民族的能量将能纵向发展而非横向扩张。如果这个民族的才智转到建设渠道，他们的国家就能摆脱当前这种可悲的境地，上升到受人尊敬的地位。”

投降仪式结束后，美方还向日本代表团提供了咖啡和香烟。作为日本代表团的随员，外务省（负责北美的）第六课课长加濑俊一被美国人所感动。加濑俊一先后在阿默斯特学院和哈佛大学接受教育，在日本外务省工作20余年，亲眼看到自己的国家如何一步步走向战争、一步步走向毁灭。“在我们穷途末路、万念俱灰的灰暗时刻，却迎来了一缕灿烂的光芒，那就是麦克阿瑟将军。”后来加濑俊一以诗般的语言评价麦克阿瑟：“他是一个爱好和平的人，他是一个散发着人格光辉的人，其高尚灵魂凝聚的光芒普照大地，其足迹所到之处都因之光明。我不禁自问，如此气度不凡的人物被派来担任驻日盟军总司令并决定日本的命运难道不是难得的幸事吗？”

加濑俊一此行的任务，就是认真地观察并记录投降仪式，给天皇提交一份报告。在返回途中，他匆匆记下了投降仪式的过程与自己的印象，然后交给重光葵。回到东京，重光葵第一时间就向急切等待的天皇报告任务完成的情况，并呈上加濑俊一的报告。在报告里，加濑俊一花了很多笔墨介绍麦克阿瑟的演讲内容，毫不掩饰自己对这位美国军人的好感。在报告的最后，加濑俊一提出了一个问题：“假如双方角色对调，作为战胜方的我们是否会以同样的胸襟去接纳战败方？”

答案是显而易见的。天皇也叹息着表示认同。正如加濑俊一所总结的那样：“日本与美国的差距根本无法以数字衡量。我们终究不是在战场上败给先进的武器，而是在精神的较量中败给了更崇高的理念。真正的问题是道德层面的，非算式所能穷尽。”也就是说，真正打败日本的绝不是外部因素，也不是敌人先进的武器装备。如果日本像美国一样宽宏大量，像美国一样自由民主，也不至于落得这般下场。事实证明，日本民族的精神过于狭隘，总是想着以战争的手段征服其他民族，以武力逼迫敌人就范，这样的观念是非常落后的，这是日本战败的根源所在。

重光葵也坦言：“若要延续过去的作风，即使战胜，前途也无希望。所以必须根本地改变日本民族的思想和态度。万事从头做起，将来才能繁荣，才有生存的价值。”曾经自认为是“神国”的日本，一贯认为自己能在道德精神上压倒世界其他任何国家。现在能够承认道德精神上的差距，殊为不易。

在思想认识之外，如何对待刚刚登陆的占领者，也是一个急迫的现实问题。在昭和天皇召见时，重光葵坦陈自己的观点："签署投降书实是我国有史以来的一大事件，自然是不祥之事，这是十分遗憾的。但是，这是拯救灭亡的日本民族、延续日本文化的唯一方法，这的确是不得已的……《波茨坦公告》要求的民主政治，实际上不仅与我国现状没有矛盾，而且日本的本来面目能由此被发现。出于这样的考虑，日本签署了这一降书。而且我认为，只有完全诚实地按照这一文件实行，才能开辟日本的国力。"天皇对重光葵的见解深表赞同，并鼓动将这一方针贯彻到底。

值得注意的是，信任战胜国、听候对方差遣，是当时日本精英中普遍的共识。作为战争中的最后一任首相，铃木贯太郎在战后担任枢密院议长。在当时那种"黑云压城城欲摧"的严峻局势下，他并没有忧心忡忡，反而"感到宁静淡然"。一年后，他在回忆投降经历时这样写道："有人坚持认为应当谈判，从同盟国方面得到保留日本国家组织结构的保证。然而这样的提议听起来荒唐透顶，我不愿无端生事。从我的立场来说，我们战败了。既然承认失败，那就把一切都交给胜利的一方裁决，这样才是有气节的做法。这是从古至今的军事传统。对于该做什么，我只秉持一种坚定的信念，那就是无条件地信任敌方统帅。武士道精神并非日本独有，而是一种普遍通行的准则。像对待自己人一样对认输拜服的敌手予以庇护才是勇士之道。麦克阿瑟将军的为人秉性我一无所知，但是作为一名战士，我对于这种军人精神坚信不疑。因此，在各种源自恐惧和未知的流言甚嚣尘上之时，我却没有一丝忧虑。"

吉田茂非常欣赏铃木贯太郎的文章，他特意将该文转交给麦克阿瑟阅读，还在附信中说："他（铃木贯太郎）所表述的观点令我由衷赞同。在那个具有重大决定意义的时刻，天皇陛下以及全日本绝大多数不善言辞但内心正直的人，对于他的感受和态度都深有同感。"

这样的态度影响了美国的占领政策。最初美国认为，即使成功登陆，一部分日军仍会跑到大山深处继续负隅顽抗，就算到不了那种程度，大部分日本国民依然会有组织地抵抗占领管理。因此，美国原本计划对日本实行和德国一样的军事管制。但是没有想到，日本政府的中枢机关意外地迅速组织投降，而且投降后日本的国内形势并没有发生令人担心的不稳定情况。于是美方改变了军事管制措施，通过日本政府推动日本的全面改造。

对一个人来说，"胜不骄，败不馁"是高贵的品质；对一个国家而言，做一个成功的胜利者不易，做一个合格的战败者也难。日本反思"假如双方角色对调，作为战胜方的我们是否会以同样的胸襟去接纳战败方"，没有虚伪地应付占领军，而是坦然且直率地承认自己的战败，尽力信任战胜国；美国则以理想主义的热情在日本实行各项改革，完成了一场"不流血的革命"。诚如吉田茂评价的那样："美国与日本这两个曾经敌对的国家，通过占领建立起来的大约七年的关系是现代史上值得大书特书的成功。而且我认为，这对日美两国人民来说是非常幸运的结果。"

在日本寻找麦克阿瑟

有人说，麦克阿瑟拿着刺刀逼迫日本走上了民主道路。其实，他并没有采取如此简单粗暴的方式。拥有巨大的权力是一回事，如何运用则另当别论。麦克阿瑟没有采取军事管制措施，而是巧妙地通过天皇和日本政府实施改革，带领日本走向新生。

一、厚木

从东京乘坐轻轨列车，向西南方向行驶一个多小时，就抵达了神奈川县的绫濑市。出火车站，换乘公共汽车继续前进。这是一个典型的日本小城，屋舍俨然，清洁而安静。乘坐公共汽车十几分钟后下车，经过简单的安检，走进一个面积极大的机场。这里绿草如茵，草木修剪得整整齐齐，其实并不像机场，倒像是高尔夫球场。一望无际的停机坪上停放着各种各样的飞机，还有热闹的参观者，很像一个飞机展览会。游客们悠闲地坐在草地上聊天，气氛安乐祥和。当眼前出现导览的美国大兵时，我才意识到，这是美国海军在太平洋地区最大的航空基地——厚木机场。在这个国家里有许多美军基地，它们定期向公众开放，普通民众可以轻易地进入这些平常戒备森严的地方参观游览。

我不是一个军事迷，分不清眼前的这些飞机是什么型号的。但是我知道，与70多年前降落在这里的那架机头涂有“巴丹”字样的C-54运输机相比，它们都要大得多，也先进得多。1945年8月30日，从那架C-54运输机上走出来一个叼着玉米芯烟斗的魁梧军人。下午两点的阳光有些刺眼，他戴着墨镜，站在舷梯上环顾四周，看见蔚蓝明艳的天空上点缀着团团羊毛般的云朵。这位军人，就是驻日盟军总司令麦克阿瑟将军。他的军事秘书惠特尼将军记录下了自己当时的感受：

我们乘坐的专机降至略高于树顶的高度，绕着机场盘旋飞行。从窗口往下望，关东平原一直延展开去，地面上林立的防空设施即使在空中也能分辨出来。我不禁再度想起日本近年来的所作所为：它对美国不宣而战；几乎所有地方的日军都拒不投降，拼死顽抗；日军根本不遵循通常的战争法则，各种暴行毒计如同家常便饭。对于日本帝国而言，厚木机场为其提供了上演绝唱的良机。在这个距离上，防空火力不可能打空。麦克阿瑟曾无数次与死亡这头由战争释放出来的永不餍足的怪兽擦肩而过，这一次命运是否依旧垂青于他？

这位军事秘书的担心并非多余。1945年8月15日，日本昭和天皇宣布无条件投降后，虽然选择“玉碎”的人远比预想的要少得多，但是日军中仍有个别顽固的激进分子拒绝投降。作为神风特攻队的训练基地，神奈川县周边驻扎着大量神风特攻队的队员。这些狂热的战争分子拒绝投降。驻守厚木机场的日本海军302航空队负责人小园安名大佐就公开宣称不会投降，拒绝配合美军接收基地的命令。他叫嚣着“本土决战”，命令所有飞机进入备战状态。幸亏这位大佐因疟疾而发高烧，日本军方安排医生给他注射镇静剂，将其强制扭送到海军病院监禁起来，随后逮捕所有飞行员，302航空队被强制解散。

由于担心厚木机场存在极大风险，日本政府最初并不同意麦克阿瑟在厚木机场降落。麦克阿瑟手下的参谋也坚决反对这一降落计划，他们觉得这无异于拿性命赌博。因为仅在关东平原地区就有多达22个日军师团，包括整整30万名训练有素的战斗人员。在此情况下，麦克阿瑟只带区区几个参谋和一支先遣队降落，似乎过于冒险。

不过，这位曾担任西点军校校长的五星上将不以为意。将军百战死，壮士十年归。在厚木机场，麦克阿瑟平静地对前来迎接的同事说：“从墨尔本到东京，一路征途漫漫，不过这里应该是终点了。”短短的一句话，浓缩了过去四年的奋斗。在珍珠港事件之后不久，麦克阿瑟统帅的美军部队失利，不得不撤离菲律宾，退守澳大利亚。直到1945年，才光复马尼拉，痛击东南亚的日军。就在踏上日本国土的18天前，麦克阿瑟被杜鲁门总统任命为驻日盟军总司令，负责对日军事占领和日本的重建工作。

麦克阿瑟登上一辆破旧古老的美制林肯轿车，其他军官也在快散架的由破铜烂铁组成的汽车车队里找到了自己的座位。

这已经是日本人为麦克阿瑟之行所能拼凑起来的最体面的交通工具了。一辆消防车充当头车，引擎发动的声音就像爆炸声，参谋们被吓了一跳。

车队出发了，目的地是临时司令部驻地横滨。通往横滨的路途有 24 公里长，日本士兵在道路两侧排成长长的队列，所有人背朝麦克阿瑟以示尊敬。担任警卫的是两个师团——3 万名全副武装的士兵，他们按照护卫天皇的规格来为美军的总司令提供保护。

可是，惠特尼将军看着这支令人望而生畏的军队，仍然感到些许不安，后来他写道："这样的礼仪规格并没有打消我的疑虑，因为我忍不住在想，这样的阵仗到底是日本人出于尊敬的表示，还是他们认为情势堪忧，有必要重兵护卫，抑或是另有不可告人的叵测动机？"

与紧张不安的秘书不同，再次踏上日本国土的麦克阿瑟一定回想起了 40 年前的情形。那一年，陆军中尉麦克阿瑟陪同他的父亲老麦克阿瑟将军来到日本，共同担任日俄战争的军事观察员。日本之行让麦克阿瑟有机会亲眼见识了这个正在崛起的东亚国家，也见到了包括大山岩、乃木希典、东乡平八郎在内的诸多杰出的日军将领，第一次领略了日本军人的大胆和骁勇。这些军人对天皇近乎狂热的信赖和尊崇，以及普通日本民众的勤劳、礼貌和友好，都给麦克阿瑟留下了深刻而矛盾的印象。当时他就不安地感到，那些领导这个国家的自大而封建的武士正在将恶种播撒于民众心中，以期最终让整个东方臣服于日本脚下，称霸远东。不过年仅 24 岁的麦克阿瑟没有想到，有一天他会率领美国军队打败这个国家，并成为它的实际管理者。

作为战胜国的代表，他应该如何对待这个暴虐残忍的失败国家呢？

二、横滨

从绫濑市到横滨市，火车一路向东，奔驰在辽阔的关东平原上，车窗外不时闪过一条条河流。自12世纪镰仓幕府以来，这里就是日本物产最丰富和人口最稠密的地区。近代以来，横滨市则被认为是日本最富庶的地方。

穿行在繁荣的横滨市区，我在寻找一个叫作“新格兰德”（New Grand）的酒店。很轻易地，我就找到了这个地标建筑。它位于山下公园对面，毗邻中华街，高大宏伟的新楼旁边是一栋五层高的新古典式楼房。大厅地毯厚实，陈设典雅，门柄上还是传统的铜锁。电梯旁边的文字介绍说，麦克阿瑟将军曾经住在这家酒店。当时的横滨仿佛一座鬼城，很多建筑毁于战火，触目皆是废墟，只有这座1927年的建筑幸存了下来。

走进雅致整洁的酒店餐厅，想起《麦克阿瑟回忆录》里描述的一个细节。在入住的那天夜晚，美国军官在这里享用了一顿牛排大餐。一位手下悄声地说担心食物有毒，麦克阿瑟笑着回答道：“人固有一死。”

我坐在一个临窗的餐桌前，将东京湾的美景尽收眼底：海边漫步的游客，自由飞翔的海鸥，繁忙来往的船舶，宏伟的跨海大桥……70多年前，美国的“密苏里号”战列舰驶进这个港湾。这似乎是历史的重演。1854年，美国海军将领佩里率领的由帆船和燃煤冒烟的“黑船”组成的舰队也曾驶过这片蔚蓝的海湾。这是佩里将军第二次访问日本，最终在这个当年还是小渔村的地方与日本签订《日美亲善条约》，打开了日本的国门，也让横滨成为日本现代化起始之地。

人们本来以为，打破闭关锁国的日本从此会融入世界，从而迎来一个文明进步的时代。悲哀的是，日本跻身世界列强后却成为一个失去束缚的恶兽，走上了对外侵略的歧路。幸运的是，这头邪恶的“利维坦”最终被打败了。日本的历史印证了黑格尔的名言：“一切重大的世界历史事变和人物，一般都会出现两次。”如果说“黑船”来航是喜剧的开始，那么“密苏里号”战列舰的到来就是悲剧的结束。

1945 年 9 月 2 日，日本投降仪式在“密苏里号”上举行。那天，天色灰暗，浓云低垂，东京湾里灰色战舰一排接一排，战舰侧舷上水兵林立，制服洁白无瑕。排水量 4.5 万吨的“密苏里号”在雄伟的舰队中昂首挺立，鹤立鸡群。舰上悬挂着两面美国国旗，一面是 1941 年 12 月 7 日珍珠港被日本偷袭时飘扬在白宫上的有 48 颗星的星条旗（当时夏威夷、阿拉斯加尚未成为美国的州），另一面正是当年佩里将军的船舰上使用的 31 颗星的星条旗。露天甲板上站满了各国代表和将领，数不清的观礼人员挤满桅杆、烟囱和炮塔，还有记者们在奔走拍照。

身着卡其色军服的麦克阿瑟平静地从舱内走出，走到麦克风前发表演讲，指出“不同理念与意识形态的争端已在世界战场上决出了胜负”。这位经历了两次世界大战的将军表达了自己的殷切希望，那就是“从这一庄严的时刻起，从过去的流血和屠杀中诞生一个更美好的世界，一个建立在信义和谅解之上的世界，一个致力于人类尊严及其最珍视之愿望的世界，一个自由、宽容和公正的世界”。同时，作为驻日盟军总司令，麦克阿瑟也宣布：“本人将按照自己代表的各国传统以公正和宽容的精神履行职责，同时采取一切必要的措施保证投降条件完全、迅速、忠实地得到遵守。”

演讲完毕，日方代表签署投降文书，麦克阿瑟和同盟国阵营的各国代表也先后在文件上签字。当麦克阿瑟宣布“仪式到此结束”时，原本阴沉的天空云开见日，阳光从云云中照射下来，400 架 B-29 轰炸机和 1 500 架航母舰载机轰鸣着从战舰上空掠过。一场空中阅兵为仪式画上了圆满的句号。

“今天，枪炮沉默了。我们告别了一出大悲剧，赢得了一场大胜利。”在随后向美国公众发表的广播演说里，麦克阿瑟指出，“一个新时代来临了……按照《波茨坦公告》，我们拥有将日本人民从奴役状态下解放出来的义务。因此，我的目标是一俟解散日本军队并采取其他消除日本战争潜能的必要措施后，便尽快履行上述承诺。如果得到适当的引导，日本民族的能量将能纵向发展而非横向扩张。如果这个民族的才智转到建设渠道，他们的国家就能摆脱当前这种可悲的境地，上升到受人尊敬的地位。”

对于如何对待日本这个残忍的敌人，同盟国的意见并不一致。苏联希望像瓜分德国一样将日本分割占领，以憎恨和复仇来对待这个战败国家。可是，麦克阿瑟却希冀通过美国民主的理念，用和平的方式来赢得日本人的心。这让在场的日本代表团大为感动。

三、东京·第一生命大厦

从横滨到东京，火车一路沿着东京湾向东北方向奔驰，一个现代工业国家在眼前展开。车窗外都是各种各样的工厂建筑和鳞次栉比的商铺。东京是日本经济的心脏，2018 年其 GDP 约占全日本的三分之一。可是 70 多年前，当麦克阿瑟驱车前往东京时，满目废墟残骸，道路上弹坑累累、崎岖不平，所见唯有死亡和荒芜。这是一个国家走上歧路的必然结局。反之，一旦走上正道，一个国家也会迅速发展起来。

走出东京站，向西南方向走不多远，一座拥有花岗岩廊柱的希腊风格建筑跃入眼帘。它虽然并不高大，但是十分引人注目。建筑通体白色，映在护城河中的倒影雅致优美。当年在遍地废墟的东京市区，麦克阿瑟亲自驱车寻找设立驻日盟军总司令部的合适地点，一眼就看中了这座具有贵族气质的建筑。1945 年 9 月 8 日，这个名为“第一生命大厦”的建筑成为驻日盟军总司令部，麦克阿瑟在这里接手了一个几乎被战争彻底摧毁的国家。他坐在 6 楼的办公室里，可以远眺富士山，俯瞰护城河对岸的皇居。

这是一个什么样的国家？军事惨败，工业基地被夷为平地，一座座城市沦为废墟，交通运输破坏殆尽，经济几乎完全崩溃。日本 1946 年的工业产值，只相当于 1941 年战争开始时的七分之一。失去的领土将近是战前的一半，超过 200 万人在战争中死去。日本人曾对自身武力及文化优越性有着近乎神话般的自信，现在却精神颓败。尽管已经是20世纪中期，但当时的日本人还生活在神权政体里，天皇及其背后的一小群特权阶层掌控着日本的军队、政府机构和经济命脉。自由和人权在日本根本不存在。

后来经常说“我和日本有40年的渊源”的麦克阿瑟，此时面临着一生中最艰难的选择。盟国派驻军队的初衷是摧毁日本的战争潜力，其中一些国家坚持要对这个挑起战争的罪恶国家进行无情的惩罚。但是第一次世界大战后期曾作为师长率军驻扎莱茵河西岸的麦克阿瑟，对军事占领的弊端有亲身体会，他深知在现代企图通过军事占领来征服一个国家是注定要失败的。如果只沉浸于军事上的胜利，而不去消除战争的根源，就不可能巩固胜利果实。为了避免单纯的军事占领为未来的战争埋下导火索，早在“密苏里号”上的演讲中他就暗示要重建这个几乎被战争彻底摧毁的国家。

当盟军总司令部搬到东京的时候，麦克阿瑟又公开发表声明：“驻日盟军总司令无意压制日本，只想帮助它重新站起来。”这当然不是让旧日本复活，而是建立一个全新的日本，一个给予全体日本人自由和公正的日本。然而，当时被洗脑的日本人认为美国人是目空一切的野蛮人，对占领当局充满疑虑和恐惧。

战后日本最严重的是吃饭问题。1945年粮食严重歉收，本来就需要进口大批粮食的日本到处流传“将要有1 000万人饿死”的预言。于是日本内阁向占领当局提出进口大米的请求。麦克阿瑟慨然承诺“不让一个日本人饿死”。他立即下令禁止从民间征用粮食，同时将美国陆军在太平洋地区储存的350万吨粮食调到日本，发放给民众。美国众议院拨款委员会对此提出疑问，麦克阿瑟答复道："敌对状态已经结束，我们在日本人自己狭小的国土上监视他们，却不向他们提供活命所需的食物，倘若双方角色互换，我们还能为自己的那些惩罚行为辩护吗？在这种紧要关头切断日本的救济粮供应，将会使无数日本人陷入饥饿——而饥荒正是动乱、无序和暴力之母。"

全民饥荒威胁解除了。日本新闻界齐声赞扬这种"将心比心"之举。麦克阿瑟赢得了日本民心。随着日本民众的生活安定下来，占领当局改造日本的非军事化、民主化政策也顺利推进起来。

在遣散数百万日军、清除21万担任公职的军国主义分子后，1945年10月4日，麦克阿瑟发布"人权指令"，要求即刻解除日本在政治、人权、宗教信仰等方面的一切限制。7天后，他又对日本政府下达实行"五大改革"的指令，包括解放妇女、鼓励组织工会、改革教育制度、废除秘密警察、经济体制民主化改造。于是，新闻审查不复存在，臭名昭著的思想警察（即特别高等警察）被废除，政治犯走出监狱，妇女获得了自由，工会成立……旧日本的体制被迅速瓦解，新日本呼之欲出。

有人说，麦克阿瑟拿着刺刀逼迫日本走上了民主道路。其实，他并没有采取如此简单粗暴的方式。拥有巨大的权力是一回事，如何运用则另当别论。深谙日本政府治理方式的麦克阿瑟没有采取军事管制措施，而是坚持保留天皇制度（通过《人间宣言》将其从神改造成人），巧妙地通过天皇和日本政府实施改革。同时盟军总司令部的5 000名下属也认同麦克阿瑟关于日本为什么走向战争和极权主义的看法，团结协作，奋力工作。

美国《芝加哥太阳报》的一位特派员在日记中这样写道：

"东京现在正处于历史的交叉点上。在盟军总司令部巡视时，与我交谈的人都埋头于一项将来看会成为历史上最大的实验的工作，这就是重新塑造战败国。……盟军总司令部充满了'改造者'。年轻人为了规划新的民主日本的设计图而工作着，深夜里每一幢建筑物都灯火通明。"一大批受过罗斯福新政洗礼的年轻官员，在改造军国主义日本的过程中扮演着极为重要的角色。麦克阿瑟本人则频繁发表公开讲话，引导和提升日本民众的自尊心与自豪感。

1946 年元旦，也就是在进驻日本三个多月后，麦克阿瑟向日本人民发表广播讲话：

新年到了，日本迎来了新的黎明。未来不再掌握在少数人手中。军国主义、封建残余以及施加于人民精神和肉体上的桎梏已经去除，思想控制和洗脑教育也已不复存在。如今所有人都享有宗教信仰自由和合理范围内的言论自由，集会自由也得到了保障。解除这场全民族的奴役，不仅意味着全体民众的解放，同时也意味着个人将要承担起独立思考和自主行动的义务。日本人民从此开始当家做主，自力更生了。

四、东京·宪政纪念馆

沿着第一生命大厦门前的护城河向前走，距离著名的樱田门不远处有一片郁郁葱葱的高地。沿小径而上，会发现这是一个美丽的公园，视野开阔，向左可以望见国会议事堂，向右可以鸟瞰皇居。穿过绿树繁花，一个具有浓郁日本传统风格的建筑出现在眼前，门前的白墙上醒目地写着“宪政纪念馆”。

走进宪政纪念馆，仿佛走进了近代日本的历史隧道。馆内陈列丰富多彩，反映了日本开国以来现代化的艰难历程。一个国家的现代化不仅意味着经济现代化，也必然包括政治现代化。而政治现代化的核心，就是民众的民主权利。一张 1946 年 4 月 10 日日本大选的照片吸引了我，因为这是日本有史以来第一次完全自由的选举。投票的民众脸上洋溢着的灿烂笑容，让我想起日本一位立法领袖和麦克阿瑟的一次有趣对话：

“我很遗憾地告诉您，选举中发生了一件可怕的事情。阁下，有一个妓女被选进了众议院。”

“她得了多少票？”

“25.6 万张。”

“那么，这么多选票恐怕不全是靠她那不光彩的职业得来的吧！”

在这次选举中，四分之三的选民参与了投票，超过 1 300 万名日本女性首次登记了自己的选择。人们选出了 466 名国会议员，其中有 39 名女性。农民、教师、医生、工人、律师、实业家一起走进了庄严的国会议事堂，也包括那位有“不光彩的职业”的女性。这彻底改变了日本的政治局面，因为日本民众第一次发现自己拥有了真正的民主权利。

在投票选举国会议员的同时，日本民众也在热情地审议着新宪法草案。一部现代民主宪法才是一个现代文明国家的基石。在旧宪制框架下，日本政府具有一个顶端为天皇的自上而下的结构，民众只能俯首帖耳，没有任何实质性的权利。在麦克阿瑟看来，新日本的基础是民主政体，“而只有通过一份白纸黑字、清晰易懂的权利宣言才能确保民主的实现”。因此，他抵达日本后不久，就提议日本政府修改《大日本帝国宪法》（也称《明治宪法》）。

然而，三个月后日本政府拿出来的宪法修正案草案令人大为失望。它和《大日本帝国宪法》没有本质区别，只是个别措辞改头换面而已，民主权利仍然付之阙如。于是，麦克阿瑟断然下令，由盟军总司令部民政厅组织团队起草宪法。九天后，新宪法草案就提交给日本政府。经过全民讨论和国会审议，1946 年 11 月 3 日，昭和天皇宣布该法案成为日本的正式宪法，翌年 5 月新宪法正式生效。日本政府给每个家庭都分发了一本袖珍小册子《新的宪法，新的生活》，其发刊词庄严宣称：“旧的日本被投进阴影之中，新的日本诞生了。”是的，日本从此成了一个真正的民主国家。

尽管麦克阿瑟几乎是将一部新宪法强行塞给了日本政府，但是这并不妨碍日本人民欢迎这部赋予他们许多权利的宪法。当初政府指定的宪法问题调查委员会负责人松本烝治在致盟军总司令部的备忘录里说：“法律制度并非某种植物。如果从本国的土壤中移植到外国，就会退化甚至死亡。”他忘记了，民主权利是人们的普遍追求，民主没有国界和民族之分，不管它是美国人推进的，还是日本人推进的。人同此心，心同此理，人们欢迎民主，没有甘为奴隶的民族。

新宪法通过后不久，东京的检察官就撤销了对五位公开抨击天皇者的起诉。对日本来说，这是前所未有之举。对此，麦克阿瑟发表演讲指出，无论美国总统还是英国国王，法律对他们都没有特殊的保护。如果美国总统遇刺身亡，凶手只会被当作普通的杀人犯对待。他说：

撤销起诉的决定是一个值得一提的范例，是对法律面前人人平等这一基本理念的践行。在日本，没有任何人能受到法律的特殊关照和特殊保护，就连天皇也不例外。这件事标志着新宪法的崇高精神真正得到了理解，它规定任何人都可以不受限制地讨论政治、社会、经济等与人民息息相关的话题。之所以如此，是因为自由地交流想法、自由地表达观点、自由地批评政府官员和机构，是民治政府存续和成长的必要条件。民主不仅必不可少，而且是生动活泼的，但它只有通过公民畅所欲言才能实现。天皇所受的法律保护不应比普通人多，也不应比普通人少。

日本新宪法的最伟大之处，就在于它的第九条宣布“永远放弃以利用国家权力发动战争、武力威胁或行使武力作为解决国际争端的手段”。这源于麦克阿瑟和日本首相币原喜重郎的贡献。面对各种质疑，麦克阿瑟进行了坚定有力的辩护：

第九条是一个饱受战争之苦的民族掷地有声的承诺，是对国际社会道德必胜以及真正的正义无须诉诸武力的坚定信仰。然而，我们必须认识到，只要弱肉强食的强盗行径仍然在国际社会逍遥法外，仍然以其贪欲和暴力在世界各地摧毁人类自由，那么第九条的崇高理念在获得普世认同之前就必将经历漫长的过程。但凡事总得有个首创者。对于饱受战火蹂躏的亚洲，日本当下的贡献在于以超凡的定力与平和树立了一个榜样，让世人看到了在个体充分享有自由的情况下和平发展所能取得的进步。如此日本便可在道德层面上给亚洲各民族的命运带来深远的影响。

政治变革固然重要，精神层面的恢复也同样重要。从战前开始，日本就对学校实行集中管制，文部省的教科书充斥着军国主义内容和反美宣传。一个民族要自由，就必须取消对思想的禁锢。在麦克阿瑟的指令下，教师们拥有了完全的思想自由，文部省对教科书编写和发行的管控被解除。出版业采用竞争的形式来决定教科书的编制和印刷。这在日本出版史上还是头一回。除了禁止出现之前的军国主义和极端民族主义宣传之外，对教科书的内容没有任何强制规定。占领的第一年，日本中小学生破天荒地用上了只为教育编写的教科书，这是好几代人都不曾有过的事情。据说，当时发放的教科书超过了2.5亿本。

在新的教育系统运转了一段时间之后，占领当局检验成效，结果发现日本儿童的人生观发生了彻底的转变。数年前日本社会几乎完全为军国主义理想所主导，而如今大多数孩子的兴趣却在于各行各业和日常生活。

五、东京—厚木

从宪政纪念馆向南，绕过雄伟的国会议事堂，步行大约15分钟，就抵达了赤坂。在江户时代，这里是武士住宅区，而今成为高层大楼和高级餐馆的聚集区。美国驻日本大使馆也在这里。在统治日本期间，麦克阿瑟每天早晨从这里出发，乘坐专车去盟军总司令部上班。

在日本，基本没有用人名作为道路名称的习惯，最多用天皇的年号比如“明治”“昭和”来命名。但是，使馆附近的环状2号线公路却被命名为“麦克阿瑟路”。这条路是2014年3月开通的，那时距离麦克阿瑟离开日本已经63年了，可是日本没有忘记麦克阿瑟。

在朝鲜战争爆发前5年，麦克阿瑟全力改造日本，独裁统治的基础结构从根本上遭到破坏。旧的法律被废止，新的法律被颁布。修正后的宪法第一次确立了主权在民的原则，提供了甚至比美国宪法更加广泛的人权保障。新劳动法使劳动者获得了前所未有的基本权利。民法典的改革，消除了家长制的家族制度的合法基础，并且提高了女性在离婚和继承权等重要领域的地位。土地改革几乎摧毁了地主剥削佃农的制度。选举制度改革强化了参众两院制的立法机构的政治权力。教育改革使学校课程自由化，促进了男女同校的平等主义，并且扩大了人们上大学接受精英教育的机会。这些改革促进了日本社会的发展与繁荣。

奇怪的是，这位总司令每天的活动就是往返于美国驻日本大使馆与第一生命大厦之间，从不外出视察。闲暇的傍晚大部分时间都在观看好莱坞电影，尤其是西部片，间或也观看一些由美国军方摄影师拍摄的关于日本的新闻纪录片。他仅有两次离开东京，也就是对菲律宾和韩国进行短期访问。他从不与日本人交际。麦克阿瑟在晚年的回忆录里也经常自吹自擂，回忆录中描述的占领时期简直像是他一个人唱的独角戏。与麦克阿瑟亲近的一位人士表示，“只有 16 位日本人跟他说话超过两次，而且他们之中的任何一位职位都不低于首相、最高裁判所长官或是最好的大学的校长”。

因此，后来许多人严厉批评麦克阿瑟傲慢自大，骄横跋扈地颁布法令，而且绝不容许批评，是“专制主义者”“新的君主”“蓝眼睛的幕府将军”“温情的家长式军事独裁者”。但是当时的日本民众却不这样看。民众对胜利者和他们的政策自发响应，并且比任何人预料的都更加充满活力。在整个占领时期，每天都有数百封真挚热烈的民众来信涌向盟军总司令部，绝大多数是自发的个人行为。无数封民众来信都表达了对麦克阿瑟的崇敬，感谢他把日本人民从战争中解放出来，感谢他给日本带来了希望。

诸多政治家也高度评价麦克阿瑟。吉田茂称麦克阿瑟是“知日派人物”，“比较现实，深明事理的同时，善断而且强势”。远在英国的丘吉尔也写信给麦克阿瑟，表示一直在关注后者在日本实施的政策和管理措施，他在信中表示：“日本人曾被眼光狭隘的军事集团拖进深渊，而你把他们拉了出来，令我十分欣慰。”

麦克阿瑟还收到了来自日本民众的无数礼物，包括玩偶、灯具、陶器、漆器 、竹制品、古书等书籍、盆栽、盆景、动物毛皮、铠甲、刀剑、绘画、雕塑等。《拥抱战败》一书记载，京都的一位刺绣匠人献给麦克阿瑟一套手工制成的织锦和服与腰带，“作为我们 7 000 万国民纯洁的心的象征”。这位刺绣匠人每日祈祷，穷三年之功，独自织了 7 000 万针后完成了他的杰作，每一针都代表着一个日本人。日本北海道的一群原住民阿伊努人，捕杀了一头鹿，向麦克阿瑟献上鹿皮和鹿茸，“作为对他为我们国民保卫疆土，并给日本带来建立在法律与秩序基础上的民主社会的感激之情的象征”。一位因新宪法颁布而欣喜不已的国民，寄给麦克阿瑟一把扇子，他用蝇头小字将整部新宪法写在了扇子的正反面。这些礼物都是对总司令感激之情的朴素表达。

这种感谢之情，在麦克阿瑟离开日本时达到了一个新高潮。吉田茂向全国发表了广播讲话，他说：“麦克阿瑟将军为我国利益所做的贡献是历史上的一个奇迹……是他把我国从投降后混乱且凋敝的境地中拯救了出来，是他使民主在我国社会的各个方面牢牢扎根。”东京都议会以“630万东京居民”的名义向他表达感谢之情。20多万民众沿街为他送行，连小学生们都停课了。日本放送协会实况转播，当背景音乐《过去的好时光》的旋律响起时，一位广播员哀伤地重复着“再见了，麦克阿瑟将军”这句话。自由主义报纸《朝日新闻》发表题为《惜麦克阿瑟将军》的社论，文章写道：

> 自战争结束至今，我们一直与麦克阿瑟将军生活在一起……当日本人民面临空前的战败困境，而且陷入疲惫绝望的虚脱状态时，是麦克阿瑟将军教导我们民主与和平的真谛，并慈爱地指引我们走上这条光明之路的。如同为自己孩子的成长感到喜悦一般，他乐于接纳日本人民——昨天的敌人，让我们一步步走向民主，并鼓舞我们继续前进。

一轮朝阳伴着空气中早春的气息升起，麦克阿瑟的车队从东京来到厚木机场。六年前他就是在这里踏上日本领土的，而今他又要从这里告别。专机“巴丹号”腾空而起，高山深谷、溪流内湖、大城小镇与起伏的高原一同被留在了下方。飞机在富士山上空盘旋了最后一圈，然后便乘云而去。发行量达到550万份的《每日新闻》动情地写道：“你看到窗外青青的小麦在风中颤动了吗？今年将会有个好收成。那是将军五年又八个月辛劳的硕果，也是日本人民感恩的象征。”

就在麦克阿瑟返回美国后不久，包括日本在内的49个国家签署《旧金山对日和平条约》。随着这份和约正式生效，长达七年的同盟国军事占领日本的状态结束了，日本在国际社会的地位恢复正常。

1954年，在佩里代表美国与日本签订《日美亲善条约》100周年之际，74岁的麦克阿瑟被授予日本最高国家荣誉之一——“旭日桐花大绶章”。表彰词说：“您担任驻日盟军总司令所发挥的作用，必将作为所有开明的占领管辖者之中最伟大的代表载入史册，日本人民也将怀着莫大的感激永世铭记。在战后的艰难时日，您逐步给日本人民以希望与方向感，帮助他们重拾自尊、恢复经济生活。在您的领导下，日本成了自由者的国度，为其加入自由世界奠定了基础。”

币原喜重郎：百年之后人们会称我们为先知

“富国强兵’不是后发国家的最终价值追求，在“富国强兵”之上，还应该建构更高的价值目标，即对每一个公民的个人权利、自由和理性的认同。如果偏离了这些价值，那么后发国家越发展，可能反而离现代国家的目标越远。日本制定《和平宪法》，意味着这个后发国家终于驶上了现代化的光明大道。

“我来请求批准币原喜重郎男爵的首相任命。”

“年龄多大？”

“70 多岁。”

“年纪有点儿大啊，会说英语吗？”

“当然会说。”

这是 1945 年 10 月某日，日本外务大臣吉田茂和驻日盟军总司令麦克阿瑟之间一段有趣的对话。在得到麦克阿瑟的首肯之后，昭和天皇任命 73 岁的币原喜重郎组阁，接替因不愿意执行麦克阿瑟的“人权指令”而辞职的东久迩宫稔彦王，出任日本战后的第二任首相。币原喜重郎又一次走上了历史舞台。

一

币原喜重郎毕业于东京帝国大学，毕业后一直在外务省工作。1915年开始，他连任三届内阁的外务次官，可谓年轻有为。当时正值第一次世界大战之后，作为外交官，币原喜重郎对国际形势有清晰的认识，并形成了自己的外交思想。1921年任驻美大使之后，币原喜重郎作为日本的全权代表之一出席华盛顿会议，代表日本签署了《五国海军条约》等文件。

1924年，52岁的币原喜重郎担任加藤高明内阁的外务大臣。在就职演讲里，他全面阐述了对世界的认识：“今天，以权谋、权术为目的的政略乃至以侵略主义为政策的时代，已经一去不复返。外交只能在正义和平的大道上前进……此前由少数专家把持的秘密外交，今后必须在获得国民谅解、征询国民意见的基础上进行。”

在那个时代，这位开明的外交家对于国家的认识同样具有先见性：“国家作为国际斗争的团体的时代，已成为遥远的噩梦。如今，国家是背负着建设世界永久和平与实现人类永远幸福使命的团体，是进行国际合作的团体……为狭隘的国家主义辩护，只能说是对时代的前进步伐与趋势盲目与短视的观察。”

不过，与此完全相反的观点同样存在。作为加藤内阁的成员，陆军大臣宇垣一成公开说：“数年来‘人道和平’这种我们所憧憬的美丽动听的声音一再响起，但那都是空洞的声音，因为决定国与国之间关系的，终究还是‘实力’。尤其是在白色人种与有色人种之间的对立上，这一事实表现得最为露骨……倘若将强大的军队从日本剥离出去，那么日本还能强在何处？”

虽然历史证明，币原喜重郎的理想主义终将战胜宇垣一成的现实主义，但是当时却没人能够做出正确的预言。人们只能根据自己的理念来行动。就在两种势力明争暗斗之时，币原喜重郎先后担任加藤高明、若槻礼次郎、浜口雄幸等内阁的外务大臣。虽然历经五次内阁变更，但是币原喜重郎在任时外交政策一直很稳定，故有“币原外交”之称。在各国承认日本既得利益的前提下，币原喜重郎力图在华盛顿体系内谋求与英美协调。他力主改善与英美的关系，反对使用武力，主张以经济方式巩固并扩大日本在华的权益和影响。在北伐战争之后，日本第一个承认了国民政府。币原喜重郎推行的外交路线，与第一次世界大战后的国际形势相吻合，也为日本国内的经济发展、民主建设赢得了一个稳定的国际环境。

然而，树欲静而风不止。币原喜重郎的外交主张受到军部的责难，被指责为“软弱外交”，不断受到质疑和批评。军部不仅是民族主义的大本营，而且是民族主义的策源地。军部意图通过对外强硬的态度，煽动民族主义，挑动国民的排外心理，以此来强化自己的势力。将排外情绪利用在政治运动方面的行为，是政治落后的表现。民族主义本来是后发国家的自发情绪，但是却容易被政治势力利用来排外，中外皆然。

随着1929年世界性经济危机的爆发，相对稳定的国际局势被打破，日本国内的右翼势力也开始膨胀。1931年“九一八”事变发生后，负责处理外交纠纷的币原喜重郎成为世界舆论关注的焦点，还一度成为美国《时代》杂志的封面人物。不过，内阁里的这位“鸽派”人物已经难以有所作为了。随着日军武装占领中国东北，币原喜重郎被迫辞职。如果币原喜重郎不辞职，那么他恐怕很难逃过次年的“五一五”事件或五年后的“二二六”事件的劫难。

从此以后，币原喜重郎远离仕途，过着与政治无缘的隐居生活。作为政坛的旁观者，币原喜重郎目睹着他的名字被蔑视为“软弱外交”的代名词，自由主义、和平主义的烛光熄灭。在军部的劫持下，国家失去理智，一步步地走向毁灭。不过，这位老人幸运地活到了战后。

二

“今后应该由充分了解英美的人组建内阁。”这是东久迩宫稔彦王辞职时留下的一句话。因为在占领状态下，只有这样的人才能顺利开展政务。而且综观当时的政治家，很少有人能够摆脱战争罪犯的干系。于是，作为公认的对美亲善论者，隐居十多年的币原喜重郎再作冯妇，登上政治舞台。币原喜重郎在受命组阁后表示，自己的目标是建立一个能与占领当局合作的、以自由精神为基础的内阁。

1945 年 10 月 9 日，币原内阁成立，并把“确立民主主义”放在其八项政策课题之首。10 月 11 日，币原喜重郎拜会麦克阿瑟。麦克阿瑟向其下达了解放妇女、鼓励组织工会、改革教育制度、废除秘密警察、经济体制民主化改造这“五大改革”指令。麦克阿瑟指出，为了彻底消除日本社会一切的专制统治残余，“宪法的自由主义化”势在必行。币原喜重郎立即落实“五大改革”，同时成立由学者和官员组成的非正式的宪法问题调查委员会，任命国务大臣松本烝治为负责人，探讨修改《大日本帝国宪法》。

松本烝治是一位学识丰赡的宪法学者，币原喜重郎认为他可以胜任修改宪法的工作。可是币原喜重郎错了，不是他看错了人，而是包括他自己在内的自由主义派政治家与麦克阿瑟之间存在巨大的认知分歧。日本的这些自由主义派政治家认为，修宪是关乎国家根本的大事，不能操之过急，举国处于刚刚结束战争的慌乱之中，应该求稳才是。更深层次的问题是，在这些出生于明治时代的精英看来，明治维新前夕的《五条誓文》已经体现了尊重全体民意的政治体制的根本理念，1889 年颁布的《大日本帝国宪法》也具有先进性。第一次世界大战开始后的十余年间，日本议会在政治上的进步和“大正民主”繁荣就说明宪法不需要进行大改动。日本陷入战争是由于军部没有严格遵照《大日本帝国宪法》，所以对其加以纠正即可，民主主义的确立完全可以通过继承《大日本帝国宪法》中的民主化传统得以实现。因此他们主张，在活用原宪法的前提下逐步修改。就像松本烝治后来所说的，日本人希望通过曲折蜿蜒的山间道路到达目的地。

与之形成鲜明对比的是，占领当局认为，应该乘坐飞机直达终点。《大日本帝国宪法》是军国主义产生的根源，也是日本发展民主的最大阻碍。日本投降前后，美军所使用的《日本指南》告诉读者，初期的明治政府由萨摩藩、长州藩出身的寡头执政者向西方寻求宪法范本，因此催生了一个杂交物，“《大日本帝国宪法》是以普鲁士专制政治为父本，英国议会政治为母本，由萨摩藩和长州藩的助产士接生的雌雄同体的生物”。因此，占领当局主张必须对宪法进行根本修改。

在双方的认知鸿沟尚未显现之时，民间修宪的热潮已经涌起。与 19 世纪 80 年代日本制定宪法前民间曾爆发“私拟宪法”的高潮一样，60 多年后日本再次出现了民间修正宪法的热潮。据统计，在短短半年时间里至少有 12 种宪法修正案草案提出。除了政党之外，民间团体和个人也提出了好几种包含自由主义思想的修正案。民众对新宪法的热情，透露出他们对国家未来的关心和期许。

作为官方机构，宪法问题调查委员会拒绝民间提出的更为自由化的宪法修正案草案，依旧按照自己的理解和步骤推进工作。松本烝治对外公布了“修宪四原则”，总方针就是不改变《大日本帝国宪法》所规定的国家统治的基本形态。根据这一思想，该委员会制定了两份宪法修正案草案。尽管媒体很关注这些草案，但是该委员会的审议完全保密，并下了封口令，因此获得采访机会几乎是不可能的。

然而，1946 年 2 月 1 日，《每日新闻》却全文刊登了该委员会即将提交至内阁和议会批准的一份宪法修正案草案。在此前一天，该报的年轻记者西山柳造偶然在宪法问题调查委员会召开秘密会议的办公室里看到了这份宪法修正案草案，于是就顺手牵羊，“借”回报社抄录，然后公之于世。宪法修正案草案重申天皇享有至高无上的权力，除了在个别词句上对旧宪法进行了修改，如将“天皇神圣不可侵犯”改为“最高不可侵犯”，将“天皇统帅陆海军”改为“天皇统帅军队”外，其余只不过是旧宪法的一个翻版。

《每日新闻》的独家报道引起了轩然大波。从政治家到平民，从盟军总司令部到各国驻日本大使馆，都在争相阅读这份本为机密的文件。《每日新闻》发表的评论代表了社会的主流意见，评论中写道：

人们一般认为政府的宪法修正案草案应该是进步的。但是这一草案的核心——天皇统治权问题，和现行宪法（指《大日本帝国宪法》）完全在同一个前提下，即天皇是君主，日本国是君主国，这与天皇总揽统治权之说毫无区别。天皇作为日本的君主，我们并无异议，但这是天皇作为日本国民形式上、礼仪上的代表这一意义的存在……英国在不成文宪法中确立了国王"君临而无治"的立场。我国的成文宪法如果采用英国样式，那么在实质上不进行统治这一原则上，就应该以某种形式在宪法中明确下来。如果不采用英国样式而承认天皇自由意志，就是彻底违背民主主义的倒行逆施。

宪法修正问题被推到了全体国民面前：战败的日本到底需要一部什么样的宪法？日本未来将向何处去？币原喜重郎陷入舆论困境，日本政府面临重大危机。

三

其实，在宪法修正案草案泄露一周前，币原喜重郎曾拜会麦克阿瑟。因为币原喜重郎罹患肺炎，麦克阿瑟为其提供了青霉素（这对当时的日本来说还是一种新药）。康复后的币原喜重郎当面向麦克阿瑟道谢，并提出维持天皇制的请求，麦克阿瑟答复称将尽力予以协助，并称赞币原喜重郎的英语很好。两人还聊起了莎士比亚的作品。在轻松的气氛中，币原喜重郎又说出了一番话，震惊了麦克阿瑟这位老将军。《麦克阿瑟回忆录》里这样记载当时的场面：

我注意到他似乎有几分尴尬和犹豫。于是我问他有何困扰，并告诉他无论倾诉不满还是建言献策，作为首相都可以直言不讳。他回答说，他之所以迟疑不决是因为我的军人身份。我说军人并非像人们有时描绘的那样无动于衷、不知变通，其实大多数军人的内心深处很有人情味。接着，他便提出了最终宪法应该包含所谓“非战条款”。他还希望禁止日本建立军事机构——任何军事机构都不例外。这样做可以实现两点：既能剥夺旧军部势力有朝一日夺权的工具，又能让全世界都知道日本不会再度发动战争。他还补充说日本是个穷国，也不可能将大量的经费用于军备，剩余的资源都应用于扶持经济。

作为历经许多战役考验的老兵，麦克阿瑟几乎同世界上每个国家的士兵都并肩作战或殊死对抗过，多年来见多识广，早已见怪不怪，但是币原喜重郎的建议却令他始料未及。麦克阿瑟马上对币原喜重郎的建议表示完全赞成。这个从数百个战场全身而退的生还者告诉币原喜重郎，他对战争的厌恶随着原子弹的完善达到了无以复加的程度。战争作为一种解决国与国之间争端的方式已经过时，应该废除。他说：“或许世人会嘲笑你……但即使果真这样了，也要有道德上的勇气并坚持到底。”

听完麦克阿瑟的肺腑之言，币原喜重郎也非常惊讶。他说，已经失去信用的日本应该毫不含糊地向世界声明，它将不再进行战争，这才是能使战败国日本挽回信用的唯一方法。两人的手紧紧握在一起，泪水盈盈。日本政治家和美国军人的意见不谋而合，看似不可思议，其实不然。这两位老人都经历过20世纪的两次世界大战，作为同代人，他们对战争的残酷性都有切身体会。币原喜重郎在告辞时仍然难抑内心的激动，他泪流满面地说："现在世人会笑话我们是不切实际的梦想家，但是百年之后人们会称我们为先知。"

可是一周之后，币原内阁成立的宪法问题调查委员会制定的宪法修正案草案让盟军总司令部非常气愤。他们认为，就如人们无法描绘本来在头脑中就不存在的东西一样，无论日本方面提出怎样的草案，都会与民主主义存在根本的差异。麦克阿瑟立即命令盟军总司令部的民政厅组织特别工作组，起草一部能够对币原内阁起"指导"作用的样板宪法。工作组带着理想主义，充满自信地开始了他们的工作，一位参与者说："我们有责任给日本社会带来革命，要完成这一使命，最近的道路就是通过宪法使日本的社会形态发生根本变化。"连续奋战九天后，他们就拿出了《宪法修正案草案纲要》。这是一项令人难以置信的大胆工作，此前从没有过征服者重写敌国根本大法的先例。

1946年2月12日，也就是亚伯拉罕·林肯总统生日的那一天，日本政府收到美国人制定的《宪法修正案草案纲要》，并被告知，如果日本人拒绝这份草案，"盟军总司令就无法保证将会对天皇采取何种措施"，暗示将会把天皇作为战争罪犯送上法庭。日本方面发现，这是一个全新的革命性方案，它规定民众享有广泛的民主权利，提出天皇是国家的象征，并且不拥有政治上的权力。此外，该草案还提出，日本不保持陆海空军及其他战争力量，放弃发动战争的权利。

美方提出的草案在内阁引起激烈反对。对于放弃交战权，币原喜重郎应该有心理准备，但是他没有想到要把天皇变成“国家的象征”。随后，币原喜重郎与麦克阿瑟会面，两人进行了一次长达三个小时的交谈。麦克阿瑟未做出任何退让，而是再一次明确无误地表示，他支持盟军总司令部草案中提出的基本原则。他说，如果宪法的自由主义化不能即刻开始实行，那么英国和苏联的代表就会坚持要求废除天皇制。币原喜重郎屈服了。他指示宪法问题调查委员会接受美国的意志，修改原有的宪法修正案草案，以与美国提出的样板宪法相一致。

三周后，松本烝治将在盟军总司令部复审通过的新草案提交给日本内阁。这份新草案的基本内容与美方制定的草案极为一致，唯一的实质性改动是提出了两院制议会的条款，而这是在麦克阿瑟和币原喜重郎会面时就已经决定了的。与松本烝治最初提出的草案比起来，这份新草案截然不同。假如没有麦克阿瑟的坚决态度，很难想象日本能够在一个月后就提出一个完全不同的宪法草案。

内阁一直审议到晚上。结束前，币原喜重郎说了下面一番话：

我们承认这样制定的宪法草案，承担了极为重大的责任。我认为这一责任会影响到子子孙孙。这个草案发表后，有部分人会喝彩，有部分人会保持沉默，也一定会有人对我们的态度抱有愤恨。而今天这样的场合，从大局出发，我认为没有其他道路可选择了。

在场的阁僚中，有人情不自禁地流下了眼泪。

四

1946 年 3 月 6 日，宪法修正案草案全文对外发布，征求民众意见。币原喜重郎首相向全国民众发表讲话：

余以为，世界历史之动向，系长年以来从涂炭人类之动乱向和平、从暴虐向慈悲、从奴隶向自由、从横暴向秩序，一点一滴、一步一步、沉稳阔步前行。余深信，日本国民为在世界占有光荣之一席，应于所制定之新宪法中向世界宣布：国内确立民主政治之基础，国际上率先提出期待消灭战争，即向世界宣示永远放弃利用国家权力发动战争，决计以和平方式处理与他国之纷争。

各家报纸的头版头条都出现了《主权在民，放弃战争》的大标题，并刊登宪法修正案草案的全文。《朝日新闻》报道称："我日本国民，为能在人类社会中占有名誉地位，应在重新制定的宪法中，对内确立彻底的民主政治之基础，对外在全世界率先提倡消灭战争，即永远放弃利用国家权力发动战争……"

这是历史上第一次，日本民众有机会阅读并评估新宪法。人们在街头巷尾和报纸上自由地热议新宪法。一位外国观察者说："还没有类似的重要文件得到过如此广泛的关注和如此公开的辩论，连美国宪法也不例外。”国民普遍支持新宪法的基本理念。与精英们惯常的“法律制度不能移植，否则会水土不服”的论调相反，大多数普通民众是欢迎民主和自由的，因为这是普世价值，根本不需要长期、和缓、慎重的政治监护！

在放弃交战权的问题上，国民的意见也出奇地一致。被战争折磨得筋疲力尽的大多数日本人支持彻底的改革——扩展个人的自由，剥夺军人的权力，保证战争灾难永不重演。正如《日本经济新闻》所评论的：“战败后，我国国民到底能信心十足地向外宣传什么呢？新宪法为快要失去目标的国民指明了方向，是国民能毫不虚伪、毫不自卑地向世界宣示的东西。”

在为期一个月的时间里，除了坚持起诉天皇并想建立“日本人民共和国”的日本共产党之外，所有主要政党都站出来赞成新宪法。当然，各个阶层也都提交了小幅改动的意见。政府通过报纸和广播对新宪法的要点一一进行解释，并回答提问。这是一项大规模的民主教育。通过这种方式，民主的观念开始深入日本民心。总体而言，民众都衷心喜爱并赞同这部宪法。币原内阁站到了民众这一边。

1946 年 4 月 10 日，日本举行战后的第一次选举。这是这个国家有史以来第一次完全自由的普选。半年前根据盟军总司令部的要求，立法机构已经修改了选举法，给予那些曾经被剥夺选举权的人相关权利。四分之三的选民参与了投票，超过 1 300 万日本女性首次登记了自己的选择。农民、教师、医生和工人坐进了一度被律师和实业家垄断的议院，国会发出的新声音与这个国家到处涌动的民主热情相吻合。

选举结束，币原喜重郎率内阁集体辞职。6 月 20 日，根据天皇敕令，帝国宪法修正案草案正式提交众议院审批。在进行了小幅修改之后，新宪法在国会投票通过。1946 年 11 月 3 日，新宪法正式在国会全会通过。这一天也是“明治节”（明治天皇 94 岁诞辰纪念日），明治天皇的孙子昭和天皇颁布了作为《大日本帝国宪法》修正案的《日本国宪法》。虽说是修正案，但实质上是废除了《大日本帝国宪法》，以全新的宪法取而代之。

1947 年 5 月 3 日，新宪法生效。当天，政府发行了 2 000 万册题为《新的宪法，新的生活》的袖珍小册子，保证每个日本家庭都有一册。这本小册子的发刊词宣称：“旧的日本被投进阴影之中，新的日本诞生了。”确实，新的日本诞生了。新宪法以最高法律形式确立了与战前的日本完全不同的发展路线：在国内，它建立了现代民主政治制度，以保护基本人权为最高目标；在国际上，它和军国主义彻底决裂，将彻底的和平主义确立为对外交往的指导精神。宪法第九条规定：“日本国民衷心谋求基于正义与秩序的国际和平，永远放弃以利用国家权力发动战争、武力威胁或行使武力作为解决国际争端的手段。为达到前项目的，不保持陆海空军及其他战争力量，不承认国家的交战权。”因此，《日本国宪法》又被世人称为《和平宪法》，“是在极为惨烈的战争中诞生的美丽珍珠”。

在确认和平主义之外，《和平宪法》更重要的意义在于，它确认了日本现代化的最终目标不是“富国强兵”，而是使每个公民的权利和自由得到更好的保障。正如宪法第九十七条规定：“本宪法对日本国民基本人权的保障，是人类社会经过多年努力争取自由的结果，这种权利在过去几经考验，被确认为现在和将来都不可侵犯的国民的永久权利。”

近代以来，日本一直以“富国强兵”为奋斗目标。到了明治时代后期，虽然日本的强国地位得到其他列强承认，所追求的目标已经达成，但这个国家却开始迷失方向。尽管有过短暂的“大正民主”，但是日本还是走向了灾难的深渊。因为“富国强兵”不是后发国家的最终价值追求，在“富国强兵”之上，还应该建构更高的价值目标，即对每一个公民的个人权利、自由和理性的认同。如果偏离了这些价值，那么后发国家越发展，可能反而离现代国家的目标越远。

日本制定《和平宪法》，意味着这个后发国家终于驶上了现代化的光明大道。随着新宪法的正式实施，民主主义、基本人权与和平主义的理念逐步成为日本国民的共识。正是在这条道路上，日本不仅在此后不过20余年就实现奇迹般的崛起，成为世界第二大经济体，而且一直保持民主、和平、稳定，成为现代国家的典范。人们不应该忘记，为此做出贡献的，除了麦克阿瑟，还有币原喜重郎。

1950年5月3日，宪法纪念日庆祝会结束后，身为日本众议院议长的币原喜重郎前往美国访问麦克阿瑟。麦克阿瑟对他说：“在制定日本宪法时币原先生曾说，日本将放弃一切战争力量。我当时觉得，这是大约提前50年的过早议论。然而，我认为可以用这个高尚的理想向世界做出示范，所以深表敬意。”

吉田茂：做一个“好的失败者”

吉田茂去请教自己一向尊敬的政界元老铃木贯太郎。这位通过压制强硬派结束战争的前首相说：“战争，胜者固然有胜者之道，败者也要有败者之道。就像鲤鱼摆在案板上，无论人家怎么切割都要一动不动。希望你做一个好的失败者。”吉田茂深以为然。国家复兴的重任在肩，他决心做一个“好的失败者”。

1916年寺内正毅内阁成立，时任日本驻中国安东（如今的丹东）领事的吉田茂被召回国。在首相官邸，寺内正毅对他说：“做首相秘书官怎么样？”38岁的吉田茂说：“如果做首相的话也许能够胜任，秘书官的话我可能难以胜任。”寺内正毅批评说：“不要狂妄，还没有决定用你呢。”

在以谦虚含蓄为美德的日本，吉田茂以这样的口吻对首相说话，实在过于狂妄。此后，他的仕途确实不顺利。虽然他常驻欧美诸国多年，是少数“开眼看世界”的东洋人中的一个，但由于主张同英美协调，反对与德国结盟，为军部法西斯所不容，赋闲八年。谁也没有想到，1945 年日本战败后，这位已经 67 岁的老人竟然从外交转入内政，先后担任五届首相，成为日本战后最成功的政治家。他成功的秘密，就是坚决地做一个“好的失败者”。

一、希望你做一个“好的失败者”

“我国的战败也是从古至今不曾有的大好事。”日本宣布无条件投降后不久，吉田茂在给朋友的一封信里这样写道，“切除军阀操纵政治之毒瘤，肃清政界，发扬国民道义，振兴科学，引进美资而重建财界，终将进一步发扬帝国精华。如是，战败就未必是坏事。雨后天地更佳。”

这说明，在举国茫然不知所措之际，吉田茂已经在筹划全面重建日本了。彼时日本政界急需人才，吉田茂得以重返政界，担任东久迩宫内阁的外务大臣。其实，十年前他本来就有机会担任此职的。1936 年“二二六”事件后，广田弘毅组阁，曾内定吉田茂担任外务大臣，但由于军部坚决反对，吉田茂只好屈就驻英大使。不幸中的万幸是，他由此避开了日本浪高风急的国内政治舞台。

虽然吉田茂进入了战后的首届政府，但是日本作为战败国已丧失了国家的独立地位，外务省形同虚设，吉田茂的工作就是同占领当局联络，折冲樽俎。这是一项艰难的工作，需要高超的技巧，因为占领当局难免居高临下地发号施令，所以时时都在引起日本政府的反感和抵触。处于夹缝中的吉田茂穿梭考量，很好地完成了任务，得到了麦克阿瑟的赏识与信任。

在此期间，吉田茂的最大贡献，就是安排天皇第一次拜会麦克阿瑟。这次会面非常成功，坚定了麦克阿瑟通过天皇和日本政府改造这个国家的信心。可是，此次会晤中天皇和麦克阿瑟的合照却引发了政坛地震。本来各大媒体准备刊登照片，但内务大臣却认为，这种做法有损“国体”，连夜禁止各报发售第二天的报纸。

麦克阿瑟大怒，下令日本政府“撤销对新闻及通信自由的一切限制”，进而发出“人权指令”，要求日本政府立即解除对政治、公民和宗教权利的一切限制，取消一切新闻检查，解散一切镇压机构和宪兵队。此举导致东久迩宫内阁垮台。东久迩宫稔彦王在辞职时说：“今后应该由充分了解英美的人组建内阁。”

吉田茂被认为是首相的最佳人选之一，但是他认为自己与政界元老相比，辈分小，资历浅，此时并非出头的最佳时机。他鼎力推荐外交界元老级人物币原喜重郎担任首相，理由是“启用曾推行和平外交，在国际社会颇有信用的币原，可以调整日本与同盟国以及占领当局的关系，早日重建日本”。为此，吉田茂还亲自去拜访麦克阿瑟，成功劝服他接受币原喜重郎担任首相。在币原内阁里，吉田茂继续担任外务大臣，发挥了比其他阁僚更大的作用。

1946 年初，盟军总司令部发布“整肃令”，规定日本的所有军国主义团体必须一律解散；对于积极参加或推行军国主义活动的成员必须严加整肃，不允许继续担任公职。这一法令给日本政坛带来巨大冲击，战前和战时活跃的老资格政界人士几乎全部被赶回家赋闲。“政治清场”为吉田茂提供了机会。

1946 年 4 月，战后第一次众议员选举后，币原内阁集体辞职，吉田茂根据天皇敕令接任首相。亲友问吉田茂：“你有信心接任吗？”吉田茂回答说：“在战争中败北而在外交上取胜的历史是有的。”多年的外交官经历和亲英美的外交思想，让吉田茂相信自己可以成功。此时吉田茂已经 68 岁，后来成为联邦德国第一任总理的阿登纳比他大 2 岁，此前已经担任意大利战后总理、为意大利复兴做出重要贡献的加斯佩里比他小 3 岁。三人都是暴政下的受难者，战败后都承担起了国家复兴的责任。

早在出任外务大臣前，吉田茂就去请教自己一向尊敬的政界元老铃木贯太郎。这位通过压制强硬派结束战争的前首相说：“战争，胜者固然有胜者之道，败者也要有败者之道。就像鲤鱼摆在案板上，无论人家怎么切割都要一动不动。希望你做一个好的失败者。”

这个嘱托与西方谚语“一个好的失败者是一个好的赢家”有异曲同工之妙，吉田茂深以为然。国家复兴的重任在肩，他决心做一个“好的失败者”。

二、宪法和大米同等重要

就在吉田茂组阁的三天前，有 25 万人聚集在皇居前的广场上，高喊着要吃粮的口号请愿，甚至有人冲进皇居厨房寻找食物，游行队伍与警察发生冲突。在皇居前发生这样的事件是史无前例的。东京之外，全国各地都不断发生示威游行，此起彼伏，因为吃饭是当时日本最大的问题。

1945 年日本遭受各种自然灾害，大米产量只有正常年份的三分之二。由于丧失了海外殖民地，从国外进口粮食的主要渠道彻底断绝，海外大批军队和“开拓民”纷纷被遣返回国，人数达 600 多万，极大地增加了粮食供应负担。进入 1946 年，连本来就不充足的定量粮食供应也难以维持，一些城市供应不上粮食，市民生活极度困难。币原内阁的大藏大臣一度建议，让皇太子明仁到美国留学，以表示日本的恭顺之意，这样美国或许会提供粮食。遭到币原喜重郎拒绝后，大藏大臣无计可施，急得在办公室号啕大哭。

吉田茂上任时，粮食危机更加严重。有关部门报告，即使把陆海军的储备粮食拿出来，也难以维持到新粮上市。因此，社会上风传将有 1 000 万人会饿死。吉田茂深知，必须首先解决国民的温饱问题，才能平息社会动荡，而解决粮食问题必须依靠占领当局。麦克阿瑟将军为人孤傲，在日本贵为“太上皇”，平时很少接见日本人，只有吉田茂可以不用预约，随时登门。为了国民的吃饭问题，吉田茂向麦克阿瑟求救，麦克阿瑟慨然允诺：“我担任盟军总司令期间，保证不让一个日本人饿死。”

吉田茂根据农林省提供的统计数字，请求盟军进口 450 万吨大米。实际上，仅仅进口 70 万吨就渡过了眼前的难关，粮食危机得到缓和，并没有出现预料中的饥荒。盟军总司令部认为日方的统计数字水分太大，对日方进行猛烈批评，麦克阿瑟也当面指责日本政府胡编乱造，吉田茂机智地回答道：“如果日本的统计数字完备，就不会发生那样的战争了。而且即使爆发了战争，也不见得会失败。”这个回答引得麦克阿瑟哈哈大笑，成功化解了占领当局对日本政府的信任危机。

与此同时，吉田内阁面临的另一个重要任务是修改宪法。在币原内阁期间，占领当局起草的与《大日本帝国宪法》完全不同的宪法草案，最早就是交到时任外务大臣吉田茂手中的，他当时非常震惊地说："这无异于革命！"但是他最终还是从大局出发，接受了必须修改宪法的现实。

在币原喜重郎辞职前，新宪法草案已经向社会公布。吉田茂从币原喜重郎手中接过接力棒，继续推动新宪法草案在议会通过。当时百废待兴，许多人提出"大米比宪法更迫切"。但是作为军国主义的受害者，吉田茂认为宪法和大米同等重要，因为新宪法是建设新日本的基础。在他看来，只有尽快制定一部新宪法，才能向全世界证明，日本彻底实现了民主化，没有重整军备的危险。

按照程序，新宪法草案要在枢密院、众议院和贵族院三级公共机关审议。这些机关的顾问或议员都是法律界、政治界的资深人士，当然会提出各种各样的问题，吉田茂从容不迫，一一回答。在众议院审议时，新宪法中关于放弃交战权的条款是争论焦点。吉田茂说："现在，各国对我国的疑虑就是，日本是个好战的国家。对我国的最大疑虑和误解是，日本总有一天会重整军备，发动复仇战争，威胁世界和平。今天的当务之急是消除这种疑虑和误解。看一下过去的历史，必须承认这种疑虑和误解也并不是完全没有根据的。因此，在这部宪法中，我国首先主动放弃任何名义下的交战权，以此来为全世界的和平奠定基础，表明决心站在全世界爱好和平的国家的前列，为确立世界和平做出贡献。"

1947年5月3日，新宪法正式生效。麦克阿瑟致函吉田茂表示祝贺："在新宪法生效的同时，日本便确立了民主政治。"

三、要经济，不要军备

投降后日本的主要城市几乎全部沦为废墟，生产停滞，消费品匮乏，物价飞涨。许多人没有住房，没有工作，流落街头。每天早晨起床后，吉田茂都会在官邸后面凸出的石崖上来回散步，眺望着荒野般的城市，慨叹："什么时候才能把这片废墟变成鳞次栉比的人家呢？"

吉田茂很清楚，重建经济是日本战后的第一要务。1945年9月他在同麦克阿瑟会晤时就说过："民主是富国的产物。要实现民主，首先要让国民吃饱，让国民就业，让他们的生活得以安定和改善，这是至关重要的。"

这种认识既源于日本卷入战争的教训，也源于吉田茂对于明治维新以来奉行的基本国策"富国强兵"的反思。明治维新之初，富国与强兵并举，后来却片面强调"强兵"。陆军元老山县有朋就说，富国应服从于强兵，"强兵为富国之本，而不是富国为强兵之本"。从明治后期开始，日本以"强兵"为国策，几十年间多次发动战争。片面追求"强兵"，导致与英美开战，这是日本历史上最大的失策，几代日本人创造的财富因此而丧失殆尽。用麦克阿瑟的话说，战后的日本已经沦为一个"四等国"。因此，吉田茂认为必须反省"强兵"国策，将"富国"作为日本复兴的基本国策。

作为一个长期从事外交的政治家，吉田茂对经济问题并不熟悉。他认为，必须借助专家学者的力量，由内行来主持经济复兴。在担任外务大臣期间，吉田茂就聘请经济界和学术界的精英组成特别调查委员会，和专家一起探讨日本复兴经济的方略。担任首相后，他曾“三顾茅庐”，邀请东京帝国大学教授、农学博士东畑精一出任农林大臣。虽然遭到拒绝，但是吉田内阁仍然打破了以往由政界人士主宰内阁的惯例，启用专家学者作为阁僚。吉田茂曾说：“在进行大改革的时期，还是请学者或经济学家来担当阁僚，利用他们的知识，比较妥当。”

当时经济学界流派众多，见解各有不同。吉田茂是一个讲求实际的政治家，不拘泥于意识形态的分歧，从善如流，政府的经济政策和计划大多出自专家学者之手。左派经济学家有泽广巳提出的“超重点生产方式”（又称为“倾斜生产方式”）被政府采纳，发挥了启动经济发展的作用。在美国的支持与援助下，吉田茂推行的一系列紧急经济政策取得了成效。

1948 年秋天，吉田茂第二次组阁时，日本开始摆脱民众每天为温饱而疲于奔命的困难状况，向经济复苏和建设转变。由于多年海外生活的经验，以及习惯站在世界的角度看日本，吉田茂力主把国内经济与国际经济结合起来。就像后来他在《激荡的百年史》中所说：“如果不能迅速融入国际经济，日本经济就不会真正好转。也许接受国际经济风暴的考验是痛苦的，但不这样做就永无出头之日。因此，我们必须放弃依靠统制或补助来管理经济的想法……日本应该遵循自然的经济法则，经受锻炼，而不应该改变经济自身的运行方式，用人为的‘经济规律’来限制经济。”在那个计划经济思想风行的时代，吉田茂表现出了卓越的见识与洞察力。

随着冷战铁幕的降落，吉田茂的“富国”路线也遭遇挑战。战后日本整个国家的武装被解除，新宪法也规定日本没有交战权。但是1950年初，美国政府向日本提出了重新武装的要求。吉田茂以新宪法和国内舆论为由，将其堵了回去。朝鲜战争爆发后，美国的压力开始升级，日本国内也有相当多的政界人士和民众支持重建军队。《朝日新闻》的一个全国调查显示，53.8%的被调查者支持重整军备，27.6%的被调查者反对。

在日本发展的十字路口，吉田茂坚决反对重整军备，痛骂那些附和潮流、主张日本重整军备的政治家是“一群笨蛋”。美国中央情报局2005年解密的一份文件显示，几名右翼旧军官曾筹划暗杀吉田茂，这场政变以流产告终。即使身处危险境地，吉田茂仍然坚持执行和平的复兴路线，他的理由是“重建日本经济，需要国家财政上相当多的投入，没有余力发展军备”。他还做了一个形象的比喻：“日本由于战败，国力消耗殆尽，如同一匹瘦马。如果让这匹步履蹒跚的瘦马背负过度的分量，它就会累垮。”吉田茂的真实想法是，把防卫委托给美国，而把节省下来的军费用于经济发展。难怪美国人说，吉田茂是“一只懒得重整军备的老狐狸”。

后来在重重压力下，吉田茂不得不消极回应美方动议——建立有限的警察预备队和海上保安厅（日本自卫队的前身），不过他坚持了经济中心主义的“富国”路线。按照他的设想，日本的防卫力量只要能满足国内治安的最低需求就可以了，绝不能让军费增长成为经济复兴的负担。当日本政府制定1952年年度预算时，美国政府强迫吉田内阁以“安全保障费用”的名义列入560亿日元经费，用于扩充军备。结果吉田茂缩减实际支出，直至 1956 年才勉强用完此项经费。

由此，日本没有卷入朝鲜战争。这让日本能够集中资源发展经济，在朝鲜战争结束后就实现了经济复苏，开始重建。

四、实现国家“独立”

在当代社会，一个国家的建设离不开国际环境。每当讲到日本的国际关系时，人们常常会想起那个身穿和服、脚穿白布袜、口叼雪茄的吉田茂。吉田茂被公认为近现代日本少有的具备国际感觉的政治家，他不仅让日本成功地重返国际社会，而且创造了战后日本发展的国际环境。

在对日政策上，美国国内有人提出无限期占领的意见，麦克阿瑟则主张短期占领。吊诡的是，日本却想尽量推迟与占领当局开展和谈，因为它担心在战争气氛尚未完全消散的时候，同盟国会提出苛刻的条件，逼迫日本签订类似《凡尔赛和约》那样的战胜国与战败国之间的和约。吉田茂的构想是，日本以平等身份进入国际社会，让美国在与同盟国的交涉中成为日本的利益代言人。

从 1946 年开始，日本先后向美国提供多达数十册、有数十万字的英文资料，介绍日本战后的种种困难。这种做法果然奏效，日本赢得了美国的同情。作为日本政治的掌舵者，吉田茂以高度的现实主义判断和实用主义精明，运筹帷幄，多方斡旋，让美国人见识了什么是一个“好的失败者”。特别是随着中华人民共和国成立、朝鲜战争爆发，美国开始把日本作为其在亚洲的战略盟国。

由于吉田茂性格刚毅、言辞犀利、体形矮胖，又由于他是在大多数人早该退休的高龄上台执政的，所以人们常常称他为“日本的丘吉尔”。同丘吉尔一样，吉田茂也是重视现实利益的实用主义政治家，他最大的政治抱负就是尽早实现国家独立。他审时度势，认为在冷战时代，日本与包括苏联在内的所有战胜国“全面媾和”是不现实的，日本的安全保障“必须通过明确表示我国愿同自由国家一起为世界和平做出贡献的态度，才能得到”，因此日本应该与欧美国家“片面媾和”。这样既可以尽快结束占领，又可以由美国人来保卫日本，日本则可以专心致力于国内经济的重建与发展。

然而，在日本国内，“片面媾和”却遭到巨大的舆论反对。由于曾同德国及意大利结盟，日本陷入毁灭性战争，因此战后日本社会非常渴望和平。以东京大学校长南原繁为代表的知识界主张，日本应与英美中苏等国“全面媾和”，在冷战当中“永久中立”。但是在吉田茂看来，在冷战背景下的“全面媾和”与“永久中立”等主张“是脱离现实的议论”，双方为此爆发了激烈争论[①]。后来，日本共产党、劳农党、社会党、工会、农民协会等联合成立“全国媾和爱国运动协议会”，反对日美间“片面媾和”，征集数百万人签名支持“全面媾和”，向政府施压。

吉田茂面对压力，毫不妥协。在与美国谈判时，他发挥自己的外交才干，说服了美方。美国不仅给予日本宽厚的和谈条件，而且主动游说其他国家。尽管如此，日本国内仍然有反对声音，甚至说日本追随美国会成为“亚洲的孤儿”。吉田茂则坚

① 有关争论的内容详见本书另一文“南原繁：在精神上引领国家”。

定地推进“片面媾和”，他认为只有追随美国，日本才能富裕繁荣。他说：“日本是一个海洋国家，显然必须通过海外贸易来养活 9 000 万国民。既然这样，日本当然不能不把通商的重点放在经济最富裕、技术最先进，而且历史关系也很深的英美两国之上。这并不一定是主义或思想的问题，也不是所谓隶属关系，而是因为这样做最简便且有成效。”

1951 年 9 月上旬，52 个国家的代表来到旧金山，参加对日和会。美国总统杜鲁门致辞说：“让我们抛弃一切恶意和憎恨吧！在我们之间，既无胜者，也无败者，只有为和平而携手的平等同伴。”作为日本政府代表团团长，吉田茂一度戒烟戒酒，在和会上全力以赴地在各国代表团之间积极斡旋。在美国的推动下，和平条约的草案获得通过，包括日本在内共 49 个国家在《旧金山对日和平条约》上签字（苏联、波兰和捷克投了反对票，中国没有参加和会）。

“战争虽然败了，但外交要胜利。”通过制定《旧金山对日和平条约》，吉田茂实现了自己的名言。因为与其他和平条约相比，《旧金山对日和平条约》对日本非常有利且宽大，其中没有惩罚性和报复性的条款，对日本国民也没有永久性的限制。用吉田茂的话说：“这个条约不是复仇的条约，而是‘和解与信任’的文件。”日本以低得可以忽略不计的成本，结束了长达七年的同盟国军事占领状态，实现了与以美国为首的自由主义阵营的媾和。

战败之初，日本人曾担心美国的占领会持续十年、二十年，甚至美国会永久性占领。得益于吉田茂卓越的政治智慧，以及美国人的支持与配合，日本最终只用了六年零八个月，便在国际法意义上恢复了“独立”。

1956年日本加入联合国，在国际社会的地位恢复正常。

五、同自由国家在一起

1951年9月8日傍晚，也就是《旧金山对日和平条约》签订5个小时后，旧金山美军第六军司令部里又举行了一场具有历史意义的签约仪式。在美国和日本代表团的见证下，吉田茂独自一人代表日本在《日美安全保障条约》上签字。

《旧金山对日和平条约》意味着日本结束了占领期，恢复了主权。但是《日美安全保障条约》却规定，美国有权在日本国内及其周围驻扎陆海空军，以及根据日本政府的请求，美军可以镇压日本发生的暴动和骚乱。这岂不是“卖国”行为？因此，日本国内反对的声音很高。就在日本代表团里，作为全权代表的日本民主党代表虽然在《旧金山对日和平条约》上签了字，但却拒绝在《日美安全保障条约》上署名，吉田茂处于被孤立的艰难境地。

一方面，虽然吉田茂个性孤傲而倔强，但是他能够认真倾听专家和顾问的意见。另一方面，当认定自己的判断有利于国家时，他也能够抵抗外来的压力，坚定地按照自己的判断行事，而且越有困难越坚强，绝不退缩。纵使被批评为“独裁”“专横”，吉田茂也会走自己的路。在一天之内签署《旧金山对日和平条约》和《日美安全保障条约》，这一天对于吉田茂来说是一生中最光辉的日子。不过，他也很清楚自己的处境。当时他写了一个条幅——“和议盟成桑港夕，孤鸿直还品海晨”，表达了自己志得意满又曲高和寡的心境。回国后的当天晚上，在全权代表团解散会上，吉田茂半开玩笑地说："这所房子没有遭到火攻，太好了。"

虽然《日美安全保障条约》最终被议会通过，但是这一条约的反对者要比《旧金山对日和平条约》的反对者多得多。作为现实主义者，吉田茂清楚中立主义是脱离现实的，联合国也不大可靠，只有与美国结盟才能够保障日本的安全。他站在国家利益最大化的立场，坚持把与美国结盟作为外交政策的核心。他的外交信念就是"同自由国家在一起"，"同自由国家在一起，就是同自由国家的领导力量——美国保持协调"。面对来自朝野对"一边倒"外交政策的如潮批评和责难，吉田茂曾慨然说道："有人说日本是美国的殖民地，当初美国还曾是英国的殖民地，但这并未影响美国成为世界上最强大的国家。如果日本能够成为世界上最强大的国家，那么即使被看作美国的殖民地又何妨！"

与美国结盟也是吉田茂为日本确立的复兴战略的要求。吉田茂认为，战争期间日本经济遭到了严重的破坏，今后只能通过"贸易立国"，"通过经济手段在海外实现日本威信的扩张"。与美国结盟，以牺牲部分主权换取长久的安全保障，日本不仅节省了大量军费开支，而且搭上了战后科技革命的快车。另外，在美国的协助下，日本在1955年顺利加入《关税及贸易总协定》（世界贸易组织的前身），融入世界市场。这一切都为日本经济起飞奠定了坚实的基础。

因此，尼克松总统曾评价说，吉田茂通过反对大规模重新武装和与美国结盟，为日本制定了十分高明的对外政策，"这两方面结合在一起，意味着日本不必花钱就可以保卫国家安全，因此可以把全部精力和资源都用于建设，使日本成为世界上经济最强大的国家之一”。

《旧金山对日和平条约》生效后，战犯被先后释放，被解除公职者也陆续回到政界。他们提出修改宪法、重新武装日本。由于与美国占领当局的密切合作，吉田茂本人的存在几乎成了美国军事占领的象征，也被反美的民族主义势力当成了靶子。1954 年 12 月 7 日，吉田内阁宣布集体辞职——日本战后政治史上的吉田时代落下了帷幕。

不过，吉田茂已经巧妙地将日本的安全和命运与美国连在一起，之后的历届政府仍然延续吉田茂的对内与对外政策。吉田茂的弟子、后来担任首相的佐藤荣作说：“每每日本与美国背道而驰，国家就会蒙难；每每两国通力协作，日本就会昌盛。”这段话堪称日本主流政治家的共识。正是因为以吉田茂为代表的日本政治掌舵者准确判断时势、权衡利弊得失，处于东西冷战夹缝中的日本才得以绝处逢生，占尽先机，用最短的时间实现了战后复兴，成为经济大国。1968 年日本超过联邦德国，成为世界上仅次于美国的第二大经济体，创造了世界历史上的奇迹。

就在日本的国民生产总值超过联邦德国的前一年，89 岁的吉田茂应《大英百科全书》邀请，为 1967 年年鉴写了一篇卷首论文。这就是对改革开放初期的中国产生巨大影响的《激荡的百年史》。吉田茂站在历史的高坂上，俯瞰日本自明治维新以来一百年的现代化奋斗历程，既总结了日本走向歧路的历史教训，又揭示了日本在战后重新站起来的秘密，书中写道：

在面临战败和被占领的情况下，日本人并没有虚伪地对待占领军，而是以光明磊落的姿态对待占领军所指示的巨大改革，并在改革中努力寻求重建日本的措施。日本人之所以这样，是因为他们没有对过去的错误耿耿于怀，而是努力地面对现实，毫无怨言，孜孜不倦地工作。就像武士们在攘夷失败后，学习西欧的优点，毅然开港，战败后日本人也学习了敌人的优点。日本虽然不认为占领军的一切都是正确的，但还是承认美国和英国总体上都拥有优越的文化。毫无疑问，日本是一个“好的失败者”。

其实，吉田茂本人就是一个“好的失败者”，也是一个“成功的失败者”。对此，吉田茂有过详细的解释：“一个好的失败者，并不是凡事回答‘是，先生’。只是表面同意，回去后就改变态度，所谓阳奉阴违，是我最为忌讳的。我的态度是，关键在于全力配合占领政策的实施。然而，当对方的想法有问题或者不符合日本的国情时，则应当尽量向对方解释我方的情况，努力说服对方。即使事情按照对方所说的确定下来，也要首先顺应对方，等待能够调整错误和过失的机会来临。换言之，该说的时候说，剩下的就是干净利落地服从。”尼克松总统十分推崇吉田茂与麦克阿瑟的合作关系：“日本是在这两人的特殊合作下重建的。麦克阿瑟是法典的制定者，吉田则是执行者。前者抛出提纲挈领式的法令，后者再把它们塑造成适合日本需要的东西。”

在《激荡的百年史》中，吉田茂郑重地提醒重新崛起的日本：“在当今的世界中，能够正确认识自己的使命并努力实现，不是一件简单的事情……今天，对日本最重要的是：怀有理想，将自己置身于世界舞台中，找到自己的位置。”

就在写完对国家的忠告后不久，这位历史巨人溘然长逝。日本政府为他举行了战后第一次国葬。今天，在东京皇居附近的公园里，他的雕塑掩映在绿树丛中，供后人瞻仰和怀念，也让人们思考：在失败的时候，如何做一个“好的失败者”？

三木清：触发战后民主改革的人

战败之前，日本只是一个经济实现现代化而政治制度依然停留在封建制的“半现代化国家”。日本走向完全的现代化，起始于1945年的民主改革。而这场激进改革的触发者，就是三木清。

日本最美的风景在京都，京都最美的风景在银阁寺。银阁寺门前有一条著名的“哲学小道”，这是一条沿着水渠迤逦而行，不到两公里长的小路，两旁都是灿烂的樱花。途中竖着一块石碑，上面刻有西田几多郎的俳句“人为人，吾为吾，吾之小道吾行走”。落樱纷飞，书法优美，引得行人驻足观赏，有人拍照，有人沉思，还有人低吟诗句。

作为关注日本近代史的人，我想起的却是80多年前走在这条道路上的几位著名学者。当时，京都大学著名哲学家西田几多郎经常与他的好友河上肇、弟子田边元和三木清等人在这条幽美的小路上散步思索，谈论学问。其中，三木清年龄最小，虽然他幸运地活到日本无条件投降，但却成为法西斯主义的最后一个牺牲品。

作为学者，三木清的哲学思想变化多端。在战前，他出版了多部马克思主义理论著作，被后世誉为“战前日本马克思主义哲学的巅峰”。1930 年，他因为资助日本共产党活动而被捕入狱，出狱后放弃马克思主义研究，转而成为政府的智囊。他提出的“东亚协同体论”，成为后来臭名昭著的“大东亚新秩序”“大东亚共荣圈”的理论先声。

1945 年 6 月，三木清让一位被捕后在假释期间逃逸的小说家朋友留宿在自己家，因此被当局以违犯《治安维持法》为由逮捕了。两个月后，战争结束了，可是监狱和战前没有什么区别。由于食物匮乏，三木清营养不良，骨瘦如柴。他分到的毛毯是疥癣病人用过的，导致他患上了严重的皮肤病，在死亡边缘痛苦挣扎。他知道，几代人的现代化奋斗成果毁于一旦，明治维新以来的道路走到了尽头。日本为什么会走上毁灭的道路？这个失败的国家将要走向哪里？日本还有希望吗？这个哲学家只能在肉体的痛苦和思想的迷茫中苦度时光。

不仅仅是三木清，凡是幸存下来的有识之士都在思考这些问题。1945 年 8 月 26 日，也就是日本宣布无条件投降后的第十一天，东久迩宫稔彦王首相在东京召开记者招待会。面对众多记者，这位昭和天皇的叔父正式发表政府对于战败的反思：

迄今为止我国言论与结社处于怎样的状态，我们有必要加以反省，以促使将来的言论更为活跃、结社更为发达。迄今为止，在禁言令下，我国国民如同口中被塞进了东西一样，遭受了源于权力与权威的严厉处罚。我国国民忍气吞声，什么都不敢说，只能悄声暗骂。政党也仅仅是政府的御用政党，不能发表任何意见。而且，政府还对言论机关中最重要的报社进行了压制，禁止进行自由报道……既然实际情况如上所述，那么我认为此刻我们要果断采取具体的措施。

作为现代民主制度的基石，言论自由的重要性不言而喻。可是即使在70多年后的今天，在一些国家里，言论自由仍然得不到保障。言论自由不被视为人的基本权利，反而被指责为干扰施政、降低效率的负面之物。因此，在刚刚投降、百废待兴之际，日本首相就清晰地向社会传达出要保障言论自由的信息，可谓难能可贵。

这一时期，类似的言论极为盛行。例如，在战败后召开的第一次众议院会议上，议员芦田均就发表长篇文章，呼吁实行言论自由。当然，从理念转化为现实，还需要制度保障。对于深受法西斯专制之苦的日本而言，首先是废除禁言令——《治安维持法》。

《治安维持法》颁布于1925年，目的是禁止一切言论自由、结社自由。根据该法，思想警察可以随意以莫须有的罪名惩处任何不利于政府的个人或组织，可以对“思想及良心的自由”和“集会、结社、言论出版及其他一切进行表达的自由”这些后来被《日本国宪法》视为永不可侵犯的基本人权进行镇压。许多活动家和民主进步人士遭到残酷打击，著名作家小林多喜二就在接受调查时因不堪刑讯逼供而惨死狱中。《治安维持法》和思想警察等一起，结成一个严密的法西斯主义控制体系，制造了长期的“白色恐怖”。三木清就是这部恶法的牺牲品。

日本投降后，这些法西斯制度并没有被立即废除。在天皇宣布投降前夕，内务省警保局在给警察部长的密码电报中写道："关于战争责任的争论与离间军官和民众的言论今后将越来越多，为了不使之破坏国内稳定，必须特别努力压制，招致此次事态的责任应该由'军民共同承担'，如果不团结全体国民，那么事态会继续恶化，甚至有可能危及皇国前途。"为了贯彻"维护国体"的基本方针，在签署投降文书前的十几天里，日本政府还增强了警察力量，将警察定员从 9.27 万人增至 18.66 万人，并扩充思想警察。这意味专制的旧体制不仅继续有条不紊地运作，而且有增强之势。作为旧制度的牺牲品，包括三木清在内的数百名政治犯依然被关押在监狱里。不过，美国占领军进驻日本，让监狱里的人们看到了希望。

盟军总司令部一方面安排占领军进驻，另一方面抓紧制定改革日本的方案。1945 年 9 月 22 日，美国政府公布《日本投降后美国初期对日方针》，基本精神是在日本推行"民主化"和"非军事化"政策。这个文件暗示，要通过彻底改革，在日本强行创造一个"人民意志"优先的社会，从而根除使日本成为亚洲苦难根源的"战争意志"。在占领当局看来，在日本帝国现行的政治、经济和社会制度下，人民不可能自由表达思想。如果想让民众真正自由地表达他们的意志，就需要彻底废除专制体制。

遗憾的是，三木清没有看到那一天。《日本投降后美国初期对日方针》公布四天后，这位 48 岁的哲学家惨死狱中，成为日本法西斯主义的最后一个牺牲品。在那个疮痍满目，民众都在为吃饱饭而发愁的特殊时期，几乎没有什么人关注一位学者之死，更没有人去追问三木清惨死背后的人权问题。反而是美国的记者关注了此事，他们的报道让这起悲剧事件广为人知。这时盟军总司令部已经占领日本一个月了，而日本竟然还存在思想警察，监狱里竟然还有政治犯，媒体报道让日本成为国际舆论关注的焦点。

于是，从国外到国内，要求废除《治安维持法》、释放政治犯的声音骤起，可是司法大臣岩田宙造却断然拒绝。这并不奇怪，东久迩宫内阁成员都是典型的保守之徒，而不是具有革新思想的新锐之人。何况岩田宙造曾在 1934 年任《治安维持法修正案》特别委员会委员，参与修改《治安维持法》——那次修改让《治安维持法》更加严酷。

内务大臣山崎严同样保守。1945 年 9 月 27 日，昭和天皇拜会麦克阿瑟，盟军总司令部将“天皇向麦克阿瑟将军表示敬意”的新闻稿发给日本新闻界，并附以天皇与麦克阿瑟的合照，各家报社准备在第二天的报纸上以头版头条发表。山崎严却认为，发表上述消息和照片有损“国体”，连夜向有关各报发出紧急指令，停止发售第二天的报纸。盟军总司令部十分震怒，随即向日本政府发出通告，要求“撤销对新闻及通信自由的一切限制”，发行被禁止发售的报纸。

在这种情况下，山崎严仍旧顽梗不化。10 月 3 日，他在会见英国路透社记者时声称：“准备继续维持《治安维持法》精神，因此，不允许任何破坏国体的言论和行动……取缔危险思想的秘密警察现在仍在继续运作，对于进行反皇室宣传的共产主义者，将严惩不贷，加以逮捕。”他还对中华民国的中央社特派记者说：“作为司法当局，目前还未考虑诸如释放政治犯之类的问题。”驻日美军的机关报报道了山崎严与记者的谈话，《纽约时报》随即以《等待释放的共产主义者们》为题发文。没有人会料到，这篇新闻报道拉开了日本民主化改造的历史帷幕。

就在《纽约时报》发表报道的同一天，10 月 4 日晚上，盟军总司令部向日本政府发出《关于废除针对政治性、公民性及宗教自由的限制措施的司令部备忘录》（又称“自由指令”），要求日本政府即刻进行言论自由化，在 10 月 10 日以前释放所有政治犯，废止《治安维持法》等法令，全面废除思想警察以及一切言论统制机构，罢免山崎严的内务大臣职务。这是盟军总司令部发布的第一号施政命令。推动日本历史转换的力量，就这样以最直接且突如其来的命令方式呈现了出来。

因为盟军总司令部在发布命令之前并未与日本政府进行联络，所以这一指令让日本政府感到十分震惊。10 月 5 日，时任外务大臣吉田茂拜访盟军总司令部，表示“日本政府难以实行这样的指令”，但得到的回复是“指令必须忠实地执行”，措辞严厉，毫无妥协余地。不可否认，当时的日本政府已经认识到，日本必须进行改革，只是他们提出的改革方案比较温和，而盟军总司令部已经没有耐心。诚如盟军总司令部的一位官员所说：“他们想保留一棵生病的树只剪掉树枝。而我们觉得，为了消除疾病，必须将树连根拔起。不然我们会发现，虽然长出新树枝，但这棵树还在生同样的病。”

东久迩宫内阁认为，难以完成备忘录所要求的任务，于是以“业已完成终战处理事务”为由，在接到备忘录的第二天集体辞职。10 月 11 日，麦克阿瑟会见新任首相币原喜重郎，明确下达了实行“五大改革”的指令，包括解放妇女、鼓励组织工会、改革教育制度、废除秘密警察、经济体制民主化改造。总之，必须彻底消除日本社会一切的专制统治残余。突然之间，推行民主的抽象宣言变得分外具体且清晰。与“五大改革”指令比起来，之前的“自由指令”显得温和多了。

在晚年的回忆录里，麦克阿瑟特别记录了他对新首相提出的保障民众自由的要求：“废除通过秘密审讯和滥用职权导致人人自危的旧制度，建立一个新的司法体系，保护民众免受专制、独断和不公手段的危害。保障思想自由、言论自由和宗教自由。停止一切以政府名义打着提高效率的幌子对民众实施组织化管控的做法。”

包括日本共产党领导人德田球一在内的数百名政治犯，一起活着走出了监狱。10 月 15 日，新内阁宣布废止《治安维持法》，思想警察也被立即解散，内务部和国家警察机构的头目被解职。随后，教育部门的军国主义分子和极端国家主义分子遭到清除，主张自由主义的教师恢复职务，战前使用的教科书被收回。农村土地制度改革、劳动制度改革以及解散财阀等一系列民主化改革措施也相继施行。

几乎在一夜之间，日本民众开始享受众多民主权利：劳工享受谈判权与集体行动权，民众享受团体交涉、示威游行的无条件权利，人人都平等享受接受教育的权利，妇女与男子具有同等的参政权，等等。与此同时，确认司法部门为独立系统，不受行政干涉……这是一堂最为直接、生动的民主主义教育课。在一幅流行的漫画作品里，美国就像一把从天而降的三型剪刀一样，剪断了普通日本人民身上的铁链，并赐予公民自由的权利。

在三木清瘐死后的三个多月里，日本发生了翻天覆地的变化。一个民主社会的框架基本确立。日本国民品尝到了自由的味道，整个社会爆发出空前的活力。从 20 世纪 50 年代后期开始，日本进入了持续十余年的经济高速增长时代。到了 20 世纪 60 年代末，日本不仅完成了战后的复兴，事实上还完成了再次崛起，在经济总量上成为仅次于美国的经济发达国家。战败之前，日本只是一个经济实现现代化而政治制度依然停留在封建制的“半现代化国家”。日本走向完全的现代化，起始于 1945 年的民主改革，三木清的个人悲剧则成为引发这场改革的导火索。

把报纸从政府手里解放出来

1945 年 11 月 1 日，盟军总司令部向日本政府发出“自由指令”，要求全面废除思想警察以及一切言论统制机构，取消新闻管制，实行言论自由化。这个文件撤销了强加在日本报纸上的一切限制，将报纸从政府手里解放出来。这给日本国民上了一课：在现代社会，政府和新闻报纸之间应该保持一种怎样的自由关系？

“日本新闻人已经忘记如何做新闻人。”

这是战败时一位日本记者的慨叹。其实，日本新闻人曾经表现得非常优秀。日本的报纸是伴随着明治维新而出现的。它们都是民间自发创办的，坚持自己的立场，有些甚至在自由民权运动中成为挑战政府权威的喉舌。一些优秀的新闻人后来还走上政坛，甚至担任首相。例如，犬养毅、石桥湛山都是媒体记者出身。即使在第二次世界大战期间，日本的报纸仍然是民营的，没有一份是官办报纸。但是从 1931 年“九一八”事变开始，它们放弃社会舆论公器责任，无条件地支持和鼓吹战争，成为政府和军部的传声筒。

为什么这些报纸会丧失批判性和独立性呢？《朝日新闻》负责人绪方竹虎在战后的回忆录中这样解释道："狡猾的暴力团伙抓住了报社的弱点。报纸需要刊登广告，就用恐吓广告主的手段，试图让他们将广告撤出《朝日新闻》。对于广告主来说这当然是一个很大的麻烦，但最后受牵连的自然是报社了。至此，主要干部会议已无可奈何，只有无条件投降了。"

但是这种懦弱的说法还是有些遮遮掩掩，不如《每日新闻》总编辑高田元太郎坦率。在《每日新闻》报社战时的一个聚会上，一位年轻职员气愤地说："服从这样荒唐的命令，就是让报社倒闭，我们也应该起来反抗。"高田元太郎的回答是："我也想这样做，但考虑到过万的职员及其家属将会流落街头，我无法做到。"

这个理由看起来很充分，毕竟报社的职员也要吃饭。问题是，报社和其他工作最大的不同，就是它作为天下公器，必须维护言论自由，并通过这种方式为国家的航向提供警示。为了不让职员及其家属流落街头，而选择向言论统制屈服，就意味着主动抛弃了报纸作为言论机关的使命，是背叛和抛弃国民。于是，在看似合理的借口下，报纸向权力屈服了。从不甘心到屈服，后来更变得理所当然，认为这是站在国家命运与国民利益一边的正确选择。在所有制没有改变的情况下，日本报纸的灵魂被出卖了，蜕变为"自带干粮＋领皇粮"的体制附庸和帮凶。言论死了，国家也就走上了自我毁灭的歧路。

当天皇宣布无条件投降后，日本的报纸突然失去了方向，就像“虚脱”了一样，茫然不知所措。1945年8月16日，也就是无条件投降的第二天，《每日新闻》关西总部发行的报纸上出现了奇特的版面：头版是天皇的《终战诏书》和政府发表的文件告示，第二版则是一片空白。由于纸张紧缺，当时的报纸都是单张，一共只有两版。

《每日新闻》关西总部的编辑局长（相当于总编辑）认为：“我们应该以最高规格向国民谢罪，以承担作为一家核心大报一直以来讴歌和煽动战争的责任。”因此，他向社长提出解散报社、停刊的建议，并主动提交辞职申请。后来，这位有新闻良知的媒体人回忆当初的决定时这样写道：

让同样的编辑将到昨天为止都还在大喊“鬼畜英美、焦土决战”的报纸立刻进行一个180度的大转变，要做出这样的事情良心上实在过不去。“国民也要从今天开始转变”等，怎么有脸去评论呢？把以《终战诏书》为首的公共机关发布的各种文告和事实的变化真实地刊登在报纸上，是我良心允许的最大限度。因此，最后大半的报纸都不得不以白纸的状态发行了。

在沉痛的反思之后，另一家大报《朝日新闻》也发表《关于自我认罪的声明》，就战争责任向国民谢罪：

特别是与引导国民、舆论、民意走向等有着最密切关系的言论机构的责任是非常重大的。因此，我们绝对不会轻易饶恕自己过去所犯的错误。也就是说，我们已经做好了“惩罚自己”的充分准备。……我们并没有忘记作为言论人必要的率直、忠诚和勇气。当然，当时我们不得不服从政策和我们所属的组织，但是对于这种结果，今天的我们是不是负有重大的责任呢？这正是我们所担心的。

在美军尚无一兵一卒登陆时，这家著名媒体就开始反思自己的责任。在越来越多的媒体人的职业良知复苏时，占领时期开始了。人们通过各种渠道了解到，占领军对德国采取了非常严厉的政策，以往的报纸被一扫而光，新发行的报纸必须获得占领当局的批准。对于一直在为军国主义、法西斯主义效劳的日本报纸，同盟国占领军会采取什么样的措施呢？

美国原来的想法是，对日本进行同德国一样的直接军事管制，“停止一切由日本人进行的提供和控制信息的活动，而由军政府使用可以利用的设施直接提供信息”。但后来，美国改变了直接军事管制的计划，决定保留日本政府，通过它进行间接管理，同时也保留过去的新闻机构，使之为占领工作的顺利进行服务。因此，一切报纸在战后都得以继续发行。这是占领史上前所未有的现象。根据传统的军事占领模式，战胜者一般不是直接关闭敌人的信息媒体，就是以占领军控制的信息媒体取而代之。允许日本媒体继续运作，被看作“一次独特的军事与社会学实验”。

然而，这并不意味着放任不管。《波茨坦公告》提出：“日本国政府应排除一切障碍，在日本国民之间恢复、加强民主主义的倾向。应确立言论、宗教、思想的自由以及对基本人权的尊重。”据此，1945 年 9 月 24 日盟军总司令部向日本政府发出《关于报纸同政府分离的备忘录》，提出让报纸和通讯社脱离政府，获得自由，要求报纸在进行报道时做到“尊重报道事实”，“在进行报道时不随意掺杂个人的意见”。

然而，3 天后发生了内务大臣禁止报纸刊登天皇与麦克阿瑟合照的事件，这让占领当局意识到日本报纸身上还有诸多禁锢，尽管已下令解除对新闻媒体的控制，但是媒体仍然受到政府的严格管制。于是，占领当局立即向日本政府发出《关于对言论自由和报纸自由的追加措施的备忘录》，要求日本政府停止、禁止对报纸、出版等大众媒介的审查和其他一切管束，废止《新闻纸法》《国家总动员法》《新闻纸等刊载限制令》等一共 13 个法令。

“这样一来什么都可以自由写了！什么都可以自由出版了！有生以来第一次的自由！”作家高见顺在日记里记录了自己当时欢喜而矛盾的心情，“应该由本国的政府给予人民的自由，却由占领自己国家的外国军队第一次给予了，想起来真令人羞愧难当。作为一个热爱日本的人，我为日本感到羞愧。战争打输了，因占领军的进入而失去自由，这是容易理解的。但我们却相反，占领军保障了我们的自由。这是多么令人羞愧的事！”

1945 年 10 月 4 日，盟军总司令部又向日本政府发出“自由指令”，要求全面废除思想警察以及一切言论统制机构，取消新闻管制，实行言论自由化。这个文件撤销了强加在日本报纸上的一切限制，将报纸从政府手里解放出来。这给日本国民上了一课：在现代社会，政府和新闻报纸之间应该保持一种怎样的自由关系？

媒体人心头的暗云消散了，各种新报刊相继问世，新闻界呈现出空前的盛况。获得自由的日本报纸对盟军总司令部充满感激，同时开始更深入地反思自己的战争责任。11 月 7 日，《朝日新闻》发布题为《与国民站在一起》的文告，承担了没有将事实告诉国民、使国家卷入战争的责任，宣布今后将作为全体国民的言论机关确立民主主义体制：

从对华战争爆发到大东亚战争结束，鉴于《朝日新闻》所扮演的重要角色，在此，我们在国民面前明确我们的责任，并将以全新的机构与阵营倾注全部力量为新日本的建设做出最大的贡献。从开战到战争期间，虽说有众多的制约使报纸没能做出客观真实的报道、严正的批评，但对于这一重大失职行为，以及没有勇于打破各种制约以坚守职责，最后导致战败，并让国民一直处于无知的状态而陷入了今天这种困顿境地的罪行，我们在此必须向全体国民谢罪。

今后的《朝日新闻》，将以全体从业人员的意志为基础进行运营，并时刻站在国民的一边，传达国民的声音。在这惊涛骇浪之际，对于日本在确立民主主义的道路上将会遇到的诸多困难，《朝日新闻》将始终作为代表国民的言论机关。谨此宣告。

另一家报纸《每日新闻》的领导层因战争责任而引咎辞职。该报还向社会发表文告，宣布在全体职员严肃反省的基础上，把"战争责任的明确化和民主主义体制的确立"作为自身"新的出发点"。这是当时的一股潮流。随着战争责任问题越来越明确，各报社在战时负责经营的编辑干部纷纷离职或被辞退。根据统计数据，1945 年 9 月至 12 月，战败时残余的 56 家新闻报社中，有 44 家的社长及主要干部辞职，其余 12 家报社在第二年也进行了干部的替换。1946 年 2 月，盟军总司令部正式宣布公职开除令，媒体界有 351 人赫然在列。随着军国主义分子、极端国家主义分子从新闻媒体中被开除，战前媒体内部反动势力被清除，日本报界的领导层面目一新。

新成立的“日本新闻协会”学习美国，制定《新闻道德准则》，为新闻界提供了详细而明确的活动准则。它宣布：“新闻界在报道新闻、发表编辑评论方面享有完全的自由，甚至可以自由评论任何限制性法令是否英明，除非这些活动有碍于公共利益或者为法律明文禁止。新闻界的这一权利应该被当作人类的一项基本权利加以保护。”

然而，盟军总司令部一边将报纸从政府手里解放出来，鼓励它们根据新闻自由等原则改善自己的面貌，一边又对其进行严厉的审查。它发出《关于言论自由和报纸自由的备忘录》，提出媒体报道时应遵守的内容标准。在正式出版前，主要报纸和所有书籍杂志，都要接受审查。凡是肯定军国主义、极端国家主义或封建主义、非民主主义的东西，均在排斥之列。由于日本左翼激进主义愈演愈烈，后来共产主义宣传也被禁止。而且，凡是涉及占领军、同盟国以及麦克阿瑟本人等的负面新闻，凡是批判美国、批判同盟国等的言论一律被删除和禁止。

难怪美国历史学家约翰 · W. 道尔在其名作《拥抱战败》中专辟一章——“审阅的民主：新禁忌的管制”——表达自己对审阅制度的看法。他批评说，胜利者的审阅制度“有时就是以离奇的方式复制先前帝国政府镇压‘危险思想’的行为，从一开始就残害着战后的民主”，“这种做法反映出美国人的伪善，并使之与军国主义者、极端民族主义者的旧制度相形见绌”。但是也有学者认为，为了在一个敌国内推进言论自由，在日本帝国废墟上建立现代的新闻自由，占领当局的做法是可以理解的，何况它的重点是推动媒体为日本的民主化和非军事化而努力。即使约翰·W. 道尔本人也承认，“从数量上讲，被审查删改的案例与印刷出版繁荣的洪流相比极其微小。不可否认，媒体在占领期终结时比在战争时期要大为活跃”。

媒体审查不仅数量少，更重要的是当时媒体人的感受。《朝日新闻》政治部的一位记者说：“尽管处在外国的管理之下，但是记者并没有不愉快的感觉。可是在战争中，关于战局，除了转载大本营发布的消息外，不能有任何自己的报道。对战局以外的情况，也只是根据政府的规定，让写哪些就必须写哪些。”这些记者在战争中迫于压力只能写煽动战争情绪的报道，因而对占领当局的审查并没有什么抵触。

1946 年 7 月 25 日，也就是在占领日本近一年后，麦克阿瑟召集主导当时日本社会舆论的三大报纸，即《朝日新闻》《每日新闻》《读卖新闻》，以及共同通信社的代表训话。他说：“由于战败，你们日本国民才得到了自由，而在这之前，日本是没有自由的。八千万人中有七千万人没有自由。作为一个民族，那是不幸的。而今，全体日本人都有了自由。我知道日本人，包括你们都认为自己对战败有责任，我理解这一点。但是，战争失败对日本人来说是幸福的。确实，战败给日本国民带来了幸福，将来会更加幸福。”虽然这一番话口气颇大，但说的却是事实，因此媒体给予了积极的回应。

四个月后，新宪法颁布，其中第二十一条规定，公民有“集会、结社、言论、出版及其他一切表达的自由”，明确了公民的言论、出版和其他的表达自由权，也从根本上保证了新闻媒体的表达自由权。为真正确保新闻自由不再受到来自政府的任何形式的限制和控制，防止新闻媒体被强权政府所掌控，宪法第二十一条第二项规定，“不得进行检查，并不得侵犯通信的秘密”，这意味着禁止政府对报道进行审查。因为无论是事前审查，还是事后审查，都是对新闻媒体公平、公正、客观报道的严重干扰，对新闻自由有着极强的杀伤力。历史证明，媒体失去表达自由权，对于全体民众以及整个社会和国家来说都是一种损失，严重时甚至可能造成灾难性后果。新宪法第二十一条的规定，标志着媒体完全独立于政府。因此，新宪法的通过让新闻界人士欢欣鼓舞，他们对于新闻媒体的未来充满信心。

1948 年 7 月起，占领当局将对报纸的事先审稿改为事后审稿。三个月后，事后审稿也停止了。媒体审查制度实行了不到两年就停止了。到 1952 年 4 月，随着《旧金山对日和平条约》生效，日本成为独立国家，占领当局对新闻媒体发出的备忘录和各种管理措施全部被废除。从此，日本的新闻媒体获得了完全的表达自由权。媒体人监督权力，深入调查和揭露社会阴暗面，担当起社会发展导航员的职责，成为立法、行政、司法三权之外真正的“第四种权力”。

日本土地改革：一场没有流血的和平革命

日本的土地改革没有出现大规模暴力冲突，是非共产主义世界中进行得最彻底的土地制度变革。通过这场不流血的和平的土地革命，日本消灭了地主阶级，瓦解了日本法西斯和军国主义滋生的土壤，也避免了各种激进的社会运动。难怪麦克阿瑟说："在占领期间取得的所有成就当中，土地改革的影响最为深远。"

1945 年冬天，日本全国各地的地主聚集于东京。他们三五成群地跑到农林大臣松村谦三的家门前大声抗议，有时多达上百人。62 岁的松村谦三耐心解释，却没有人愿意听他的话。松村只好提高嗓音对他们说：

我所做的一切都是为了日本。虽然你们的一些土地会被收购，但佃农们分到了一些土地，这样就不会引起日本的混乱。佃农永远是佃农、地主永远是地主的想法已经过时，希望你们认清时代潮流。

然后，松村谦三挤出人群，去向国会议员们解释，结果又遭到议员们的围攻。

这一切都是因为土地。70 多年前，明治维新时改革土地制度，承认土地私有，废除禁止土地买卖的法令。大量土地集中到地主手中，无数农民只能租地耕种，每年要把收成的 60% 交给地主。1910 年的一本小说《土》生动反映了当时农民的生活："贫苦的农民全心全意埋首于田间工作，希望获取足够的粮食，然而取得收成后，他们却要缴纳大部分辛苦所得的粮食。事实上，只有当农作物未被收割，仍然生长在泥土中时，它们才归农民所有。"

在战前，最富有的地主占整个农村户数的 2%~3%。他们不用耕作，土地都租给农民，自己居于豪宅广厦，靠收租过着舒适的生活。不少地主移居城市，把土地委托给别人管理，成为"寄生地主"。有些官员是大地主出身，言必称"本人虽然是某省官员，可在老家有一大片土地，什么都不用干，钞票就会大把大把地滚进腰包，这点儿工资不过是挣点儿零花钱"。

在 1929 年大萧条引发的经济危机中，农民遭受了巨大苦难。东北地区的农民衣食无着，甚至被迫卖儿卖女。这些不平等的社会现象让出身农村的青年军人感到愤怒，他们要求激进的社会变革，先后发动"五一五"事件"二二六"事件，结果日本却走上了法西斯主义和军国主义的不归路。

由于战争，粮食生产自 1944 年就开始崩溃，在战败的当年又遭遇大歉收。从农村收购粮食，很可能引起农民骚乱。如果城市陷于饥饿，又会发生暴动。这两种情况无疑都是"赤化"的温床。当时日本约有 7 600 万人口，其中有近半数属于农业人口，而地主占有的耕地约为全部耕地的46%，佃农和半自耕农占农户总数的70%。为了避免爆发社会动乱，作为币原内阁的农林大臣，松村谦三决心推动土地改革。

松村谦三提出，由政府出面强制收购土地占有面积超过1.5町步[①]的地主的土地，再将土地卖给佃农，使之变成自耕农。在农林省讨论后，土地占有面积从1.5町步提高到了3町步。但是内阁会议时，有人认为这种做法侵害了土地所有权而强烈反对，甚至币原喜重郎本人也大为不满。反对力量空前强大，最后土地占有面积从3町步提高到5町步（北海道除外）。这样能够分给佃农的耕地仅占全国耕地面积的37%，松村谦三伤心落泪，他说："这样做无法解决任何问题。"

1945年12月4日，日本政府向议会提交保守的《农地调整法修正案》。松村谦三在就修正案进行说明时指出："这是巩固日本农业基础的最稳妥、最实际的办法。"他耐心地向议员们解释说，只有这样才能释放农村的压力，国家才有前途。部分议员赞同这种观点，但是反对者也不少，尤其是那些地主家庭出身的议员，群情激愤，对松村谦三发起了围剿。

眼看着《农地调整法修正案》不可能通过，松村谦三陷入了困境。就在这时，盟军总司令部向日本政府发出了《关于农村土地改革的备忘录》和《农民解放指令》。麦克阿瑟限定日本政府于1946年3月15日之前拿出确切、可行的土地改革方案，打破封建体制，扫除经济发展障碍，保障人民的尊严。

这些指令传来，议会的气氛为之一变，众议院对之前的

① 町步是日本的一种面积单位，1町步约等于1公顷。

《农村调整法修正案》稍加修改后便通过了，贵族院也没有提出什么反对意见。因为议员们担心，如果不尽快通过，盟军总司令部一旦提出更严苛强硬的改革要求，日本就没有退路了。正如《曼彻斯特前卫报》的社论指出的，“日本需要土地改革”，这已经成为国际舆论的共识。假如像苏联那样，由国家将土地无偿没收之后分给农民，然后再把土地集中起来，将土地私有制转变为土地国家所有制，这是议员们不敢想象的。

1945 年 12 月 29 日，《改订农地调整法》正式公布。该法规定，允许地主保留的土地面积，内地为 5 町步，北海道为 12 町步。该方案准许农民直接与地主进行购买洽商。农民既可以选择一次性付款，也可以选择分期 24 年付款。尽管这个改革方案很保守，但是松村谦三仍然积极推进改革落地，因为他担心夜长梦多。

他的担心并不是多余的。因为仅仅两个月后，他本人就因为在战时担任国会议员，受到褫夺公职处分，离开政坛，成为土地改革的旁观者。更让他失望的是，这场改革随后就被占领当局叫停了。因为美国认为这个改革方案太保守了。

作为占领当局的顾问，来自美国农业部的专家沃尔夫·拉德金斯基坐着吉普车，在日本各地农村进行实地考察。他吃惊地发现，日本土地占有面积超过 5 町步的地主很少。当时日本全国出租的土地有 280 万町步，从最初的 1.5 町步改到 5 町步，也就使得解放的土地从 150 万町步减少到了 90 万町步，远远不能达到土地改革的预期目标。在千叶、埼玉两县的农村进行的调查表明，这两县的农村中土地占有面积超过 5 町步的地主寥寥无几，如果目前的土地改革方案得不到修改，那么这两县的佃农、自耕农基本无人能够受惠。因此，盟军总司令部发布了延期实施这一土地改革方案的指示。

土地改革问题交给了刚刚成立的“对日理事会”处理。这是占领军的咨询机构，由中、美、英、苏四国各派一名代表组成。苏联代表提出无偿没收大地主土地，比松村谦三最初的方案要激进得多；英国代表则建议设定地主土地保有最高限额，内地为 3 町步，北海道为 12 町步，土地改革持续 3 年。最终，苏联代表的提案遭到否决。1946 年 6 月 17 日，盟军总司令部把英国代表的方案以“劝告案”的形式下发给了日本政府，要求日本施行更进一步的土地改革。就像同年 2 月麦克阿瑟提出宪法修正案草案时一样，盟军总司令部的改革方案并没有采取指令的形式，而是希望日本政府根据自己的自由意志来实施土地改革。

此时币原内阁已经集体辞职，吉田内阁全盘接受了新的土地改革方案。农林省的《农地改革始末概要》记载道：“第一次改革完全是根据日本政府的创意立案的，而第二次改革的创意可以说完全出于盟军总司令部。日本政府对盟军总司令部的‘劝告案’所能做的工作并不怎么重要，只是对原案做些修正和补充而已。”

其实，作为一个保守的政治家，吉田茂对于土地改革并不感兴趣。因此，他把重任推给了接任的农林大臣和田博雄。他说：“和田君，我保守，所以我从心里厌恶土地改革。不想干，但不干又不行。你说怎么办就怎么办吧。”

43 岁的和田博雄由此登上了历史舞台。和田博雄曾经是农林省里的一名年轻官员，后来调入以制订物资动员计划而闻名的企划院。作为“国家总动员的中枢机关”，企划院位高权重，集中了大量优秀的人才，和田博雄是其中的佼佼者，因此成为思想警察的关注对象。1941 年，在被捏造的违犯《治安维持法》的“企划院事件”中，和田博雄被当作主谋逮捕入狱 3 年，1944 年才终于被释放。获释时他曾赋诗“漫天繁星绽放，一如春色满园”，欣喜之情溢于言表。日本无条件投降后，和田博雄成为农林省农政局长，而后直接升任吉田内阁的农林大臣，接替松村谦三。当时自由党内部的反对声音很激烈，有人说“农林省将成为红色分子的温床”，但是吉田茂坚定地支持和田博雄。

和田博雄首先需要做的，是将新的土地改革方案提交议会审议通过。他担心当时执政的自由党会对这一改革方案进行猛烈抨击。盟军总司令部的一位官员说：“自由党如果反对该方案，就证明了该方案是自由的。”不出所料，对于新的土地改革方案和改革的操刀手，国会均强烈反对，自由党更是激烈反对。和田博雄曾带领 3 位自由党议员拜访盟军总司令部，盟军总司令部的官员直言不讳地说：“和田得到了盟军总司令的完全支持。我们也希望自由党能够认识到，对于日本的健全进步和经济安定，这个新提出的土地改革方案会起到很好的作用。”

在盟军总司令部的高压下，议会顺利通过了第二次的土地改革方案。1946 年 10 月 21 日，《自耕农创设特别措施法》和《农地调整法改正法律案》正式颁布。这次的改革方案要比第一次彻底得多，具体措施如下：内地地主所允许保留的出租土地为 1 町步，北海道为 4 町步；内地超过 3 町步、北海道超过 12 町步的土地由政府强制收购；同时，强化地主取得土地的限制性，各地负责农地收购、转让的委员会中，佃农出身的委员须占总人数的50%，以弱化地主阶级的影响力。麦克阿瑟对新的改革方案给予高度评价。他说："对于建立健全的民主主义来说，再没有比这更坚实的基础了；对于对抗过激思想的压力来说，再没有比这更可靠的防卫了。"

在盟军总司令部的支持下，和田博雄全力推进土地改革。在他的发动和鼓舞下，农林省以极大的热情投身这场史无前例的改革运动中。农林省工会一度在农林省正门前贴出檄文《告挺身于解放农民运动的各位职员书》，引发了贵族院保守派议员的不满，认为"这像是在征兵，号召大家都去当讨伐恶霸地主的义勇军"。地主也以没收土地"违犯宪法"为由进行诉讼斗争，但被最高裁判所驳回。很快，全国的土地改革运动形成燎原之势。

当时生活物资的严重匮乏，引发了非常恶劣的通货膨胀。1946年大米的政府收购价是每150公斤600日元，到了1947年已经涨到1 900日元。盟军总司令部负责土地改革的拉德金斯基博士主张，收购土地必须价格合理、补偿充分，要求土地价格随通货膨胀而浮动。不过，和田博雄坚持以1945年的价格为准，由政府向地主收购土地，然后再卖给佃农。因此，直到1950年土地改革结束，土地收购价格仍然保持水田每亩760日元、旱田每亩450日元，还不到一双橡胶长靴（842日元）的价格，事实上等于无偿收购。此外，允许佃农分期30年付款，同时提供年利率为3.2%的低息贷款给佃农。

到1950年，土地改革基本完成。被政府强制征购土地的地主多达200万户，共收购194万公顷土地，占当时日本耕地面积的近乎一半。71%的在村地主和99%的不在村地主被消灭，销声匿迹于通货膨胀的波澜之中。出租土地占全部土地面积的比例从46%下降到8.3%，基本做到了“耕者有其田”。从此，买到土地的农民对土地有了永久产权，世世代代都是土地的主人。1952年日本制定《农地法》，把土地改革成果固定下来。

后来，拉德金斯基博士在与和田博雄会谈时曾问他是不是早已预料到，在通货膨胀的情况下进行土地改革会等于拱手奉送土地。和田博雄当即说“是的”，并回答道：“如果让农地证券随物价变动而变化，那么政府就会背上沉重的财政负担，就不会有今天日本经济的增长。当时博士您向我们做出的让步，是对日后日本经济发展做出的最大贡献。”

确实如此。通过土地改革，日本确立了自耕农体制，农村从此安定下来，激进运动再也掀不起风浪。农民的劳动积极性大大提高，生产力也得到极大释放。到20世纪50年代初，日本农业已经恢复到战前水平，几年间农业产值增加360%，为日后日本经济的腾飞打下了坚实的基础。此外，和田博雄也没有忘记土地改革的牺牲者。他说：“对待此次改革的牺牲者——地主，尤其是中小地主的态度，一定要慎重。必须将他们作为重建日本的牺牲者来对待，而不应该说什么是他们过去的罪行招致今天这种下场之类的话。”事实上，在经济复苏后，1965年日本议会通过了《补偿法案》，允许给予原有地主一定的补偿金。

诚如松村谦三所说，土地改革是当时的潮流。在20世纪40年代，世界上许多地方都发生了土地改革。其中有不少是暴风骤雨式的剥夺运动，其结局并不理想，有些国家土地改革的后遗症一直延伸到今天，成为国家发展中的伤疤。与此形成鲜明对比的是，日本的土地改革没有出现大规模暴力冲突，是非共产主义世界中进行得最彻底的土地制度变革。通过这场不流血的和平的土地革命，日本消灭了地主阶级，瓦解了日本法西斯和军国主义滋生的土壤，也避免了各种激进的社会运动。难怪麦克阿瑟说："在占领期间取得的所有成就当中，土地改革的影响最为深远。"

日本土地改革的成功经验，至今仍值得那些尚未彻底完成土地改革的国家学习借鉴。

教育民主改革：日本如何回答“麦克阿瑟之问”

在占领当局的主导下，日本政府通过立法，建立了全新的民主、和平、平等的教育体制。正如美国驻日大使赖肖尔所说：“这一切的最终结果是，日本民族成为一个名副其实的受到高等教育的民族……日本的教育在世界上名列前茅，并且在塑造整个社会的过程中发挥了重大作用。”

麦克阿瑟和吉田茂的私人关系很好。有一次聊天时，麦克阿瑟提出了一个疑问：“我在日俄战争时期便来到日本，见过很多将军。他们都有各自的风格，让人感觉非常好。然而这次，时隔三四十年我再次来到日本，又见到众多将军，感受却与以往非常不同，甚至让人怀疑是不是同一种群、同一民族。这到底是什么道理呢？”

尽管时移世易，同一个观察者的感觉会有很大差别，但是日本的将军们相差一代人，确实给观察者以完全不同的印象。如果以东乡平八郎为日俄战争时期的代表，以东条英机为第二次世界大战时期的代表，两相对比，就会看出非常明显的差异。东乡平八郎是典型的“明治人”，曾去英国留学八年，眼界开阔。而东条英机成长于明治后期，目光狭隘，成为发动愚蠢战争的法西斯主义急先锋。

面对麦克阿瑟的问题，吉田茂不知道应该如何回答。后来，他向日本政府“文教审议会”的各位专家提问：“大家对于这个问题是怎么想的？这个问题对今后的文教政策可是具有相当重要的意义啊。”“麦克阿瑟之问”引起了“文教审议会”各位专家的思考。在日俄战争之后，何止日本的将军，就连日本民众不也从开放变为封闭、从包容变为狭隘吗？尤其在第二次世界大战前夕，民众被愚昧的极端国家主义教育洗脑，丧失理智，狂热冒进。1926年英国的罗素在《罗素论教育》中就指出，日本教育的目的就是“通过感情训练民众为国家献身，并且以获得的知识来培养于国家有用的臣民”。结果，从上到下都成为军国主义和极端国家主义的俘虏与帮凶。因此，在战后的历史背景下，“麦克阿瑟之问”的核心就是如何改造“同一种群、同一民族”。

1945年9月2日，在日本签署无条件投降书的仪式结束后，美国国务卿贝尔纳斯就宣布，从“解除日本国民的精神武装，在某种意义上比解除物资武装更困难”这一前提出发，要求彻底清除军国主义和极端国家主义教育。占领当局进驻日本后不久，就先后下达指令《教师及教育官员的调查、开除和认可》（又称“教职追放”）和《废除政府对国家神道、神社神道的保护、支援、监督及弘扬》，清除教育部门中的军国主义者和极端国家主义者，消灭陈旧反动的意识形态。

1945 年的最后一天，占领当局又下令停止开设修身课、历史课和地理课。因为修身课向孩子们灌输的是封建儒教道德和天皇制意识形态，使忠君爱国精神从小就在国民脑海里留下烙印，对军国主义的“贡献度”最大。历史课的基调是皇国史观，整个课程都建立在排他主义、以本国为中心的历史观之上。至于地理课，战败前使用的地图上台湾地区、朝鲜都是日本的领土，战后当然也不能再用了。

当时还颁布了《教科书回收指令》，要求回收战败前使用过的教科书。教师要求学生们一起用墨汁涂抹教科书。战前教科书是国家修订的，来自天皇，因此孩子们拿教材时都要毕恭毕敬，双手捧着诵唱或朗读“日本是个好国家，是清澈的国家，是全世界唯一的神国”。就是这样一直被恭敬相待的教科书，突然被教师下令说“抹墨汁吧”。据说有教师感觉墨汁像是抹在了自己身上一样，边哭边给学生下令，但是孩子们却觉得“好玩”。

肃清军国主义与极端国家主义的教师和教材之后，新教育体制如何建设？1946 年 3 月，一个由 27 人组成的美国教育使团从太平洋彼岸飞抵东京。这个使团是应麦克阿瑟之邀而来的，使命是“就有关日本教育各项问题向盟军总司令部和日本教育工作者提出建议”。抵达东京不到一个月，教育使团便提出了一份被誉为“描绘了战后教育改革的全景”“最重要的历史性文件”的《美国教育使团报告书》。

报告认为，日本的教育具有 19 世纪式的绝对主义的教育体制特征，“个人”缺失，“忠诚心与爱国心未必是所有国民所不期望的，问题是如何以合理的代价对其加以确保。以绝对服从和盲目自我牺牲来确保，代价未免太高了”。这份 53 页的报告的主旨，就是尊重人权和机会均等，建议首先建立承认“个人的价值和尊严”的新型教育。

“我们最大的希望是孩子，他们肩负着未来的重任，因此不能把过去遗留的重压放在他们身上。”报告的绪论这样写道，“教师最好的能力只有在自由的氛围中才能得到最充分的体现，提供这种氛围是行政官员的工作，而不是与此相反。儿童所具有的不可估量的资质，只有在自由主义的阳光下才能结出丰硕的果实。教师的工作就是给予这种自由主义阳光，而不是给予相反的东西。”

使团团长斯托达德是伊利诺伊大学名誉校长、纽约州教育长官，不仅拥有丰富的教育经验，而且对民主自由有深刻的理解。他指出，盟军总司令部发布的禁止性措施“只有具体化为自由主义的日本人的意志时，才会有效”。在报告里，斯托达德这样写道：“我们相信所有种族、所有国民，都拥有对本身、对世界有用的东西，都拥有来自文化源泉的创造力量。这就是自由主义的信条。我们不信奉‘划一化’，我们作为教育者，要不断关心个体之间的差别、创造力与自发性，这就是民主的精髓。”斯托达德还表示：“民主并不是宗旨，而是被解放了的人的精力，并由此使其表现在多方面极为方便的手段上。”

此报告是战后第一份关于日本教育改革的基本文件，具有十分浓厚的民主与自由的气息，在发表之初就被誉为“民主主义教育思想的精彩范本”。媒体对此展开热烈讨论，炮轰旧教育制度对民众精神生活的控制。不少教育界人士读完这份报告后，如获至宝，甚至有著名教育学者边擦拭眼泪边读完全文，感叹“日本教育这下终于解放了”。

1946年5月21日，文部省出版了一本手册，第一次以书面形式对教师进行再教育。手册共有六章，第一章“新日本确立的根本问题”讲述了日本目前的状况以及人们对此产生的反思，并将导致日本目前状况的原因归结为以下几点：

（1）日本不够现代化；

（2）日本民族对人性、个性和个人缺乏足够的尊重；

（3）日本人缺乏批判精神，倾向于盲目服从权威；

（4）日本人在科学方面比较落后，逻辑性不强；

（5）日本人容易自我满足、思想狭隘。

在此基础上，手册指出教育是纠正这些缺点与不足最有效的手段，提出了日本教育界工作人员的新使命，即重建一个民主的、爱好和平的、崇尚文化的国家，同时鼓励教师自己发现、讨论和试验不同的教育资料，并进行教育实践。

随后，日本文部省根据美国教育使团的报告，制定并颁布了日本的新教育指针。这是一份彻底瓦解日本军国主义思想，从根本上消灭日本人极端国家主义意识的教育指针。新教育指针指出：“不可凡事不明缘由地服从上级命令，而是应该进行自我判断，形成自主性态度，相信自己所采取的行动是正确的。培养各人真正的能力，发挥自己的特色，成为一个出色的人。换言之，必须认真理解自我个性的完善，同时也是为了国家和人类。只有如此改变日本国民的态度和心境，才能将军国主义以及极端国家主义从根本上且永久性地铲除。”新教育指针特别强调了“个性主义”：“以后的教育，必须以完善个人的个性为第一目标。这就是正确意义上的个人主义。军国主义者和极端国家主义者，总是将个人主义与利己主义混同，站在全体主义的立场上对个人主义进行非难，压抑扭曲个性，而这种全体主义，才正是指导者们的利己主义。”

这些思想与《美国教育使团报告书》的价值观是一致的，新成立的日本教育刷新委员会据此开始起草《教育基本法》。与此同时，日本国会众议院通过了一份有关教育重建的决议，确立了日本教育的目标在于培养具有国际意识的、民主国家的合格公民，努力发展能够增进国际友谊、赢得其他国家信赖的文化，以便日本将来能够对世界和平与人类福祉有所贡献。为此，在国家重建中确立了尊重教育、保持教育在公共事务中的优先性、将教育从官僚的控制下解放出来、保持地方教育管理的独立性等原则。

除了宪法，一般法律不写序言，但《教育基本法》破例加了序言，强调“彻底贯彻宪法精神”，宣布“教育将不服从不正当的统治，教育直接对全体国民负责”。《教育基本法》的第一条就规定：“教育的目的必须是完善人格，培养和平国家及社会的建设者，培养爱好真理和正义、尊重个人价值、注重劳动与责任、充满独立自主精神的身心健康的国民。”因此，《朝日新闻》发表社论称：“（《教育基本法》）尽管形式上是法律，但实际上是日本人民自己发出的‘教育宣言’，成为民主革命中最重要的一环。”因此，《教育基本法》通常又被称作日本的“教育宪章”。

1947 年 3 月 31 日，《教育基本法》公布，并从即日起开始实施。不久，《学校教育法》也开始实施。这部法律的主导原则是用分权取代集权，用国际主义取代狭隘的民族主义。具体而言，就是规定了受教育是国民的权利和义务，废除了战前受教育是臣民对天皇尽忠的义务的旧观念。它确定了“六三学制”，规定所有的国民从6岁至15岁必须接受九年（小学六年，初中三年）义务教育。

《教育基本法》强调民主与自由的教育法要排除极端国家主义，强调尊重个人基本人权，否定教育对政府的从属性，确立了教育机会均等、男女共学等原则，为广大民众提供了广阔的教育机会。这些原则所规定的民主主义、教育自由与权利思想，成了战败后一蹶不振的教师们重新振作起来的依靠。有位教师写道：“自己勉强能从战败的冲击下站起来，并恢复了一些自信，全靠《教育基本法》。”一位校长则说：“当我在村公所收到《教育基本法》的原文时，如饥似渴地一下子读了好几遍，从这部法律里，我感到了自己今后作为一个校长所应有的决心。”

在《教育基本法》和《学校教育法》施行不久后，与新宪法精神格格不入的《教育敕语》与《军人敕谕》等文件相继被宣布失效。教科书也不再全国统一，教科书编写呈现多样化，编写者多为进步的民主学者。战前的“修身”“历史”“地理”“公民”等科目也被旨在培养适应民主社会的公民的“社会”科目取代。在社会课教科书中，每本书的最后都有附录提醒教师及家长，千万不要把它当作战前的教科书，而是要当作一种学生用的参考书，不要因为是铅印书就不加批判地接受。

日本政府“勒紧腰带”投资建设学校，从1947年起实行九年义务教育制度。到1948年，九年义务教育制度就在全国范围内普及了，新制高中、新制大学也随后建立。从此，以民主、和平为基础的日本新教育制度迅速构建起来。正如《日本教育三十年》一书所说："以战败为转机迫使日本在所有领域发生了根本变化，而其中完成最大变革的一个方面就是教育……日本教育变革的速度和规模，若与各国的教育变革速度相比，可以说是把几十年的进程压缩到十分之一。"

在日本近代史上，1872年明治政府颁布的《学制》被称为"第一次教育改革"，第二次世界大战后公布的《教育基本法》和《学校教育法》则被称为"第二次教育改革"。就这样，在占领当局的主导下，日本政府通过立法，建立了全新的民主、和平、平等的教育体制。正如美国驻日大使赖肖尔所说："这一切的最终结果是，日本民族成为一个名副其实的受到高等教育的民族……日本的教育在世界上名列前茅，并且在塑造整个社会的过程中发挥了重大作用。"战后接受教育的日本人都在民主自由的环境中长大，成为推动日本现代化转型的关键力量。

蓝天教室：教育强国的秘密

战后日本的教育是从“蓝天教室”开始的。那么，“蓝天教室”的背后是一种怎样的精神呢？报纸上刊登的一封信表达了国民的共同心声：“只有教育能够复兴日本。战争使我们的国家遭到破坏，直至变得荒芜，子孙后代无法从我们这里继承任何东西。只有教育，我们能给他们的只有卓越的教育。”

1945 年 8 月 23 日，日本无条件投降后的第八天，文部省就发出通知，要求各地学校复课。

战败后的日本满目疮痍，百废待兴，到处都是衣衫褴褛、食不果腹的人。经济学家们测算，战后日本经济倒退了 25 年左右。自明治维新以来，日本人民用辛勤劳动所创造出来的财富，几乎被葬送殆尽，经济陷入瘫痪境地。更可怕的是，人们曾经被洗脑而深信“日本不可战胜”，而今神话崩塌，民众的精神陷入虚脱状态。正如美国驻日大使赖肖尔所说：“被烧光的不仅是城市，还有人民的心。”在这个失控的国度中，许多丑恶的社会现象泛滥成灾。然而，就在战争的废墟上，许多老师站在露天空地上给学生们上课，没有桌椅，大家只能席地而坐。遇到下雨天，师生们就撑着伞站在泥水中读书。这样的“教室”被称为“蓝天教室”。

战后日本的教育就是从“蓝天教室”开始的。那么，“蓝天教室”的背后是一种怎样的精神呢？报纸上刊登的一封信表达了国民的共同心声：“只有教育能够复兴日本。战争使我们的国家遭到破坏，直至变得荒芜，子孙后代无法从我们这里继承任何东西。只有教育，我们能给他们的只有卓越的教育。”《读卖新闻》也发表社论说，即使处在“老师吃不饱，学生也在挨饿，父兄也没有吃的”这一严重情况下，教育也是一日都不可置之不理的最大问题。这也是日本政府的认识。

战后，日本历届政府都把教育作为“国政的根本”，视教育为“重建日本的原动力”。文部省在战败后进行人事更新，文部大臣一职不再像以前那样由政治家、行政官员出身的人占据，而是让给了学者。同时，政府还从外部聘请了大量知识人担任文部省的主要职务。这些懂教育的内行千方百计地为教育争取资源。学校在艰苦的条件下开学上课，由于缺乏粮食，孩子们忍饥挨饿。当时城市实行粮食配给制，每人每天发六两主食。但是政府规定，给有中小学生的家庭多配给一两粮食。

饶是如此，仍然有不少儿童营养不良，学习明显缺乏耐力，记忆力衰退，判断力下降。1946 年初，美国教育使团推荐日本学校进行系统化的健康教育，给学生提供午餐。盟军积极供应奶粉、糖、盐、葡萄干、面粉、大豆粉、大豆油还有罐装食品等。日本政府发布《普及奖励学校实施供餐》的通知，“计划渐次向国民学校特别供给学校供餐用食品等，以在全国范围内推动和扩充学校供餐之实施”。1946 年，东京市给 25 万名学生提供了午餐。1947 年，联合国儿童基金会赠予日本 600 万吨脱脂奶粉，全日本城市儿童约 300 万人吃上了学校提供的午餐。1954 年，日本国会通过《学校午餐法》，一直实行到今天。

孩子们的吃饭问题解决了，紧接着就是推进学校教育制度的改革。在战前，日本实行的是六年义务教育制度，小学以上的学校系统形成了各个分枝，有很多是无法进入大学的“死胡同”。1946 年 3 月，美国教育使团提交报告，首次建议改变这种“死胡同”繁多、容易造成不平等的“双轨制”体系，将义务教育延长到九年，新延长的三年为“初级中等学校”，此后的三年为“高级中等学校”。这就是所谓“六三学制”，它意味着为全体国民提供平等接受九年义务教育的机会。

因此，民众非常欢迎这个扩大教育机会的新制度，全国兴起了采用“六三学制”的舆论浪潮。各地纷纷向当局请愿，要求尽快实施。1946 年秋天，文部大臣到全国各地视察，在各地的车站、码头上都遇到了当地的请愿团，甚至有些城市从 1946 年夏天起，就迫不及待地着手进行实施“六三学制”的准备工作。在澎湃的民意的推动下，文部省在起草《学校教育法》的草案时，将旧学制改为“六三学制”，规定所有国民在 6 岁至 15 岁期间必须接受九年义务教育。

在议会审议《学校教育法》草案期间，600 多万封请愿信涌到了议员手中。写信的人来自社会各个阶层，有的字迹清秀，有的字迹潦草，有的行文流畅，有的表达滞涩，但是基本思想和内容是相同的，那就是要求议员们不要对这一“教育制度改革吹毛求疵，不能泯灭它的精神”。盟军总司令部也收到了200多万封请愿信。如此众多的普通民众坦率地陈述自己的意见，这在战前的日本简直是不可想象的。

议员们以高涨的热情进行审议。文部省的一位局长站起来进行答辩，谈起“一想到今天无法为肩负着日本明天的儿童们提供教科书的情况”，便声音哽咽，以至于泣不成声，最后竟放声号啕大哭起来。在这种悲壮激昂的场面下，1947年3月28日，议会通过了《学校教育法》，于三天后正式施行。

不过，当时的日本政府非常为难。大藏大臣在议会上诉苦说：“我们绝不是在轻视教育，但现在只能勉强让在饥饿线上挣扎的国民有饭吃，这是现状。在财政方面实在是没有余力实行‘六三学制’，从中央到地方都需要巨额经费。”确实，当时日本财政捉襟见肘，而实行新学制必然要加大教育投入。首先要解决校舍问题。根据文部省管理局编辑的《六三学制教育的基础》，约有3 000所学校受到战争破坏，约300万坪[①]土地上的设施被烧毁，当时留下来的学校宿舍“由于战时限制建设，没有进行改建和修理，加上战时破坏性地使用以及管理不善等因素，从教育意义上讲，能立即使用的校舍不多”。

根据文部省的估计，要实施新制中学，还缺少4万间教室，推行义务教育缺少3.6万间校舍，合计要修建7.6万间才能应付。这对当时捉襟见肘的日本财政而言，无疑是一项难以承受的负担。时任首相吉田茂对“六三学制”表示赞同：“为了提高一个国家的知识水平，必须使‘野无遗贤’，而爱国的政治家必须考

① 1坪约为3.3平方米。——编者注

虑的是，如何使青少年一代中‘无遗贤’。”但同时吉田茂也十分担忧实行“六三学制”所需的巨额经费，“能否办到姑且另当别论，如果实行，就必然要加重国民的负担。本来国民就连饭都吃不饱了，因此，绝不能随便把这种负担强加在国民身上”。文部大臣和文部次官的想法也与首相相同，他们认为，考虑战败后国家的实际情况，最明智的办法是根据国民经济的复苏情况，分三年逐步实行。

然而，占领当局要求从1947年开始立即实行新学制。令人称奇的是，很快新制初中就在全日本的都市、城镇和乡村开办起来。没有教室，新制初中就与小学合用教室，或者使用在走廊上、楼梯口临时建成的简陋的教室，或者把旧军营、马棚、传染病隔离病房作为教室，有时甚至在“蓝天教室”露天上课。教室问题暂时解决了，教师又成为问题。各学校校长纷纷出动，自己去找学校所需要的教师。有病在家不能就业的知识人，竟会有两三个校长登门拜访，央求人家来学校授课。战后物价飞涨，教师的工资难以养家糊口。由于住房紧张，许多教师被迫住进学校的鸡舍、猪圈，尤其是在农村地区，这些地方都住满了教师。

日本政府也为此而努力。在实施新学制的关键时刻，两任首相吉田茂、片山哲都曾亲自兼任文部大臣。1947年没有新学制预算，政府费了好大的劲，才挤出7亿日元财政资金，作为13 600间教室建筑费的国库补助金。1948年又挤出来50亿日元。这些钱当然是杯水车薪，因此校舍建设的负担主要落在地方政府肩上。一些市长、镇长和村长因为不能如期完成校舍建设而辞职，甚至有村长为此而自杀。地方政府也缺钱，为了使已经盖了一半的校舍完成建设，便强行征集捐款，由此负担又转嫁到学生家长身上。

尽管如此，家长们却没有什么怨言。1948 年《每日新闻》的调查表明，民众一致支持延长义务教育年限的新学制：赞成实行九年义务教育制度的人，在家长中占 60% 以上；在初中校长、教师中占 70%~80%。就连为财政而苦恼的地方政府负责人中，也有 51% 的人赞成。1950 年国立舆论调查所的调查表明，有 77% 的人认为九年义务教育并不长，属于适当的年限。国民对新学制的支持，是出于对这一制度的期待，他们认为只有这一制度才能超越阶级差别，使所有的孩子都能免费接受教育，只有教育才能让孩子走向幸福。

在这样的环境下，有的学生将义务劳动所得来的钱献给村议会，加快村议会对初中校舍的建设；有的学校的师生及员工将养兔子、逮蝗虫、搓草绳等得来的收入一起交给村政府，用来购买建设校舍的土地；许多校长身先士卒，与师生一起直接参加校舍建设，努力将不利的环境转化为教育的力量。

在战前，日本政府计划在 1944 年将义务教育年限延长到八年，却因战争爆发而叫停。可是在战后极端困难的情况下，在社会各界的努力下，日本在 1947 年就成功地将义务教育延长到九年，而且入学率达到 99% 以上。到 1948 年，日本全国范围内完全普及了九年义务教育制度，堪称奇迹。

日本的“六三学制”不仅实行速度快，而且实施得非常严格且认真。不仅所有的正常儿童都要接受九年义务教育，就连那些盲、聋、有智力障碍等身心发育不健全的儿童也要接受九年义务教育。各地开办了不少特殊学校或特殊班级。教师对身心发育不健全的儿童的教育也非常认真和热心。哪怕有的年级只有几名甚至一名这样的儿童，教师也都同样认真负责地对其进行教学。有的地区和学校还根据儿童的具体情况实行“访问教员”制度，由学校派出专门教员送教上门。对那些因种种原因而长期缺席的学生，根据各个地区的实际情况，设置夜间部，专供这些人就学，毕业时同样发给文凭。

1950 年 8 月，美国教育使团第二次来到日本。教育使团提交的报告指出：“一般来说，国家真正的财富，是由全体国民的教育程度所决定的。为公立学校教育支出教育经费，是自由国家所做的最大投资。”此时日本经济逐步恢复，政府对教育的投资比重不断增加，由战后初期的“勒紧腰带”办学逐渐向“慷慨解囊”的方向发展。1950 年教育总经费为 1 739 亿日元，1955 年为 4 373.5 亿日元，1965 年为 17 882 亿日元，1975 年达到 96 113.4 亿日元，其占国民收入的比例分别为 5.1%、6.0%、6.7%、7.8%。从另一个角度看，1960—1970 年日本国民生产总值增加 3.5 倍，国民收入增加 3.4 倍，而教育投资总额则增加 3.7 倍，增加幅度已超过国民生产总值与国民收入增加的比例。

重视教育是明治维新以来日本的传统。正如吉田茂所说：“教育在现代化中发挥了主要作用，这大概可以说是日本现代化的最大特点。”1886 年日本就实现了四年义务教育，1907 年实现六年义务教育。清末随夫出使日本的单士厘女士在《癸卯旅行记》中就谈道：“日本之所以立于今日世界，由免亡而跻于列强者，唯有教育故。”同样，日本在战后短短十几年间完成经济复苏，并以平均每年递增 10% 左右的实际增长率，于 1968 年成为世界第二大经济体，其主要原因也是教育。日本世界经济情报服务中心认为，1951—1970 年的经济增长中，技术作用占 50%~60%，这充分显示出教育的效果。

在经济大国的背后是教育强国，而教育强国是从战后废墟上那一个个“蓝天教室”开始的。

南原繁：在精神上引领国家

要了解现代日本，南原繁是绝对不能被绕过的一位思想家和教育家。尤其是在战败后，当日本处在迷茫之中，人们不知道国家的前途在哪里时，南原繁及时登场，对这些问题做出了深刻反省与精彩回答，对日本未来的发展方向进行了设计与引导。

国家为什么会走到这一步，今后的路在哪里？无条件投降后，日本知识人陷入痛苦的悔恨与沉重的反思之中。1945 年 10 月 11 日，一位知识人发表题为《人间革命》的文章，该文指出："祖国目前处于一种怎样的政治、经济苦难之中，我们都了然于心……若是不能对这种国民精神进行彻头彻尾的自我批判与自我变革，那么任何目的的政治或社会变革都必将以失败告终。"

这个观点代表了当时日本知识人的文化主张，因而产生了极大的社会影响。文章的作者，就是本文中的主人公南原繁，一位对战后国家建设做出了重要贡献的"国民思想家"。

一、洞窟里的哲人

南原繁和《大日本帝国宪法》同时诞生于1889年。彼时，经过20多年的明治维新，日本的现代化建设已经初见成效，宪法的诞生更意味着日本成为东亚第一个宪政国家。因此，当时的日本人普遍看好国家的未来，几乎没有人能够想到今后的现代化道路会有那么多艰难曲折。

南原繁当然也没有这样的洞见。作为贫寒子弟，他从小就刻苦求学。在他进入著名的第一高等学校时，正值著名思想家、《武士道》一书的作者新渡户稻造担任该校校长。南原繁深受这位具有国际主义精神的教育家的影响，他曾说："对于从乡下来到东京的我来说，在第一高等学校的生活就如同进入了一个全新的世界，是一个新时代。这多亏了新渡户稻造校长的教育与启蒙，是他打开了我这个乡下无知少年的眼界。"

大学毕业后，南原繁曾进入政府，做了六年的行政工作。而后重返母校东京帝国大学，走上了研究政治哲学的道路。因为专心研究，南原繁很少发表论文，学生们给他起了个雅号——洞窟里的哲人。不过，进入20世纪30年代，这个国家的气质发生了变化，社会环境迅速恶化。在日益高涨的法西斯主义和军国主义狂潮里，大学里频频发生解雇异见学者的事件，一些学者的著作也被列为禁书。南原繁的老师美浓部达吉教授就因为主张"天皇机关说"，被迫辞去贵族院议员职位，其著作被禁，他本人甚至被右翼暴徒枪击重伤。这些现象让"洞窟里的哲人”越来越担心国家的未来。

在日美开战当天，南原繁写下这样一首诗，表达了对这场战争的真实想法：

藐视人类的常识，
藐视学识，
日本与世界开战。

1942年，53岁的南原繁出版了代表作《国家与宗教——欧洲精神史研究》。那时纳粹德国已经是日本的盟国，正在挑战文明世界。但是在自己的著作里，南原繁大胆地批判纳粹的意识形态，指出它背离了古希腊以来欧洲的理性和基督教精神，是对整个欧洲传统的背离。南原繁直言道，纳粹的意识形态非但不可能解决危机，反而会成为新危机的诱因。在那个思想警察横行、禁锢言论的时代，作为一位政治哲学家，南原繁肯定知道出版这样的书的风险，但是他仍然毫不畏惧地在著作上写下了自己的名字。

作为一名理性的爱国者，南原繁知道日本挑起的是一场不义之战。为了世界和平，他内心希望英美获胜。在和学生丸山真男聊天时，南原繁从不讳言日本要输。当然，这只限于私下的谈话。随着日军在战场上越来越被动，国内开始大量征召兵员，连那些文科大学生也不例外，这就是所谓“学徒出阵”。许多教授对学生鼓吹“大义名分”“道德意义”，对应征的学生不吝赞美之词。这种高调让南原繁感到厌恶，但是他没有能力阻止悲剧，只能眼看着年轻的学生被送上战场，内心无奈而愤怒。

当时，有的学生已经认识到这是一场没有任何正义可言的侵略战争。要把这些学生赶上战场，怎么对他们说呢？南原繁后来回忆说：“我不能对他们说‘即便违抗国家的命令也要依照自己的良心做事’。我不敢这样说……我对学生讲的是：‘国家正面临生死存亡的关头，不论个人的意志如何，我们都必须依照国民整体的意志行动。我们热爱这个祖国，必须和祖国共命运。要知道，一个民族和一个人一样，终将经历很多失败和错误。因此，我们的民族将付出巨大的牺牲和代价。不过，这些付出将带给我们日本民族和国家真正的觉醒与发展。’”

南原繁不知道有多少学生能够听懂这些隐晦的话语，强烈的道德责任感让他的内心备受熬煎。1945 年 3 月，东京遭遇美军空袭，身为东京帝国大学法学部长的南原繁预感到战争即将结束，因此与七名教授秘密地筹划“终战构想”，包括结束战争的时间、方法、收拾战败残局的人选、战争责任等多方面内容。他们提出，日本的最上策是“无条件结束战争”，战后要限制天皇强大的权力，彻底实现民主化。

为了尽快结束战争，南原繁等人利用自己的人脉，拜访日本前首相近卫文麿、前外务大臣东乡茂德等政要，向他们提出谏言。由于时局动荡，而且形势发展太快，“终战构想”未能有效实施，但是贯穿其中的“民主、真理和自由”等精神理念，却彰显了南原繁的忧国之心、悲天悯人的情怀和一个知识人的强烈责任感。

1945 年 8 月 15 日，东京帝国大学的师生们聚集在著名的安田讲堂，静听天皇的“玉音放送”。日本宣布无条件投降，南原繁终于熬过这场漫长的噩梦。

二、每个日本人都站起来

1945年12月，南原繁被选为东京帝国大学校长。不久，大学从国家的附属物转变为独立院校，纷纷抛掉“帝国”二字。1947年9月，东京帝国大学正式改名为“东京大学”。因此，南原繁既是东京帝国大学的末代校长，也是新东京大学的首任校长。东京大学在日本近代史上具有重要的地位。从某种意义上说，东京大学的重建也意味着日本的新生。南原繁的思考也没有囿于校园，而是关心整个国家的未来。

1946年2月11日，东京帝国大学在安田礼堂举行建国纪念仪式，南原繁发表演讲。他说：“今天未必是纪元2606年，或许也不是建国节。问题在于这既不是今天的问题，也不是神话的问题……日本民族要终止这种状态，这是奴隶的生活，这是民族的灭亡。今天我们站立在民族生死存亡的关头，未来掌握在诸君手中。”

南原繁的演讲让全校师生都感到震惊。因为明治政府根据神话传说，把日本建国时间定为公元前660年，并设定每年的2月11日为“纪元节”。经过70多年的教育，这已经成为家喻户晓的“共识”。南原繁不仅公开对这个说法提出疑问，引导师生反思历史，而且呼吁大家关注现实。

“在我们迎接战败后第一个建国纪念日之际，我和大家同样感慨万分！我们不禁要反思，陷入战后如此悲惨境地的日本在战前曾经是个怎样的国度？日本人曾经是个怎样的民族，未来又会成为怎样的国民？”当初面对被送去战场的学生只能讲违心话，现在面对包括从战场归来的学生在内的“茫然不知所措”的莘莘学子，南原繁终于可以说出自己的真心话。他指出，日本人缺乏独立意识，“因而人们会盲目地跟从少数人鱼贯而行，这也是日本走向战争并最终战败的根本原因。因此，我们必须深刻地反省由此引发的中日战争，以及第二次世界大战后国家彻底失败的深层原因”。

在南原繁看来，日本民众之所以会被军国主义者和极端国家主义者误导，走向战争的深渊，就是因为日本没有经历过西欧的文艺复兴，全体国民都被束缚在神学的框架里。虽然日本人有炽烈的民族意识，但是作为个人却没有独立的意识，没有人性的真正发展。日本国民的个人意识被国家和国体观念所束缚，特别是个人的良心与独立判断的自由严重受到束缚，每个人都没有得到自由的发展，所以国民被少数统治者的虚伪宣传所欺骗，盲目服从那些人的领导。

南原繁比较了德国和日本的异同。他说，德国虽然崩溃了，但它具备在废墟上重新站起来的精神。因为纳粹并非真正的德国精神，而是与真正的欧洲精神背道而驰的。在德国人清算纳粹，回到康德乃至路德的传统后，德国能够重新回到与其他欧洲国家共享的精神基础上，进而发挥自己的真本领（历史证明了南原繁的惊人预见）。而没有德国那样传统的日本，又该如何做呢？南原繁认为，日本只有“就自己所犯下的过错向世界”进行“赎罪”，方能谋求“民族之复活和新生”。

在这次题为“新日本文化之创造”的公开演讲里，南原繁对日本的未来进行了设计，提出要把“纪元节”看作新纪元的开始，创造新国民精神，抛弃战前那种偏执的民族主义，建立与世界相协调的民族主义。只有彻底铲除“国粹主义”，尊重每一个人，才能创造出具有普遍性的、丰富多彩的文化层面上的个体精神世界。他呼吁每一个日本人都站起来，“创造新日本文化、建设道义国家日本”。这次演讲对日本思想界、学术界和社会影响巨大，至今读来仍旧掷地有声。

在那个刚刚战败、百废待兴的关键时刻，位高权重的首相和重臣均感到“万策已尽、判断全失”，曾经相信这是场“圣战”的普通民众更是跌入绝望的深渊，茫然无措，不知道国家会向哪里去。作为最高学府的负责人，南原繁通过各种机会对学生和一般市民发表演讲，让民众懂得这次历史性的战败也是日本获得新生的最好机会，引导人们思考整个日本未来发展的正确方向。

南原繁的每次演讲都会有报纸进行大篇幅报道，影响了无数人。他不仅鼓励面临物质和精神困境的同胞，在精神上给他们以巨大安慰和鼓舞，而且唤起他们创建新民主国家的热情。就像费希特在德国被拿破仑打败后发表《告德意志民族书》一样，南原繁在国民迷失方向、国家进行巨大变革的关头，发挥了重要的精神引领作用。因此，他被一些知识人誉为战后日本的“国民思想家”。

三、维护大学自治和学术自由

南原繁不仅积极参与战后国民精神的重建，深度介入新宪法等重要法案的制定，而且为教育改革尽力奔走。他认为，战后的日本不仅要成为“文化的国家”与“和平的国家”，还要成为“教育大国”。尊重个人、培养追求真理与和平的人，这是建设新日本之根本，也应该成为未来日本教育的基本理念。

1945 年 10 月下旬，文部省设立了公民教育刷新委员会，开始改革旧教育体制。南原繁担任教育刷新委员会的委员长，领衔起草了《教育基本法》草案，经国会、枢密院审议通过，于 1947 年 3 月公布。这部具有准宪法性质的《教育基本法》明确规定：“为了实现教育目的，必须努力做到尊重学术自由，切合生活实际养成自发精神，相互敬爱，相互合作，为文化的创造和发展做贡献。”这条规定体现了为建设民主、文明的国家，为世界和平和人类福利做贡献等新宪法的精神。

在日本过去的教育制度下，普通国民接受教育的机会是非常有限的，教育事业仅仅是为了培养可以支配大众的少数精英阶层。如此一来，军国主义和官僚主义很容易被灌输到这一小群精英的脑袋里。

这是南原繁对日本战前教育的反省。确实，战前学制繁杂，学校选拔门槛太高，阻碍了阶层流动。在以南原繁为首的教育官员的推动下，日本实行“六三三四学制”（小学六年，初中三年，高中三年，大学四年），而且将义务教育延长至九年，大大拓展了教育“机会均等”的空间，让更多孩子获得了受教育的机会。

南原繁非常重视大学教育，“祖国的重建及建设新的文化国家，只能依靠学问和教育，其中大学毫无疑问居于主导地位”。因为目睹了同事和老师因学术观点被解雇等侵犯学术自由的事情，他深刻体会到大学学术自由的重要性。站在大学的立场来看，南原繁认为日本走上军国主义和极端国家主义道路的最重要原因，就是大学失去了学术的自由和大学本身的自由。

在一次校庆演讲时，南原繁提出，在明治时代，国家创办大学的主要目的是令其为国家服务，根据国家的需要传授知识、研究学问。虽然大学在日本近代化发展过程中做出了应有的贡献，但是大学与国家的这种定位，使本应成为理性学府的大学成为国家的附庸，甚至成为权力的“婢女”。他说：“大学，是真理之府，亦是理性之府。在大学具有的教育、研究和知识传授这三大功能中，必须保持的最重要品质，是自由这一条件。一旦该条件不保或大学应有的品质丧失，这个国家便会衰退。这就是那场战争开始前日本的实际情况。”

南原繁深感学术自由对新生日本的重要性，战后他一直坚决主张对大学进行彻底改革，调整国家与大学的关系，维护大学的学术自由。在他看来，大学的任务不仅仅在于启发学生对知识的思考，更应该培养学生的性格，实施使人具有丰富情操的全人教育。这样的大学向社会输送的不仅是各种人才，还是具有善良高贵品质、勇于承担责任的人。他们热爱真理、伸张正义，为真理、正义献身也在所不辞，并能够以这种精神去改造国家和社会。

南原繁是这样说的，也是这样做的。他在担任东京大学校长的六年中，一直坚决维护大学自治、学术自由，一扫战前大学内的官僚气息，将其塑造成一所自由活泼的高等学府。两届东京大学校长任期结束后，在全校学生的欢送会上，南原繁这样回顾自己的校长生涯：“这六年里，我虽然心有余而力不足，但最尽心尽力做的是维护‘学术的自由’和‘大学的自由’。因为这些自由没有被确立并受到了威胁，所以才发生了日本现在的悲剧。因此，‘学术的自由’和‘大学的自由’的确立，并不仅仅是我们大学和知识人最关心的事，其实也是建设新日本的必要条件。”

南原繁还担任过全国大学教授联合会首任会长、日本国立大学协会会长，晚年还担任日本学士院院长，为日本学术的发展鞠躬尽瘁。

四、与首相论战

“所谓民族自由和精神上的独立，没有政治上的独立是无法达成的。与美国以及其他所有联合国会员国协同一致，尽快缔结与日本媾和的条约是我们的殷切希望……尽管欧洲和亚洲已经演化为冷战舞台，但如果有一天真的出现了最严重的事态，日本所应选择的道路只有一条，那就是严守中立，绝不参与任何战争！”

1949 年 12 月 9 日，南原繁赴美国华盛顿出席“被占领国全美教育会议”。飞机在旧金山机场降落时，他特意身着恩师新渡户稻造曾经穿过的礼服。这不仅表明了南原繁继承恩师夙愿的意志，也表明了他建设新日本、新民主国家与祈愿世界和平的决心。在大会上，南原繁用英语满怀激情地发表了演讲，阐述了自己的一贯主张。

经历了战争频发的动荡的昭和时代，南原繁对“和平”极其重视，“和平”也是贯穿其全部治学生涯的重要课题。在回答战后日本应该建设成怎样的国家的问题时，南原繁提出了“和平构想”。他认为，“日本人在这场战争中的暴行是对人类犯下的滔天大罪”，“我们应该抛弃两千年自以为傲的历史，勇敢地站在世界历史的审判台上”。他主张战后的日本应遵循“理性和真理”，深刻地汲取法西斯和军国主义的教训，向被侵略的亚洲国家真诚地“谢罪”，以求得它们的谅解。为此，日本必须永久放弃武力和战争，永远做维护和平的国家，并始终在国际事务中保持中立的态度和立场，这样才能真正体现爱国之心。

南原繁将康德的命题“基于正义的永久和平”看作政治的“最高善”，探求由“正义”和“永久和平”所支配的新的世界秩序。他认为，日本应该建设起民主主义的新国家，并为维护地区与世界和平贡献智慧与力量。他根据世界及日本的现实状况，主张同包括中苏在内的所有交战国实现“全面媾和”。

没有想到，这个演讲却在国内引起一场风波。时任首相吉田茂主张“片面媾和”，与欧美国家签订和平条约。南原繁的“全面媾和”论显然与吉田茂的对外政策格格不入。在自由党两院议员秘密大会上，吉田茂斥责“全面媾和”论，称其“只是说说而已，实际上是绝对办不到的”。他指责南原繁等学者侵入政治家的领域，“信口雌黄，这只能说明他们是曲学阿世之徒”。

以首相之尊，用“曲学阿世”来批评最高学府掌舵人，其分量不可谓不重，因此引起朝野轰动。日本各家报纸几乎同时以《吉田首相非难南原繁总长为“曲学阿世”》为题报道了吉田茂带有人身攻击性质的言论。南原繁被激怒了。他在东京大学校长办公室举行记者招待会，直面首相的挑战。当时他刚做了一个手术，头上像印度人包着缠头一样扎着绷带。由于手术关系，他不能大声说话，但仍然以十分激烈的口气谴责吉田茂是

“自以为是、冒渎学问的官僚”。

他说：“我认为各报刊载的吉田首相的发言，作为一国首相所言真是令人难以置信……吉田首相说主张‘全面媾和’就是‘曲学阿世之徒’，这种标签是自‘九一八’事变以来，由军部及其党羽一直贴在美浓部达吉博士和我们这些知识人身上的，这纯粹是对学术的亵渎，是对正直学者的压制！‘全面媾和’是每一位国民所希望的，尤其对于我来说，阐明‘全面媾和’的理论依据，表明国民的决心，是我作为政治学者的责任……”

南原繁直抒己见：“我认为在这种复杂多变的国际形势下，为了使现实接近于理想并且能与理性结合在一起，竭尽其良知良能，才是政治和政治家的使命。如果现在就把‘全面媾和’或‘永久中立’的主张视为‘曲学阿世之徒’的空谈，并企图把它封闭起来，那么可以说这是日本民主政治的危机。”

在日本新闻媒体的大力传播下，吉田茂和南原繁的争论一时成为社会各界关注的焦点。1951 年 9 月，在旧金山召开对日和会，缔结了排斥中苏两国的《旧金山对日和平条约》和《日美安全保障条约》，也标志着南原繁与吉田茂争论的终结。尽管在冷战的背景下，南原繁的“全面媾和”和“永久中立 ”的主张不太现实，但是他不趋炎附势，而是坚持己见，勇敢地与首相吉田茂公开论战，这正是日本社会民主化的表现。

战后，南原繁和日本政府的理念大致合拍。但是渐渐地，政治家似乎有点偏离战后民主化改革的理念，而南原繁不忘初心，坚持做一个真正的批判性知识人，发出不同的声音。这种“异音”的存在，对一个社会的健康发展毋庸置疑是极其重要的。也正是在这些知识人的批评和监督下，日本才没有偏离和平发展的道路。

要了解现代日本，南原繁是绝对不能被绕过的一位思想家和教育家。尤其是在战败后，当日本处在迷茫之中，人们不知道国家的前途在哪里时，南原繁及时登场，对这些问题做出了深刻反省与精彩解答，对日本未来的发展方向进行了设计与引导。此外，他一直为和平的理念、民主主义与学术自由而呐喊和努力，甚至敢于和吉田茂首相发生正面冲突，为后世的知识人树立了一个可贵的榜样。

个人与国家的关系：知识人的悔恨与反思

战后日本的主要思想任务，就是重构国家与国民的关系。许多思想家和评论家纷纷追随丸山真男的脚步，在民主的旗帜下集结起来。他们始终秉持反战的态度，对于国家也一直秉持批判的立场，致力塑造现代公民，被称为“进步的文化人”，在这一群人的推动下，思想启蒙深入民间，越来越多的人开始思考国家与个人的关系。

在战争后期，由于日军连连战败，兵力损失惨重，30余万高校大学生（除理工系和教育系外）先后被征召入伍，当时的日本政府美其名曰“学徒出阵”。战争结束了，许多年轻的生命成为这场战争最后的牺牲品，无数大学生再也没有回来。许多教授回想起自己的学生被迫从军的情形，心中充满了悔恨。

作为京都学派的哲学家，京都大学教授田边元长久以来都是积极的民族主义者，他曾参与对“大东亚共荣圈”合理性的哲学论证。战后他发现自己的哲学理论破产，许多学生战死，于是开始动笔忏悔，承认自身罪孽深重：

> 我这样意志薄弱的人，发现自己不能积极抵抗（战时的思想统治），在一定程度上受到时势风潮的支配。这使我深感愧疚。已经盲目的军国主义仓促地将许多毕业生、在校生驱上战场，牺牲者中有十数名学哲学的学生，令我自责，痛悔至极。我只能垂下头认真悔悟自己的罪过。

与田边元类似，文艺评论家中野好夫也是战争的支持者。他曾先后在东京女子高等师范学校、东京帝国大学担任教授。战后他从“原罪”的角度反思自己的思想，认为自己对年青一代负有绝对的责任。他在文章中说：

> 从这次战败得到的一大沉痛教训就是：知识人的言论不一定是他们真正的思想。他们往往是像身上的衣服那样随着气候而变化的。我不想说别人。正如我自己几次说过的那样，在太平洋战争爆发后，我支持了战争，我不想对过去自己的责任加以敷衍。以知识人巧妙的本领，在本来是水火不容的两个极端之间走钢丝不是不可能，但是我想自己应当正直而不是圆滑。因此，我要明确地说明自己的过去，表明对将来的责任。我想用自己坦诚的宣言和一生来承担责任。

与公开支持战争的田边元、中野好夫不同，不少大学教授不满国家发动的战争，却敢怒不敢言。他们无奈地看着自己的学生穿上军装，甚至还要“欢送”学生上战场，其心情可想而知。战后，他们也发出了深沉的悔恨之声。

“我们可曾教给学生‘根据自己的良心去行动，哪怕是拒绝国家的命令’那样的精神呢？没有。我们不敢说。如果我们能够说出那样的话，当然就能够首先站起来批判国家的战争政策。现在，我们在反省自己的怯懦，反省自己没有勇气。”这是东京大学教授南原繁在公开演讲中的沉痛之言。作为著名政治学家，南原繁是战后东京大学的第一任校长，他的演讲代表了许多自由主义者的心声。法政大学的本多显彰教授便是其中之一，他曾写道：

在我们大学教授中，确实有一些为战争初期日本的胜利而狂喜的头脑简单的人，也有对神国日本的威力不抱怀疑的人。然而，我的朋友中，真正从内心歌颂战争的人并不是那么多。但是，我们却容忍了军靴践踏校园。军人来学校逮捕学生的时候，教授的认真精神和尊严去哪里了？看着自己的学生被踢、被打，不仅没有一个教授提出抗议，有的甚至还献上了谄媚的笑容。尽管内心否定战争，但是在讲坛上还要宣扬“尽忠报国”。这是学者应该做的吗？我们缺乏反战的理性，缺乏反战的勇气，这是我们的不幸，是我们终生都应感到懊悔的。

严格来说，战时日本的知识人是没有能力制止战争的。从这一角度看，他们并无悔恨的必要。然而，许多人超越了这一点，从道义的角度去反省自己的不作为，反思自己缺乏斗争的勇气。著名历史学家家永三郎就是这样的知识人，他说：

我在战争期间就当了教师，虽然我自己没有到战场上去作战，但我并不感到轻松。因为我教过的学生被派到战场上了，有的在战争中杀了人，有的在战争中失去了生命。一想到是我用那些教科书教育了他们的，我就觉得自己有不可推卸的责任。虽然当时的教科书是“国定”教科书，学校不得使用“国定”教科书以外的书，更不允许教师独立编写教科书介绍自己的观点，但是我认为，作为教师的我还是有责任的，我们的责任就是在制止战争方面“不作为”。我当时回避现实的态度，也是应当反省的……现在想起来，我作为社会的一员，不能只因没有赞美战争而聊以自慰，而应当为没有制止战争而忏悔……我在太平洋战争期间没有接到征兵的命令，但内地同战场一样，在我的身边就曾落下过燃烧弹，使我几乎丧命。能够在战后活下来是幸运的，我绝不后悔在今后为正义而献身。

这些知识人深深悔恨过去，同时伴随着对未能抵制诱惑、未能反抗可怕的国家权力的自责。除了那些一直支持战争的右翼人士，战前绝大多数自由主义者和左翼知识人都放弃了对国家的批判立场，转而无条件支持国家和国家发动的战争。战后，他们中的许多人都公开忏悔未能坚持自己的价值观，未能阻止走向歧路的国家。这些公开忏悔的知识人，被东京大学教授丸山真男称为“悔恨共同体”。

与这些在战争期间远离战场的知识人不同，丸山真男曾亲临一线，而且与死神擦肩而过。丸山真男的青春期是在日本近代最黑暗的时期度过的，他曾因左翼思想被思想警察逮捕，之后长期作为监视对象。作为南原繁的学生，丸山真男毕业后留在东京大学工作。1944 年，已经升任副教授的丸山真男应征入伍，先在朝鲜平壤服役，后转入广岛，在当地经历了原子弹爆炸。战后，回到东京大学的丸山真男直面惨痛经历，同时又跳出狭隘思想进行反思：这个国家究竟发生了什么？原本应该保护人民的国家，为什么最后却变成一只把国民驱赶到战场上的怪兽？

丸山真男将自己的思考写成《超国家主义的逻辑与心理》一文，1946 年 5 月发表在《世界》杂志上。他在文章里指出，公民意识是近代国家形成的精神基础。然而，自明治维新以来的现代转型过程中，日本国民始终没有真正建立起公民意识。相反，个人不被承认，自由亦不存在，对国家的忠诚成为最高价值，“国家成为伦理的载体，是唯一具有价值判断的决定者”。这样的观念渗透于社会，社会中充斥着唯命是从的个人。战前日本社会的最大特点是“超国家主义”，就是国家超越了个人，个人把一切都交给政府、被政府控制。

不管起因如何，德国纳粹指导层对开战的决断都抱有明确的意识。与此相比，日本虽然发动了如此大的战争，但却找不到发动战争的明确意识，似乎是不知被什么所压迫，不知不觉滑向战争深渊的。在丸山真男看来，这并不仅仅是因为军国主义者不知耻的狡猾或浅陋的保身之道，或个人道德方面的堕落，更是因为明治时代后的日本并没有产生能够主动承担社会政治责任的近代意义上的“公民”，却生产了大量对权威的政治决断只能采取卑微的屈从或效忠态度，并且万事“唯上”的随从或奴仆。由于没有形成近代国民主义，所以日本战前的爱国主义教育只能产生狭隘民族主义、超国家主义。狭隘民族主义、超国家主义与法西斯主义携手，让日本走上了不归的侵略道路。

从这一意义上说，战败既是日本近代国民构建失败的宣告，又是国民重建的新起点。丸山真男提出了新的希望："日本军国主义画上句号的 8 月 15 日，正是作为超国家主义整体基盘的国体丧失其绝对性之日，也是日本国民成为自由主体、承担起自我命运之日。"

这篇文章发表后引起巨大反响，杂志迅速售罄，加印仍供不应求，许多人只能靠互借手抄本传阅。有读者评论说，读该文"感觉可以听到大日本帝国的精神开始崩溃的声音"。由此，丸山真男成为"战后民主主义旗手"，引领了战后日本社会的思想启蒙。他一再撰文阐释，国家并不是真理、价值的决定者，个人的道德判断、思想自由应该独立于国家统御之外，个人应对自身行为负起责任。这样的声音在战后的日本实属振聋发聩，让刚刚获得思想解禁的广大读者豁然开朗。

战后日本的主要思想任务，就是重构国家与国民的关系。许多思想家和评论家纷纷追随丸山真男的脚步，在民主的旗帜下集结起来。他们认为，国家对个人权利的肆意侵犯与剥夺，"公"对"私"的侵犯，是战争无法得到控制的一大因素。他们同丸山真男一样，出生在战争爆发前不久，在人生最精华的青葱岁月见证了战争的残酷与国家的疯狂，所以始终秉持反战的态度，对于国家也一直秉持批判的立场，致力塑造现代公民，被称为"进步的文化人"，在这一群人的推动下，思想启蒙深入民间，越来越多的人开始思考国家与个人的关系。

1946 年 11 月，《日本国宪法》颁布，对国家与个人的关系进行了规范。新宪法第十一条就明确规定："国民享有的一切基本人权不能受到妨碍。本宪法所保障的国民基本人权，作为不可侵犯的永久权利，现在及将来均赋予国民。”《日本国宪法》公布后，日本媒体对全国青年进行过舆论调查。对于“当敌国入侵国家时，你准备怎么办”这一问题，只有三分之一的回答是“坚决抵抗”，三分之一的回答是“设法逃跑”，还有三分之一的回答是“无条件投降”。

与战前昂扬的国家意志及澎湃的“爱国”热情相比，战后国家在国民心目中的地位一落千丈，如冰消雪融般消解了。著名经济学家大熊信行指出，因为以前貌似强势的国家意识，并没有建立在关注民众利益的基础上，所以是无本之木、无源之水。那么，想远离军国主义、侵略主义的人们，一旦发生了战争，为什么就不得不屈服于国家的行为呢？大熊信行的回答是：这是因为国家要求国民忠于国家，而国民中又没有人对此表示怀疑。在这样的国家里，一旦国家政策产生错误，给国民带来的灾难将是巨大的。

本来，对国家进行质疑应该是知识人的责任。就像加藤周一所说：“也许大众确实不能‘了解’事实，但是知识人是能够‘了解’的。倘若后者不了解任何事物，则只能认为他没有打算去了解。”在战争期间，绝大多数知识人缺乏科学精神和人文勇气。到了战后，一些知识人又纷纷开脱自己的战争责任，借口是“既然战争打起来了，就只有支持国家了”。大熊信行把这种行为称为“对公众的侮辱”。他从不讳言自己在战争期间曾担任“大日本言论报国会”——一个站在政府的立场上向国民积极鼓吹战争的媒体组织——的理事。他坦然承认，包括自己在内的许多知识人，积极支持和参与了国家动员的战争。从痛苦的反思中，大熊信行得出一个结论：为了破坏人类创造出来的令人憎恶的战争，人们就必须拒绝对国家盲目忠诚。许多日本人对于“拒绝对国家盲目忠诚”论产生了共鸣，慢慢接受了大熊信行的观点，重视个体权利、淡化国家观念越来越成为公众的意识。

20 世纪 50 年代初朝鲜战争爆发后，美国要求日本重新武装，追随美国的战争政策，当时的日本教职员工会就做出了决议：“不要把我们的孩子再次送上战场！”这印证了战后著名思想家鹤见俊辅的话：“我们作为战后的人，也记住了从前的屈辱。今后一旦发生不合历史潮流的事件，一定要明确地反对！”

在战争期间，国民对国家的忠诚度经常受到考验，被判定为不忠的“非国民”会被揭发，甚至撤职。但是战后就不再有类似的考验，即使是在国家庆典期间，也不需要挂出太阳旗向街坊邻居展示自己是忠义兼备的日本人。很多孩子甚至不知道挂在公共建筑上的太阳旗是国旗，并且还以为《君之代》是相扑歌曲。自 1953 年起长达五年间，日本统计数理研究所进行了“日本人国民性”舆论调查。调查中提出这样一个问题：在以下三种意见中，你赞成哪一个？

（1）只有首先实现个人的幸福，日本才能变好。

（2）只有日本变好，个人才能得到幸福。

（3）日本变好和个人幸福的实现是等同的。

选择第一个答案（个人优先）的人数一直在 25%~30% 之间波动，变化不大；选择第二个答案（国家优先）的人数从

37% 下降至 27%。在 1945 年之前，日本曾经把国家放在绝对位置，泯灭个人价值，个人必须服从国家的超国家主义价值观占据制高点。为什么在战后会出现颠覆性的变化呢？国民是如何从神圣的国家重压下解放出来的呢？这固然与美国在占领日本后实施民主改革、否定专制的国家至上主义有关，但也有日本知识人在反思的基础上为日本民族注入现代价值观的功劳。

一位学者曾说："一个国家走向什么样的未来，在很大程度上取决于它如何面对自己的过去。"经过历史反思和思想启蒙，日本开始向真正的现代化国家转变。

泼泼罗事件：让宪法规定的学术自由成为现实

战后的新宪法本来是在外来压力之下，按照规定好的模式制定出来的，有些人担心会“水土不服”。结果却完全相反，新宪法不断深入人心，成为日本国民自身血肉的一个有机组成部分。法官作为国民的一员，自然也不例外。这些具有正义感的法官通过审理案件，使新宪法落地，推动日本成为一个真正的宪政国家。

1952年2月20日，东京大学本乡校区，泼泼罗剧团正在演出话剧《在某日》。谁也没有想到，这次演出会导致日本宪政史上著名的“泼泼罗事件”。

当时东京大学校园里气氛自由，学生社团众多，左翼思想在学生中影响极大。泼泼罗剧团作为学生社团之一，仅从名字上就可以看出它的价值取向。“泼泼罗”来自意大利文“popolo”，本意是“人民”。《在某日》是根据真实的“松川事件”改编而成的。1949年8月在国有铁道松川站附近，一列火车脱轨，造成3名乘务员死亡。有关当局认为这是工会有计划的破坏，以致20名工会会员被判刑[①]。

在话剧演出过程中，有学生发现，现场观众中有4名来自校园附近本富士警察局的便衣警察。学生们当即将这些警察团团围住，扭住他们的胳膊，从其口袋中搜出了警察手册。学生们吃惊地发现，手册显示出便衣警察一直在东京大学校园中从事各种特务活动，对学生团体的活动及教授们的个人情况进行监视和调查。

在1947年以后，随着铁幕在东西方之间落下，世界进入了冷战时期。作为资本主义阵营的一员，日本担心共产主义势力渗透和蔓延，因此非常警惕反政府色彩浓厚的劳工运动和学生运动，容易成为激进运动基地的大学自然被纳入警方视野。于是，警方不时在校内秘密跟踪左翼学生，掌握他们的思想及言行动态，并将情况详细地记载在警察手册中。

不料，这些本属秘密的材料被学生们无意中发现，并激起了他们的愤怒。东京大学的两名学生福井骏平和千田谦藏对警察施加了暴力，导致其轻伤。随后，学生将警察手册没收，逼迫这4名警察写下“谢罪书”，才放他们走。

第二天，警察预备队约30人进入东京大学，以涉嫌违犯暴力行为处罚法为名，逮捕了动手施暴的福井骏平和千田谦藏。这一行为引起学生们的不满。他们将警察手册的内容印成《警察手册全貌》，在校园中广为散发，同时集体到本富士警察局门口举行抗议游行。学生自治组织“中央扩大委员会”通过决

① 在舆论的压力下，最高法院驳回重审，1963年全体被告被宣布无罪释放。

议，要求警察局立即释放被捕学生。东京大学校长矢内原忠雄也认为警方侵犯了大学自治，坚决地站在学生一边。他五度前往国会阐述大学自治的重要意义，引起了全社会对东京大学的关注。

案件进入司法程序，不久检方对被捕的两名学生提起了公诉。经过激烈的法庭辩论之后，法院方面以警察手册为证据，认定警方长期以来一直在东京大学从事特务活动，并且认为警察潜入泼泼罗剧团的演出剧场就是其特务活动的一个环节，裁定警方的作为属于侵犯大学自治的违法行为。学生们对于这种违法行为采取的行动，属于正当防卫的范畴。1954 年 5 月 11 日，东京地方法院做出一审判决，宣告学生无罪。值得注意的是，法院的判决书专门对大学自治进行了阐释：

大学本就是学术研究及教育的场所，学术自由与思想、言论、集会等的自由一样，受到宪法的保障。保障这些自由，是因为只有排除外来干涉而保持自由，才能开辟出正确推动学术发展的道路。

大学作为学术研究及教育的场所，在不受警察权力以及政治势力的干涉、压制的意义上必须是自由的，学生及教员的整个学术活动也必须是自由的。为了使该自由不受他人干涉，必须有确保该自由的制度性及状况性的保障。这就是大学的自治。大学的自治是为了切实有效地确保学术、思想及言论等的自由，是在历史上承受了多次考验而形成的方法，在我国被认为是已经确立的，甚至可以说是制度性的惯例。如此，大学本身即一个自治团体，在选任校长和教员时应充分发挥自治之精神；在大学的组织架构方面，也以校长的大学管理权为顶点加以组建，使之与实际的自治状况相契合。此外，出于教育的需要，学校当局应认可学生的自治组织，并允许其按照一定的规则开展自治运动。[①]

《日本国宪法》第二十三条明确规定“保障学术自由”，虽然并没有写明“大学自治”，但是法学界普遍认为，就大学而言，学术自由实际上就意味着大学自治，保障学术自由就是保障大学自治。在日本历史上，这个判决书第一次确认了大学自治原则。在60多年前，日本司法机构就对大学自治的本质做出如此透彻的解释，显示了法官的卓越见识。不仅如此，判决书还阐述了对于违法滥用权力的现象，国民有权进行抵制。因此，著名历史学家家永三郎在《朝日新闻》发表评论文章《国民也有反抗权——论警察手册事件的判决》，称赞该判决具有划时代意义。

然而，检方对一审判决不服，向东京高等法院提起上诉。1956年5月8日，东京高等法院做出二审判决，支持东京地方法院的一审判决。检方不服，再次提起上诉。1963年5月22日，日本最高法院撤销原判，将案件发回东京地方法院重审。不过，最高法院支持大学自治的基本理念，并且对大学自治、学术自由的必要性进行了阐释：

① 此译文转引自陈力阳的文章《学术自由是诺奖诞生的土壤：从东大泼泼罗事件谈起》，原载微信公众号“赛先生”，参见 https://mp.weixin.qq.com/s/roJdMLsPl2oHSrcl1o242A。

大学的学术自由及自治，是以大学的本质为依据的。而大学的本质，在于作为学术中心，深入探索真理，教授专业学术和技艺。因此，大学的学术自由及自治直接意味着教授及其他研究者开展研究、发表研究结果、传授研究结果的自由，以及旨在保障这些自由的自治。就大学的设施及学生而言，作为这些自由及自治的效果，大学可以自治性地管理其设施，而学生也可享有学术自由，并使用大学设施。

不过最高法院认为，警察进入东京大学的集会并未侵犯大学的学术自由和自治活动，因为该集会“并不是为了真正的学术研究或成果发表，而是现实中的社会政治活动，属于公开集会或准公开集会，不享有大学的学术自由和自治”。

1965 年 6 月 26 日，也就是在事件发生 13 年、经历漫长的审理过程之后，东京地方法院宣告两名学生被告有罪，他们分别被判处有期徒刑 6 个月和 4 个月，缓期 2 年执行。学生的上诉均被驳回。本案看起来是以两名东京大学学生的败诉而告终，但实际上，它以最高法院判决的形式明确了学术自由和大学自治的原则。从此，警察未经校方允许不得进入大学校园成为常识。大学校园的秩序，首先要由大学独立自主地维持，当且仅当校方提出要求时才允许警察介入。通过对警察权力的明确限制，《日本国宪法》第二十三条所规定的“保障学术自由”才具有了宪政上的意义。

从 1947 年开始实施的《日本国宪法》，只有 5 000 多字，是世界上文字最简练的宪法文本。它规定的一部分权利比较抽象，需要经过判例得到体现。波波罗事件就是关于保障学术自由的重要案例，学术自由与大学自治的内涵和意义通过它凸显出来。除此之外，当时日本涌现了许多贯彻宪法理念的著名判例。例如，1956年7月，就当局拒绝签发赴中国旅行者的护照一案，东京地方法院做出了拒发护照属于违法行为的判决；1958年5月，东京地方法院判决《公安条例》违宪；1959年3月，东京地方法院判决美军驻留日本违宪。这些违宪事件的判决保障了民众的宪法权利，成为生动的宪政实践。

战后的新宪法最初本来是在外来压力之下，按照规定好的模式制定出来的，有些人担心会"水土不服"。结果却完全相反，新宪法不断深入人心，成为日本国民自身血肉的一个有机组成部分。法官作为国民的一员，自然也不例外。这些具有正义感的法官通过审理案件，使新宪法落地，推动日本成为一个真正的宪政国家。

最后值得一提的是，两名被告的人生和事业并没有受到影响。被告之一千田谦藏自1971年起，连续担任秋田县横手市市长长达20年。至于矢内原忠雄先生，直到今天东京大学仍然为拥有这样一位勇于维护大学自治的校长而骄傲。在东京大学驹场校区内，有一个绿树环抱的"矢内原公园"，就是为了纪念这位校长而建的。

日本的文化革命：从臣民到公民

在美国军事占领时相对封闭的环境内，这场独特的文化革命进展顺利，民主的思维方式和生活态度在日本普通民众中传播开来，一种新的文化逐渐形成。日本人在相当程度上完成了从“臣民”到“公民”的思想转变。

1952年5月，位于东京和大阪之间的静冈县发生了一件事，竟然轰动全日本，并被拍成电影。事情的原委是这样的：那年日本举行参议院议员补缺选举，在静冈县的上野村，村中势力大的人物先将村民的投票入场券收集在一起，再将选票全部投给事先承诺会照顾村子利益的某位保守派候选人。这引起该村的女高中生石川皋月的不满。她写了一篇短文《我们要前进》，揭露这种舞弊现象。文章写道：

居然没有一个人敢站出来阻止眼前正在发生的不正当行为，这种情景是何等可悲……我不甘心，我难过。真希望一切都没有发生过……然而，我们不会悲伤。我们要用铁一般的意志打开自己那扇被没有思想的大人们强行锁上的心门，我们要前进。这个可悲的日本必将由我们重建，无论发生什么我们都必须前进。

文章虽然得以刊登，但立刻又被校方全部收回并焚毁。村民说石川皋月是“让别人获罪而自己在一旁高兴”，“给自己的村子抹了黑”，强迫她进行反省，其家人也受到了“村八分”的处罚。“村八分”是日本农村自古沿袭下来的制裁法。村民之间交往有十个方面：出生、结婚、生育、建房、火灾、水灾、生病、葬礼、出行、法事。对某个人实行“村八分”，就是只保留火灾、葬礼两件事的交往，断掉其他来往。这意味着彻底孤立。对于从事农业的贫穷的石川一家来说，这种迫害是致命的。由于无法与村中任何人来往，没人愿意在农活上帮忙，石川一家连插秧都无法正常进行。石川的奖学金被停止发放，妹妹也时常被人骂作“赤化分子”“叛徒”。石川皋月没有屈服，她写信给《朝日新闻》，要求报社派人来进行采访。这一事件在全国引起极大反响，日本律师联合会为此成立特别委员会，向当地派遣调查团，对石川皋月的声援不断扩大。

这一事件引起了冲击性的反响，特别引起了革新势力与进步的知识阶层的响应。在他们看来，这一事件赤裸裸地暴露出日本社会的“前近代性”。距离战败已经7年了，理应“民主化”的农村传统秩序仍然具有压倒性优势，日本农民的思想仍然落后保守，拘泥于个人利益得失。但是也有人指出，一个少女敢于站出来说“不”，村里也不乏站在石川皋月一边的村民，附近的高中更是一致支持石川皋月。这些都表明，日本的文化革命取得了一定程度的成功。

在战争结束前，美国一批专家学者就被动员起来，研究战后如何改造日本。著名的《菊与刀》就是人类学家鲁思·本尼迪克特奉美国政府之命，为分析、研究日本社会和日本民族性所做的调查分析报告。日本研究专家们在政策制定过程中有一个基本认识，那就是日本人的思想观念是可以被改变的，日本社会是可以被改造的。美军踏上日本国土后，就开始清除军国主义、极端民族主义的影响，对日本政治进行民主化改造，其中最为重要的就是修改宪法。日本的旧宪法是为确保和强化统治者的立场而制定的钦定宪法，在这一宪法下统治者将民众看作臣民或家臣，否定其作为国民的独立人格。1946 年颁布的新宪法彻底改变了这种现象，让天皇成为日本的象征，国家主权属于国民。以新宪法为基础，日本先后确立了议会内阁制、选举制度、政党制度、地方自治制度等民主政治制度。

但是美国人清醒地认识到，任何政治制度都需要有与之相协调的政治文化。要想让民主政治制度在这个东亚国家牢固生根，就要改造日本旧文化，培育新文化。1946 年 2 月，美国政策制定者审议通过了一份题为《日本人的再定位》的文件。文件指出，大多数日本人都或多或少地拥有这样一些观念：

（1）包括等级划分、崇尚武力和服从权威在内的固执的封建观念和习惯；

（2）相信日本具有充当世界领袖的优越品质，这一信仰与近年来军国主义者为实现其目的而鼓动的对皇权的极度崇拜密切相关；

（3）强烈的种族意识与复杂的排外情绪，尽管这一情绪还时常伴有对外国成就和知识的极度羡慕。

文件指出，这些意识形态和思想观念在过去曾驱使日本人追求极端民族主义、军国主义，因而必须加以改变，构建以参与型政治文化为主要特征的公民文化。实际上，日本历史上也有“公民”一词，然而其含义与现代的“公民”的概念截然不同，更没有公民文化传统。在古代日本，“公民”是指受律令制天皇（国家）直接支配，不为其他人私有的、登记在户籍上的良民，是封建等级制的重要内容。在近代天皇制下，日本国民仍是君主统治下的臣民，人们的政治心理表现出很大的封闭性、保守性、趋同性和依附性。因此，要在战后的日本培育公民文化，首先需要进行一场全面的文化革命。

为此，占领当局对日本的新闻出版、无线电广播、电影、教育和宗教等各文化领域进行全面的改革，利用日本精英在各个领域的影响力和所有媒体，包括图书、教科书、期刊、电影、广播、讲座、研讨班和各类学校，从不同方面对民众进行公民文化教育。教育的对象从年轻人扩大到全体日本人，避免教条式的说教，利用有说服力的资料和方法使公民文化深入日本人的思想当中，确保他们最大限度地接受这种文化。

人格独立是公民文化产生、发展的前提。在1945年以前，天皇拥有统治国家和臣民的所有权力，民众只有忠君报国的义务观念，而无任何自我权利，主体意识缺乏、盲目服从权威正是日本走上侵略战争道路的重要心理因素。针对这一问题，占领当局以宪法和法律保障公民的集会、结社、言论、出版的自由和信仰自由，废除了国家神道，否定了天皇神性，让宗教成为日本民众在社会生活领域的私人问题。同时在文化活动中鼓励发展个性、培养独立健全的人格，鼓励发展公民个体的政治责任感。

例如，在那个电视还不普及的时代，负责文化领域事务的盟军总司令部民间信息教育局非常重视广播。在它的指导下，日本的广播不仅全面、准确、及时地报道新闻，而且向普通民众开放麦克风，播放他们的观点与见解。它还推出系列民主化教育节目，激发公众对公共事务的关注，其中《妇女的时间》广受欢迎。这个节目所涉及的话题包括“思想的自由”“封建制度与民主主义”“妇女与自由”“妇女与政治”“男女同校的开始”“公开卖淫活动的废止”“倾听各政党的政策”“对新宪法草案的阐释与批评”等，鼓励日本妇女参与国家政治。1946 年 4 月战后第一次大选，第一次获得选举权的女性中有 65% 参与了投票，还有 39 名女性候选人被选为国会议员。

这些文化活动将民主主义的政治理念和价值观念引入日本社会，在很大程度上填补了战败在日本社会造成的“价值真空”，很快便在社会上掀起一股“民主旋风”。日本的知识人非常赞赏占领当局的做法，认为这对于消除民族主义有重要意义。著名思想家大塚久雄说，不能把民族主义引向“黑暗的‘国家主义’方向，而应引向明亮的‘国民主义’方向，将国民的民族意识与内心的自由以及民主主义结合在一起”。这些知识人抛弃狭隘的爱国主义立场，积极配合占领当局，甚至对后者给予高度评价。著名学者森户辰男从世界历史的角度指出：“战败后占领当局强加给日本的民主主义变革，不仅是日本人救国的活路，还是通往世界正义的建国大道。”

森户辰男是一位社会学家，1920 年因为言论而受到迫害。战后曾担任文部大臣、广岛大学校长，在知识界深孚众望。1946 年 1 月 1 日，昭和天皇发表《人间宣言》，自我否定了天皇万世一系“现御神”（具有人类形态的神）的地位，直接冲击了存在于日本国民脑中的愚忠思想，对民主建设具有重要意义。同一天，森户辰男发表《民主主义的扩充》一文，文中提出民主主义的建立需要三足：政治之足、文化之足和社会之足。其中，文化民主主义是政治民主主义的精神基础，主要表现为国民个人人格观念的确立、理性的发达、直觉力的陶冶等。森户辰男指出，欧洲民主政治建立之前发生过两次典型的文化革命，即文艺复兴与宗教改革，日本明治时代以来并未发生这样深刻的文化革命，没有实现文化民主化，政治民主主义基础十分薄弱。因此，在实行政治民主主义变革的同时，必须强力推进民主主义的文化革命。

1946 年 4 月，《中央公论》发表文章《民主主义与教育改革》，提出战后日本发展的目标是建立一个以发展文化、提高文化水平为最高指导理念的“文化国家”，实现从封建的、贵族的文化国家到民主的文化国家的转变。文化革命的目标就是为政治、经济和社会变革提供必要的新理念，这些新理念包括：与奴隶道德相对的人格、个体尊严与自由，与神秘主义相对的科学精神，与暴力主义相对的和平主义，与营利主义相对的合作主义，与民族主义相对的国际主义，等等。

这些文章代表了一代知识人的共识。在反思历史的基础上，日本知识人认识到，明治维新以“富国强兵”等外在建设为目标，由于没有经历像西方文艺复兴和宗教革命那样深刻的文化革命，所以日本国民不具有独立性，只知道盲目服从、愚忠爱国，结果被极端思想引导和绑架，使国家走上歧路。战后重建意味着日本历史上第二次“建国”，要建立一个民主的文化国家。大塚久雄说：“为了避免民主主义画虎不成反类犬，首先，必须要实现作为主体的人的近代化、民主化，也就是把民众教育成近代的、民主的、具备近代精神的人——当然也含有其物质基础的形成——比任何事情都更加重要。”

日本的学者、思想家、教育家都主动参与文化革命，推出了大量介绍民主主义理论、民主政治模式和公民伦理道德的小册子，深入浅出地阐释自由与平等、权利与责任、个人与社会、政党与选举以及地方自治等民主主义概念，对民众进行启蒙。日本民主教化联盟还制作了很多民主宣传画，教育民众什么是民主主义的生活态度，什么是非民主主义的生活态度。还有一些进步知识人为了“日本社会的现代化”高兴地走出书斋，投身到农村中去做青年组织和文化小组的讲师。

在美国军事占领时相对封闭的环境内，这场独特的文化革命进展顺利，民主的思维方式和生活态度在日本普通民众中传播开来，一种新的文化逐渐形成。日本人在相当程度上完成了从“臣民”到“公民”的思想转变。占领结束后不久，著名的《文艺春秋》杂志举办了一场关于占领时期日本得失的讨论。不论是学者、政治家，还是社会活动的代表和企业家，都一致认为占领时期日本最大的收获是“民主”，也就是战后日本政治、经济和社会生活的民主化。

1952年4月28日，《旧金山对日和平条约》生效、日本获得独立的当天，《朝日新闻》发表题为《新日本的出发》的社论，指出经过六年零八个月的占领，日本已经抛弃了极端国家主义，无论是国家制度，还是个人生活，都采用了民主主义的形式，民主主义已经成为新生日本的正确道路。社论也指出，日本民主主义是在占领当局权力之下导入并实行的，不是基于自律基础上的日本民主主义。一个月后发生的“村八分”事件证明，这篇社论是清醒的，文化革命不可能“毕其功于一役”，民主主义要想真正内化于日本民众的认知、情感、信仰和价值观之中，还需要很长的时间。

但是不管怎样，民主主义已经在这片土地上成长起来。“村八分”事件后，石川皋月一家逐渐得到了村民的理解和接纳，重新融入了上野村的生活中。之后石川皋月到东京上大学，走进更广阔的天地。像她这样认同民主、拥护民主的人越来越多。在20世纪60年代的安保斗争中，日本民众结成“拥护民主主义同盟”，掀起了一场拥护民主主义的运动。作为战后影响最深刻的启蒙思想家，丸山真男在1964年撰写的一篇反思安保运动的文章中指出，民主蕴含于人们的日常生活中，它没有终点，人们只能在民主的实践中不断使之进化。他这样写道：

大概可以说，完全体现民主主义的制度，过去不曾有，将来也不会有。人们充其量只能谈论一下更多的或更少的民主主义。在这个意义上，“永久革命”无疑是表达民主主义的恰当名词……在现实中，民主主义只能作为民主化的过程而存在，任何制度都无法将它完全吸收。相反，限制吸收民主主义的运动，从古希腊时代开始就一直发展着……民主主义既然有着这样的基本结构，那么无论是作为思想还是制度，它都要比近代资本主义古老，比任何形式的社会主义都要新。只有将其理解为超越了特定政治体制的“永远”的运动，它才能成为现在每一天的政治创造的课题。

道奇：为日本经济“开处方”的美国人

日本经济恢复的道路上布满荆棘，“道奇路线”非常像1991年后苏东国家施行的“休克疗法”。尽管日本的经济社会遭受诸多磨难，增长放缓，但通过调整，日本从统制经济转向市场经济，从封闭经济转向国际经济。“道奇路线”帮助日本的宏观经济摆脱危险的陷阱，实现了经济的稳定和有序发展。

1949年2月1日，在美国陆军部长罗亚尔的陪同下，约瑟夫·道奇和六位经济学家飞抵东京羽田机场。盟军总司令部的车队载着他们，驶向城区。天气严寒，透过车窗玻璃，道奇仔细观察战后的东京。与正在复兴的联邦德国比起来，这个国家显然还没有从战争中恢复过来。

道奇是一位银行家，创建了底特律银行，在美国银行界颇具影响，曾任全美银行协会会长。战后他担任驻德美军司令部经济顾问，提出包括改革货币在内的经济政策。在短短数年间，德国经济就发生了“几乎令人无法相信的变化”，道奇本人也声誉鹊起。美国政府希望借助他的才能，帮助日本实现复兴。

在占领之初，盟军总司令部的主要任务是对日本进行非军事化、民主化改造，并不承担恢复日本经济的责任，只是在经济上进行最低限度的“防止饥饿和疾病”的援助。日本拆除了许多工业设备对其他国家进行赔偿，导致经济恢复更加缓慢，美国不得不对日本进行更多援助。因此，美国国内有人抱怨说，这等于美国在替日本进行赔偿。随着冷战的铁幕徐徐落下，美国的对日政策转向促使日本经济复兴，让日本尽快实现经济自立。就像战后美国最重要的战略家乔治·凯南所说：

最突出的问题就是日本人要怎样才可以过关，除非他们在某一程度上重启帝国机制，向南发展。很明显，我们应做的……就是创造贸易机会，给予日本人一个前所未有的商业机会，其规模是他们从未见过的，这个任务十分艰巨。

来东京一个多月前，美国总统杜鲁门专门邀请道奇到白宫，告诉他日本的经济复兴已成为最高政治议题，要求这位老资格的银行家去协助麦克阿瑟工作。对道奇来说，这当然是一个巨大的挑战。他对杜鲁门总统说：“日本由于三年前没有采取应该采取的措施，才变成今天这种状态。这是一个困难的问题，政府能否给我全面支持？”在得到总统的肯定答复之后，道奇才接受任务，同他的工作团队一起来到日本。

实际上，1948 年 12 月，盟军总司令部就向日本政府提出“经济稳定九原则”：平衡财政、加强税收、限制贷款、停止增加工资、加强对物价的控制、改善贸易和汇兑的管理状况、增加出口、增加重要原料的生产、改进粮食征购。这些原则中，有的是要求通过紧缩政策稳定经济，有的则要求加强对经济的统制。在制定“经济稳定九原则”的过程中，道奇发表过意见。他到日本的主要任务，就是贯彻落实这些原则。

在东京，道奇和他的工作团队对日本经济进行了深入研究。他发现，“经济稳定九原则”未能完全对症下药，日本经济的首要问题是通货膨胀。战后四年中，物价已经上升 100 多倍，这是一个挥之不去的巨大阴影。在如何重建日本经济的问题上，道奇的团队中有两种截然不同的意见：一种认为稳定是复兴的必要条件，必须首先抑制通货膨胀；另一种认为没有复兴就没有稳定，首先扩大生产才是重建经济的道路，实际上赞成通货膨胀。后者得到了日本政府的支持，它所采取的“倾斜生产方式”就是把资源投入重点企业，试图通过扩大生产实现经济重建。

当时日本实行严格的食品配给制度和价格管制。饭店不允许出售主食以外的食品，许多饭店倒闭，政府不得不对从业者进行补贴。盟军总司令部经济科学局的官僚深受罗斯福新政的影响，对于战时的经济统制方式抱有自信，认为只要严守公定价格、配给制度和抑制工资，就可以在扩大生产的同时抑制住通货膨胀。

与这些人士不同，道奇是一个坚定的古典经济学捍卫者，反对政府介入经济，主张财政均衡。在他眼中，鼓励通货膨胀是极不道德的行为。道奇当时在笔记中写下了这样一段话：“有三个简单的真理。第一，生活水平只能靠增加生产来改善，即人们不能进行超过自己生产水平的消费；第二，储蓄是发展的前提条件；第三，国家的财政要均衡，国家的支出不能超过该国经济的可能性。”

道奇表示：“本人认为，要想重建日本经济，当前最重要的就是使预算保持平衡。”道奇对日本官员说：“怎样才能使预算保持平衡呢？只有不花钱，除此以外没有其他办法。当然，政府若没有足够的经费，就不能推行各项工作。无条件投降的战败国是没有讨价还价的余地的，国民受苦也是理所当然、无法避免的……日本经济的唯一出路，就是清贫度日，减少开支。”

道奇说：“现在已经到了要关掉水龙头的时刻了。”道奇的经济思想得到了时任大藏大臣池田勇人的认同。作为吉田茂赏识的财政官员，池田勇人既有经验又精通统计，他认为突然到来的这位美国银行家的经济政策更符合日本经济的实际情况。他对道奇说：“教儿童学会游泳最快的方法，是把他扔进海里，只需在他将要淹死的时候，拉他一把就行了。”道奇听完，会心一笑。

1949 年 3 月 7 日，也就是在抵达东京一个多月后，道奇首次召开记者会，公布了他的政策。他说：“关闭通货膨胀阀门的是政府，打开它的还是政府。从补贴、投资和其他一般费用中削减开支，对政府来说并不是一件轻而易举的事。尽管很困难，但是必须去做，而且不能任其随随便便决定。现行的国内方针、政策，既不合理也不现实。”他指出，到 1948 年美国已经给予日本 12.5 亿美元的援助，当援助结束后，日本有必要谋求自立。日本得到的援助，来自美国市民和企业的税款，日本政府和国民不能总是依赖别国的资源。在这次记者会上，他提出了著名的“竹马论”：

日本经济好像处于骑竹马（类似中国的高跷）时两脚不着地的状态。竹马的一条腿是美国的援助，另一条腿是国内支出补贴费的机构。如果竹马的腿抬得过高，就有跌倒折断颈骨的危险。继续仰仗外援、增加补贴、提高物价，不仅会激化通货膨胀，还有导致国家趋于灭亡的危险。

道奇的结论是，不允许依靠从美国国民税金拨出的援助来维持生活，日本人必须用自己的双手以更加低廉的生产费用进行生产，通过储蓄积累资本，通过财政措施迅速消灭通货膨胀，使日本实现经济自立。此前，日本政府已编制完成了 1949 年年度财政预算案。但道奇认为这一预算案力度不够，尚不能达到实现经济自立的目标。因此，他亲自动手对预算案进行了一番脱胎换骨的改造，并将该方案呈送盟军总司令部，要求日本国会予以通过。

道奇编制的预算案是一个岁入大于岁出的超平衡预算方案。它不仅要求财政收支保持绝对平衡，还要求留有 1 493 亿日元的巨大盈余。同 1948 年年度财政预算案中有 1 419 亿日元赤字相比，确实达到了超平衡的目的。当时日本政府为维持公定价格，对生产者提供补贴，对出口物资实行价格补贴以使之能够同外国产品竞争。道奇的预算案坚决要求停止支付政府过去支出的各种补贴费，砍掉这条道奇所说的“竹马腿”。

超平衡预算方案引起轩然大波，因为它几乎全盘推翻了政府提出的财政预算案，原先准备好的减税被否定，公共事业费被一刀切掉一半，复兴金融金库等支出均被废止，所得税和营业税照收不误，铁路运费和邮电费被大幅度提高……政府官员和国会议员都极为不满。执政党在前不久的大选中刚刚承诺要大力加强公益事业，造福于民，如果减税被否定，许诺岂不全部落空？于是党魁们组成了阵容强大的说客团，由精通英语的元老级政治家领头，几乎把道奇办公室的门槛踏破。道奇没有被这种阵势吓倒，而是用心聆听各位元老的意见，然后断然拒绝，寸步不让，进一步强化自己的政策主张，让说客们铩羽而归。

但是责难之声仍然有如潮涌，大有在议会否决预算案之势。作为老派自由主义分子，首相吉田茂不喜欢制订庞大的经济计划和实行经济统制，他认为与其被人为的经济规则所束缚，日本经济运行更应该遵循自然的经济法则，从而开辟恢复自由经济的道路。因此，他利用自己的权威出面平息了内部争吵，使预算案在国会顺利通过。

道奇说，这个预算案就像蓖麻油一样，虽然难吃，但却少不了它。一经实施，日本政府立即对超平衡预算方案的"难吃"深有所感。用当时大藏省次官宫泽喜一的话来说，就是"坐道奇的船比坐新政派的船容易。不料想，上了道奇的船之后，才发现是上了一条'贼船'，所受的待遇远比想象的还要刻薄"。这种激进的政策一下子拧紧了金融的水龙头，需求受到抑制，企业筹措资金极为困难，导致工厂停产，企业倒闭，失业人数大量增加，社会矛盾激化，国企领导人被杀、火车脱轨、电车撞人等事故相继发生。吉田茂感慨地说："1949 年的下半年以后，似乎出现了由各种社会不安聚成的一股巨大暗流。社会上竟流传一种'X 月危机'的说法，甚至有人说日本经济可能就要崩溃。"

在日本经济备受煎熬的同时，在道奇的建议下，华盛顿规定实行 1 美元兑 360 日元的固定汇率。在此之前，日本政府通过美军进出口商品，但各种商品汇率从 1 美元兑换 80 日元到 600 日元不等，相当于存在无数个汇率。实际上，这些不同的汇率意味着进出口商品都得到了补贴，阻碍了日本与世界进行自由贸易。汇率固定后，日本可以融入世界贸易之中，日本经济的存亡最终将由日本产品在国际市场上的竞争力来决定。这一观念在 20 世纪 50 年代“出口或死亡”的口号中得到反映。深刻理解道奇思想的大藏大臣池田勇人对此评论说：“一个专靠补贴支持的经济是永远不能同外国竞争的。温室里的花固然娇艳，可是却禁不住外边的冷风，这又有什么用呢？所以本人今后将努力打破温室的玻璃。”

吉田茂的想法和池田勇人是一致的。吉田茂在海外生活多年，熟悉国际关系，本能地接受必须将本国经济视作国际经济组成部分的观点。在他看来，如果仅考虑国内，即使再苦心经营，效果也是有限的，必须尽快重返国际经济的大舞台。通过与国际经济接轨，便能够自然而然地找到稳定日本经济的办法，“管制也罢，支持也罢，在小框架内即使用尽各种手段稳定经济，最终不过是兜圈子而已，日本经济如果不能毅然决然地借助国际经济的东风趁势而起，便不可能重新得到振兴。与国际接轨最开始也许是痛苦的，但如果不这样做便会永不见天日”。

道奇的这些经济调整政策被称为“道奇路线”，实施的结果是将日本从无序混乱的经济状态中拯救出来。日本实现了财政收支平衡，抑制了战后的通货膨胀，摆脱了物价与工资轮番上涨的恶性循环。黑市物价下降三分之一，黑市价格和官定价格水平接近，结果是战后对物资和物价的各种统制政策一个接一个地被撤销，促进市场机制发挥作用，从而走向了恢复自由经济的道路，市场重新开始发挥作用。对进出口商品实行统一汇率，让日本得以融入世界贸易之中，为贸易立国奠定了基础。

日本经济恢复的道路上布满荆棘，“道奇路线”非常像1991年后苏东国家施行的“休克疗法”。尽管日本的经济社会遭受诸多磨难，增长放缓，但通过调整，日本从统制经济转向市场经济，从封闭经济转向国际经济。“道奇路线”帮助日本的宏观经济摆脱危险的陷阱，实现了经济的稳定和有序发展。等到1950年6月朝鲜战争爆发，日本经济迅速回升，开始驶入经济发展的快车道。从1949年到1951年，日本出口增长了3倍，生产额亦增加近70%。自无条件投降以来，日本大公司首次获得盈利，国民生产总值开始两位数的增长。假如没有“道奇路线”，面对因朝鲜战争爆发而突然增加的战争物资需求，本来就不稳定的日本经济很有可能陷入不可收拾的境地。在这个意义上，日本可以没有朝鲜战争的需求，但是不能没有“道奇路线”。

1964年，74岁的约瑟夫·道奇在美国溘然长逝 从此他和麦克阿瑟、杜勒斯一起，因改变日本现代历史而载入史册。此时距离他为日本经济“开处方”已经过去了15年。尽管人们对他的评价有许多分歧，但是在这15年里，日本的确实现了经济复兴，并且开始起飞。

经济政策大争论：独立自主，还是融入世界？

这场争论关系到日本基本政策的选择，关系到日本未来的发展路径。争论中形成两派：一派是古典经济学派，主张融入世界、拥抱全球经济是日本唯一的选择；另一派是有民族主义情结的马克思主义者，认为在一个充满威胁的国际环境中，一定要发展国内市场，独立自主。

日本无条件投降后，整个国家都陷入了所谓“战后虚脱”。从精英到民众，无数人失去了方向，对未来茫然不知所措。经济学家们却迎来了一个难得的“黄金时代”。因为空前的经济危机超出了政府官员力所能及的控制范围，政治家急于从政府机构之外寻求新的思路，所以经济学家成为政府的座上客。甚至连天皇也向日本银行总裁一万田尚登提出，邀请经济学家担任自己的私人教师，为他讲解经济问题。恰好，一万田尚登身边有一个经济智囊团，经济学家经常与他一起讨论各种政策问题。于是，在一万田尚登的推荐下，1949 年初五位经济学家走进了皇居。

这五位经济学家是：中山伊知郎、有泽广巳、都留重人、大内兵卫和东畑精一。他们都是大名鼎鼎的学者，而且都曾不同程度地介入政府经济工作。尤其是前三位，一度被称为“御三家”。在德川幕府时代，“御三家”就是除德川本家外，拥有征夷大将军继承权的三支分家。“御三家”这一称谓表明了这三位经济学家在制定经济政策时的重要性。在每次为天皇授课时，先由一名经济学家给天皇讲课，接下来便是一场由这五位顾问共同进行的讨论。在讨论过程中，这些经济学家在“日本经济向何处去”的问题上产生了分歧。

在占领之初，日本经济的发展并不是盟军总司令部的目标，其首要目标是民主化改革。但是随着冷战爆发，美国开始调整战略，转向支持日本经济复兴。银行家约瑟夫·道奇就是肩负着这样的使命，于1949年初来到东京的。就在经济学家们忙着为天皇讲解经济问题的时候，道奇也在和他的团队紧张地调查研究日本的经济问题。1949年3月，道奇宣布整顿日本经济的措施，其中一项就是建立360日元兑换1美元的固定汇率，目的是通过低估日元来促进日本出口更多商品。虽然延续数年的通货膨胀已被遏制住，但是银根紧缩导致失业和破产相继发生，社会动荡加剧。因此，能否通过国际贸易让日本经济走出困境、实现复苏，成了为天皇授课的经济学家们争论的焦点问题。

自从1941年太平洋战争爆发以来，日本一直被国际市场孤立。政府对经济活动实行严格控制，以调动国内资源为战争服务，因此形成了经济“内循环”。战败之后，日本仍然被世界市场孤立，直到 1948 年以前都被禁止参与国际贸易。随着“道奇路线”的实施，日本开始拥有参与世界经济的机会。经济学家中山伊知郎认为，这是一个难得的发展机遇，日本经济应该向世界经济开放，并通过参与国际分工实现国家繁荣。

作为一桥大学的校长，中山伊知郎是一位古典经济学家，相信世界市场能够“在全球范围内解决一个国家的经济问题”。当时日本的失业率居高不下，如何养活众多人口是最棘手的经济社会问题。中山伊知郎认为，对于像日本这样人口较多的国家来说，鼓励贸易并参与国际分工是实现充分就业的唯一途径。日本只有参与国际贸易，才能用外部需求解决内部就业问题。同时由于自然资源稀缺，日本极度依赖进口，而进口成本又必须由出口所得来支付，因此进出口是支撑日本产业化的两个支柱。只有将战后重建的重点集中于促进贸易，深度参与国际经济，日本才能实现资本积累，并把资源导向生产设备和技术发展，为经济发展打下坚实的基础。中山伊知郎说：“如果不采用这一措施，就没有一个国家能解决自身问题。只要资本主义还在，这个原则就会一直有效。”

但在有泽广巳看来，中山伊知郎的观点就是梦想回到自由国际市场阶段，但这种梦想仅仅是一种“怀旧之情”，没有现实可能性。在民间经济因战争遭受严重打击，黑市经济使社会处于混乱状态的战后初期，几乎没有人相信通过自由放任主义能够实现经济复兴。有泽广巳率先提出，而后由政府实行的“倾斜生产方式”，就是以这种社会思潮为背景的。有泽广巳认为，第二次世界大战期间西方国家政府对经济的干预并不是一种应急措施，而是一种“经济动脉硬化”，这种状况在战后的垄断资本主义阶段会不可避免地进一步发展。尽管各国有许多美好的愿望，并积极努力重建世界体系的新秩序，但管制型贸易仍然会持续很长一段时间，日本产品不可能自由进入国际市场。

很显然，使用“垄断资本主义”一词的有泽广巳是一位马克思主义经济学家。马克思主义是战前日本学术界普遍认可的外国理论，有泽广巳深受其影响。然而，与经典马克思主义主张的国际主义不同，有泽广巳有强烈的民族主义倾向，强调在民族国家间，尤其是在西方国家与非西方国家间的竞争中，要增强日本的竞争力。在战前，有泽广巳因与一群马克思主义者从事政治活动而被捕。从狱中被释放后，他参加近卫文麿的智囊团“昭和研究会”的活动，受秘密委托进行“新经济秩序”的研究。有泽广巳主张，为了在总体战争中存活下来，日本政府必须“使用各种经济工具，动员所有可用的物资，战斗到最后一刻”，其方案甚至比军方的方案更为激进。耐人寻味的是，战后他没有受到追究，反而更深入地参与政府经济政策的制定，还被任命为通商产业省（简称通产省）顾问。

其实，自明治维新以来，民族主义一直支撑着日本人的世界观。当“皇军天下无敌”的神话被粉碎，天皇也由神变成人之后，日本国民的民族认同感被大大削弱，国际主义思潮盛行。人们相信，日本很快会回到国际大家庭中。尽管在一般民众中，民族主义已经不再盛行，但在政策制定圈内，民族主义的影响犹存，战时遗留的狭隘民族心态仍然弥漫在部分精英中。有泽广巳本人就抱有强烈的民族主义思想。多年以后他曾回忆说，1946—1949 年是日本仅有的充满“独立精神”和“爱国意识”的时期，“经济重建的提议被占领当局拒绝，生产设备都被拿走用于战争赔偿，工厂由于受命分散过度集中的经济力量而无法有效运转。如果这种情况继续下去，未来我们将无法做任何事情……我一度感到我们被逼到这样一种地步：没有任何出路，只能靠我们自己来改善生活。我怀着要赢得这场斗争的强烈愿望”。

这种强烈的民族主义情绪同样存在于经济学家都留重人身上。这位毕业于哈佛大学的经济学博士，在战前也是一位左翼分子，曾因参加学生运动被学校开除。战后他积极参与政府经济重建工作，担任经济安定本部副部长级的事务次官，日本第一本经济白皮书就是由他执笔的。他和有泽广巳的观点一致，也主张“独立自主”，认为日本不能依赖国际市场。他说：“所谓独立意味着要尽快摆脱目前我们正在接受的美国援助（美国援助已经占了日本国民收入的5%~10%），并且实现国际收支平衡。日本实现经济独立就意味着，日本经济将不再随外国经济的动荡而动荡。”

因此，争论中形成两派：一派是以中山伊知郎为代表的古典经济学派，主张融入世界、拥抱全球经济是日本唯一的选择；另一派是以有泽广巳和都留重人为代表的、有民族主义情结的马克思主义者，认为在一个充满威胁的国际环境中，一定要发展国内市场，独立自主。这场争论很快就超出皇居，扩展到《评论》《经济评论》等媒体而为公众所知。

经济学家必须有“一颗炽热的心和一个冷静的头脑”，中山伊知郎信服马歇尔的这个观点，坚持“有关经济的问题必须用经济逻辑来解释”。他指出，经济学家面对经济问题时不应该用个人的感情去代替理性的态度，或者对经济形势用一厢情愿的想法去代替客观预测。日本自然资源太少，无法独立自主，就像100年前的英国，日本要发展经济，唯一的出路便是进口原料，再出口加工制成品。尽管中山伊知郎承认当前国际市场上的形势并不稳定，一些国家也在实施管制贸易，但他仍然相信，这只是暂时现象而非长期趋势，国际经济新秩序迟早会确立起来。

战后西方国家决定建立一种开放的国际经济体系，取代战前时代独立自主的经济圈，使商品、资本和服务能够跨越国境自由流动。1945年，随着国际货币基金组织和世界银行相继成立，以外汇自由化、资本自由化和贸易自由化为主要内容的新国际经济体系隐然成形。但是有泽广巳和都留重人并未对此感到乐观。他们认为，冷战将世界分成两大阵营，使国际市场的范围和全球贸易量都受到重大限制。制造业的发展建立在先进技术的基础上，西方国家对东亚国家初级产品的需求将会减少。同时，发展中国家也会减少其初级产品的出口，因为它们自身的工业化会使国内更加需要这些产品。世界上大部分财富和产品都集中在美国，美元的短缺也会限制国际贸易量。因此，回到自由国际市场阶段只能是一种梦想，参与国际经济不是日本经济复苏的可行之路。

有泽广巳和都留重人声称，如果与国际市场接轨，日本经济对来自外部的困扰可能会更加敏感。在20世纪50年代初期，西方国家的消费能力严重依赖美国的经济援助，一旦发生经济萧条，将会波及与美国经济相关的所有国家。用有泽广巳的话说："那不是自立，而是隶属，或者说有陷入资本主义破产的危险。”

在这些马克思主义经济学家看来，如果通过与美国结盟而参与国际经济，日本不仅将面临卷入社会主义阵营与资本主义阵营的冷战中的危险，还有可能介入资本主义国家争夺市场的冲突中去。这两位经济学家还警告说，把日本经济与世界经济体系相连接，会降低日本国民的生活水平。在第二次世界大战之前，日本参与国际竞争的比较优势是廉价劳动力。现在，如果日本将自己的经济建立在出口的基础上，国家就必须继续实施廉价劳动力政策。这种政策不仅会泯灭战后民主改革的成就，还会遭到国际社会的反对。如果日本被迫采用廉价劳动力政策，政治民主的基础就可能受到威胁。

在是否引进外资的问题上，双方的观点同样针锋相对。中山伊知郎是倡导外资的积极分子，他认为，由于日本已经失去了所有的殖民地，没有了来自国际市场的资本、技术以及其他物资，所以日本经济根本无法存活。外资将有利于稳定外汇汇率，并能保证日本通过国际贸易渡过经济难关。封闭条件下的经济稳定永远都不可能为固定汇率创造条件。自明治维新以来，参与国际经济的分工是日本产业化的主要原因。战后重建工作也将如此。

中山伊知郎的观点遭到激烈批判。有泽广巳指出，“资本并不是慈善的礼物”，外资的主导地位和过度外资化会导致日本丧失独立自主的经济地位。有泽广巳断言，日本最好靠自己的努力实现经济复苏，即使需要国际援助，也应将援助额度控制在最小的范围内，“如果经济复苏单靠国外援助，日本的工人阶级将失去发言的自由”。在他看来，外资不是一个如何积累资本的技术问题或者经济问题，而是一个关于国家主权和劳动者利益的政治问题。

这场争论关系到日本基本经济政策的制定，关系到日本未来的发展路径。我们不知道，天皇在争论中站在哪一边。其实，天皇的意见无足轻重，因为在《日本国宪法》下，天皇只是一个象征，制定政策的权力掌握在政府手中。时任首相吉田茂坚信，尽管在世界体系中各民族、国家间的地位不平等，但在国际政治中日本拥有足够灵活的空间来促进自身经济利益的实现。如果不加入世界体系，日本就不可能繁荣昌盛，因此他主张“治疗日本经济的最好药方，就是向世界经济和国际竞争规则开启大门”。他这样阐述自己的思想：

> 日本是一个岛国，一个海洋国家。用世界的标准衡量，日本领土范围较小，人口密度却很大。为了养活这些人口，绝对需要促进国际贸易。为了经济的持续增长，必然要从先进国家引入资本和技术。无论从国际贸易还是引入资本的方面来看，日本都应该与世界上经济最富裕、技术最先进的国家结合在一起。主义和意识形态都不是问题，如何用最省力的方式获取最大限度的利益才是问题之所在。

很显然，吉田茂赞同中山伊知郎的观点。在日本政府和“道奇路线”的共同推动下，日本从1950年开始由内向型经济转向外向型经济。在美国的帮助下，日本先后成为国际货币基金组织、世界银行和《关税及贸易总协定》的成员。新的国际经济不是一个“梦想”，而成为现实，日本融入其中，获得了巨大的好处。

在日本经济学家争论的时候，国际经济学家并不看好日本的经济前景。美国经济地理学家 E. A. 阿克曼博士在战后初期曾作为占领军的技术专家来日本工作，他在 1949 年这样写道：

假定人口继续增加，达到或超过一亿，那么根据对日本各种资源的分析，可以得出日本在今后 30 年中有下述两种可能的发展方向：第一，如果海外的资金援助能够无限继续下去，那么日本国民将能恢复到战前 1930—1934 年的生活水平；第二，日本或许将能“自力更生”，但是由于在国内交织着政治、经济和社会等方面的困难，因而只能逐渐向仅可维持生存的水平发展。比起认为它可能通过对外贸易和先进的利用资源的方式独立地维持战前 1930—1934 年的生活水平，日本朝着上述两种方向之一发展的可能性更大。

然而，事实与 E. A. 阿克曼的预言相反。美国的资金援助只持续了很短一段时间，到 1951 年就停止了。日本经济从 1950 年开始强劲复苏，1955 年人均收入就达到战前水平，此后经济开始起飞，10 多年间人均收入年均增长率一直保持在 8% 以上的水平。日本经济复苏并重新崛起的“秘密武器”，就是融入世界。假如日本满足于“内循环”，经济又会怎样呢？日本很可能成为另一个拉美国家。作为后发国家，拉美各国和日本一样深受民族主义的影响。

第二次世界大战后，拉美国家面对不利的外部环境，将国际市场看作对自己政治独立的威胁。因此，它们脱离全球市场，选择将进口替代作为国内经济发展的主要战略。从这一意义上说，拉美国家实践了有泽广巳和都留重人的主张，专注于经济“内循环”。结果，当日本在 20 世纪 70 年代初成为世界第二大经济体、国民实现普遍富裕的时候，拉美各国的经济却陷入衰退，落入“中等收入陷阱”。

第二编　起飞

媒体的胜利：对公权力三次说“不”

从法务大臣到首相，从政府到议会，日本媒体都对其发出了独立的声音。这是一个正常社会应该有的声音，这些声音也促进了一个正常社会的发展。

1952年4月28日，《旧金山对日和平条约》生效，日本作为独立国家重新回到国际社会。从此，占领当局对新闻媒体发出的各种指令、备忘录等全部废除，新闻界开始享有广泛的言论自由。在此前后，媒体三次对公权力说“不”，成为日本舆论史上的佳话。

第一次是围绕政府对媒体的管制展开的。1951年9月16日，也就是《旧金山对日和平条约》签署八天后，吉田内阁法务大臣大桥武夫的一番讲话，在日本舆论界引起了轩然大波。大桥武夫说：

《波茨坦公告》的许多条文已经通过立法确定下来，就讲和后法制的完善来说，法务府也在进行潜心的研究。团体等规制令、开除公职令属于国家公安保障法，此外，禁止集体罢工、集会示威、新闻规程将成为单独行使的法律。再者，防谍问题对于独立后的日本是重要的问题，拟将其作为单独行使的法律或将会被添加到预定向临时国会提交的国家公安保障法之中。这些立法问题将向今后的临时国会提出。现行法案的修改将会在国会的定期常会中进行。

对于新闻媒体来说，这意味着重大的政策转变。战前的日本媒体都站在了军国主义一边，因此在战争结束后，占领当局废除旧有的言论管理机关，要求报社与政府脱离关系，迫使日本媒体实现新闻自由。占领当局直接管理媒体，通过媒体推进国家的民主化。麦克阿瑟被免职后，新任盟军总司令李奇微在很大程度上改变了占领政策，给予日本政府对占领下制定的各种法令进行重新研究的权力。日本政府担心签署《旧金山对日和平条约》后，占领终结会导致出现“真空状态”，便抓紧研究如何管理媒体，法务大臣的讲话就透露了政府以新闻规程来继承占领当局的管制办法的动向。

媒体却有自己的担心。虽然有占领当局的审查，但是新闻自由度比 1945 年以前扩大了许多，日本新闻界已经发生了巨变。新闻规程和防谍的立法，显然是限制新闻报道的。在《旧金山对日和平条约》生效后，言论自由难道又要受到来自日本政府的威胁吗？会不会回到战前的舆论管制状态？痛苦的历史记忆让媒体警觉起来。在法务大臣发表讲话之后，日本新闻协会立即向政府表明反对意见。

然而不久后，法务大臣大桥武夫向社会公布《团体等规制法案》大纲。这个法案赋予政府极大权力，包括解散报社的权力，大有复活臭名昭著的《治安维持法》之势。因此，新闻界发出了强烈的反对之声。伴随着整个国家的民主化进程，日本媒体已经摆脱了日本政府的严密控制，新闻自由也得到了《日本国宪法》的确认。因此，政府无法与舆论抗衡，最终放弃了这一法案。

后来吉田内阁改组，大桥武夫辞职。1952 年 2 月，新任法务大臣木村笃太郎另起炉灶，策划起草了《特别保安法案》，作为《团体等规制法案》的替代。人们发现，新法案是“换汤不换药”。新闻界再次表示了强烈的反对意见，各种批评声音遍布媒体。于是，日本政府又将法案改成《破坏活动防止法案》，并提交国会。该法案主要以进行暴力破坏行动的团体为调查与惩处对象，其范围扩大到预备、阴谋、教唆、煽动等行为，仍然包含着制约言论自由的危险。

政府一次又一次的蛮横做法，激起了社会的愤怒。知识人、学生等进行示威抗议，新闻界举行了一次大罢工，参加人数达到 107 万。民众也大力支持，共同捍卫来之不易的新闻自由。针对《破坏活动防止法案》，日本新闻协会发表了严正声明：

除非明显且现实地有可能给社会带来重大的危险，否则不得对言论自由妄加限制。因预想到将来有危险而对言论活动施加广泛且不明确的限制，并且将这种规制委托给行政机关，无疑会使国民的正当言论受到压制，使国家政治处于危机状态。

最终，议会不得不对法案进行修改，之后才予以通过。这些法律在实际运用中，没有出现太大问题，因为新闻界和民众发出的反对声音对法官产生了很大的影响。新闻媒体两度公开挑战法务大臣，显示了一种独立社会力量的勇气与担当。两年后，在议会陷入僵局时，这种力量发挥了更大的作用。

1954 年，议会在审议新《警察法》时产生了巨大分歧。此前的《警察法》规定，日本实行自治警察和国家地方警察双轨制。新《警察法》的目的就是废止自治警察，各都道府县的警察改由警察厅统一管辖。社会党强烈反对警察中央集权化，执政的保守党决定延长会期，却遭到社会党的暴力阻止，两党为此大打出手。众议院议长让警察进入议会，强行延长会期。对于延长会期是否有效，议员们的意见出现分歧，国会陷入混乱。

在国会运作处于混乱状态、宪政运作面临危机之时，三大报纸——《朝日新闻》、《每日新闻》和《读卖新闻》发表共同声明《快速收拾政局》，督促执政党、在野党进行反省：

发端于这次乱斗事件，国会的运作陷入了我国宪政史上从未有过的混乱状态，对于希求我国的民主政治能健全发展的我们来说，是无论如何都无法熟视无睹的。

我们坚决反对左右两派社会党运用集体的力量阻止会议召开，事态至此，我们希望能予以彻底的反省，政府、执政党应承担无视舆论、自以为是的责任。

我们要求政府、政党、每一个议员对于今日的事态表现出自肃自戒的态度，迅速收拾事态，把国会的运营纳入正常轨道，通过采取符合大多数国民的意见的行动，恢复业已下降的国会的威信。

国家最高权力机关如果持续如此的混乱状态，将会在政治、经济和社会等其他国民生活的所有方面引起不可预测的不安和动荡，甚至会危及民主政治的根基。对此，我们深感忧虑。

其他报纸也纷纷跟进。据统计，共有 18 家报社发表同一社论《快速收拾政局》，还有 15 家发表独家声明。在日本历史上，这是史无前例的举动，媒体此举形成了要求国会进行反省的全国性舆论高潮。在社会各界的压力下，半个月后众议院召开全体会议，发表了自肃自戒的声明，结束了国会的混乱状态。在保守势力和革新势力产生激烈冲突时，作为言论机关的报纸发挥调停作用，结束了一场宪政运作危机。

数月后，媒体再次对公权力说“不”，这次的对象是铁腕首相吉田茂。当时各造船公司向政府官员和议员行贿的事件被揭露，自由党干事长佐藤荣作等也有受贿嫌疑，媒体竞相报道。但是法务大臣采取动用“指挥权”的强硬措施，下令禁止逮捕佐藤荣作。吉田茂在自由党支部部长会议上寒暄道：“报纸在半开玩笑地散布谣言，政府无视这种流言蜚语，根据法律的意旨动用了指挥权。”

吉田茂是一个不受媒体欢迎的政治家，他常说“报纸刊登谎言，所以我不看报纸”。在造船公司行贿事件上，他全然无视报纸的态度让报界无法容忍，于是日本新闻协会提出了抗议性的书面质问：

首相不止一次地对新闻报道进行欠妥的指责，损坏所有报纸的名誉和信用，这是众所周知的事实。毋庸赘言，报纸通过向大众传播信息和观点，向个人提供判断的材料，是构成民主政治基础的重要机关。如果没有报纸，也就不可能有首相所说的政党政治的建立和民主主义的发展。

当然，作为报人我们对现在报纸的不足之处有深刻的认识，当然会致力制作自由而有责任感的报纸。一国的领导人不能理解报纸的社会功能，将会危及民主政治的基础；不断地重复这种不负责任的言论，令人不胜遗憾。因此，我们代表新闻协会 115 家会员，恳请首相对他在与自由党全国支部部长寒暄时把报纸的报道断定为“流言蜚语”的根据做出说明，并尽快给出负责任的解释。

这是一篇严正的质问书，要求首相拿出断定报纸的报道为“流言蜚语”的根据。在有礼有节的婉转表述中，包含着强硬的抗议。战后，首相是拥有最高权力的人。如果执政党拥有绝对多数席位，那么其就拥有绝对的权力。但由于建立了民主主义政治制度，即使拥有强权，首相也无法对媒体进行压制，反而不得不正视舆论的压力。面对来自媒体的质问书，吉田茂不得不低下高傲的头颅，在温和回应中撤销之前的发言：

在支部部长会议上我所做的发言的真意，不是说报纸在散布流言蜚语，或者疑案是谣言的结果。关于当时政府动用指挥权的意图和措施，社会上有种种传说，有的报纸也做了报道，我想说明的是，政府并不顾及这些，而是根据信念动用了指挥权，并非想指责报纸。但是，我在讲话时没有草稿，用词欠妥，没能说明真意，由此招致误解，并造成了意想不到的影响，令人感到甚是遗憾。

正如您所说的那样，报纸是构成民主政治基础的重要的机关，我将会尽力协助拥有自由和责任感的报纸的发展。

战前日本媒体依附于政府，没有任何独立和自由可言，战后新闻自由得以确立，并极大地扩展。以上三件事都发生在20世纪50年代初期，从法务大臣到首相，从政府到议会，日本媒体都对其发出了独立的声音。这是一个正常社会应该有的声音，这些声音也促进了一个正常社会的发展。

1956 年：已经不是战后了

"已经不是战后了"成为一句名言，广为流传。它不仅成为日本与战败后经济苦难的诀别，激励民众从失魂落魄中走出来，也引起了民众的共鸣，使他们下定决心追求新生活。

1956 年 2 月，《文艺春秋》杂志刊登了一篇文章《已经不是战后了》。作者中野好夫是一位评论家，以研究英国文学见长。日本无条件投降后，他一直为曾参加支持军国主义的"日本文学报国会"而悔恨。反思精神促使他直面社会现实，积极从事社会评论。在这篇文章里，他严厉批评人们把种种社会乱象统统归咎于"吃了败仗"，"'战后'一词实在成了人们一个难得的借口"。

"十年是历史的第一个段落"，中野好夫如此写道。他提醒国人，不要再把什么都归咎于"战后"，也不应该自怨自艾，而应该从此向一个新的阶段迈进。他直面日本在战败后成为小国这一现实，主张向亚洲、非洲的小国学习，朝着实现人人幸福的理想努力。他在文章的最后呼吁："现在终于到了我们大家从战后意识中摆脱出来，着眼于未来的时候了。"

战后初期，文学热、社会科学热曾经在日本风行一时，因为旧有价值观崩溃，人们需要心灵指南。因此，在公共汽车上也可以看到捧着厚厚的哲学书籍埋头阅读的年轻人。然而，随着记忆中的战争越来越远，社会生活走向正常，文学热与社会科学热开始降温。《已经不是战后了》一文虽然在文艺界有些影响，但是在社会上并没有多大反响。不过，"已经不是战后了"这句话被一位经济学家捕捉到，经过他的引用，竟然成为时代流行语，并且载入历史。

这位经济学家，就是后藤誉之助。后藤誉之助生于 1916 年，比中野好夫小 13 岁。当中野好夫在东京帝国大学教授英国文学时，后藤誉之助也在东京帝国大学求学，不过学的是电气工程。毕业后，他历任日本邮政省技师、终战联络中央事务局联络官。1946 年，日本为了稳定经济而成立经济安定本部，负责审议有关稳定经济的紧急措施，并制订物质生产、分配、消费等方面的计划。翌年，后藤誉之助被调入这个重要的经济部门，参与经济复兴计划的设计工作。由于工作原因，这个"理工男"开始关注和研究经济问题。也是以这一年为起点，日本政府每年发布一本经济白皮书，用统计数字把经济的实际情况如实摆在国民的面前，改变了战前政府政策"可使由之，不可使知之"的做法。

1952 年 7 月，在日本经济极为景气的背景下，政府宣布撤销经济安定本部。这意味着日本的经济状况已经基本稳定，不再需要强有力的统制，可以朝着自由和自立的方向前进了。然而，日本政府认为，自由主义的经济体制也需要政府自上而下的指导，特别是向经济自立方向的迈进需要有条不紊。于是继续每年发布一本经济白皮书，不过执笔人改为后藤誉之助。经济安定本部撤销后，后藤誉之助被调入通产省工作，担任经济企划厅调查科长。他撰写的经济白皮书，采取近代经济学理论和报纸杂志所特有的通俗、易懂、富有感情的写作方法，因此容易为国民所接受。

1950 年以来，日本经济在美国的扶植下迅速恢复和发展。1955 年成为日本“战后经济的最佳之年”，出口激增，出口船舶的订货量居世界第一位；农业大丰收，大米产量一跃实现自给自足；年度经济增长达到 9%，物价基本稳定，国际收支也出现 5 亿美元盈余。经过战后十年的辛勤努力，国民经济和工农业生产的主要经济指标均已恢复或超过战前水平，出现经济繁荣的“神武景气”。虽然朝鲜战争已经结束，但是日本做到了在没有特需情况下的财政均衡，终于实现了经济自立的理想。日本人的消费逐渐活跃起来，半导体收音机、小轿车和电视出现在人们的生活中，全国到处掀起兴建电影院和百货商店的热潮。作家石原慎太郎的小说《太阳的季节》成为畅销书，并被拍成电影，少男少女、大海游艇，人们对小说中的这些情节充满了向往。

在政治上，1955 年日本自由党和民主党合并为自由民主党（即自民党），成为国会第一大党，在议会中形成稳定多数，开始长期执政。社会党的左右两派也实现合并，在众议院占据三分之一的席位，长期在野。从此出现了被称为“1955 体制”的政党格局。至于日本共产党，则放弃了暴力革命的纲领，开始专注于议会斗争。一个稳定的政治局面由此形成。

后藤誉之助敏感地意识到时代的变迁，也感到国民追求幸福生活的强大意愿。进入1956年，这位正好迈入不惑之年的经济官员开始考虑如何撰写年度经济白皮书。他当然不会想到，这个小册子将使他成为“官厅经济学”的代表人物，名垂青史。不过，在一开始他就意识到，经济白皮书里一定要有反映时代变化、引领时代发展的新内容。或许正是在这种意识的驱使下，他借用了中野好夫的文章题目，为1956年的经济白皮书拟定了一个新颖的标题——《已经不是战后了：日本经济增长与现代化》。

如今“经济增长”已经是家喻户晓的名词，人们随着“经济增长率”的高低起伏而时忧时喜。但是，60多年前的日本却没有“经济增长”这个名词，人们只用“经济发展”形容经济状态。在当时的政府出版物中，通常使用的是“工矿业生产十分低迷”“物价持续攀升”等老套表述，看不到“经济增长”“增长率”等字眼。即使是后藤誉之助此前负责起草的几份经济白皮书，也只言及工矿业生产指数的增长率，或者通过物价变动情况来描述日本经济活动的整体情况。

20世纪50年代，发展经济学开始兴起，各国经济政策的制定者开始关注并利用经济学新方法。日本也很快跟上这一新潮流。据考证，在1954年日本出版的经济学专业书籍中，才第一次出现“经济增长”一词。第二年，美国经济史学家、发展经济学先驱罗斯托的著作《经济增长的阶段》在日本出版。这本书从历史角度对经济增长进行了描述，引起日本经济学家们的极大兴趣，讨论经济增长逐渐成为经济学界的热点。

作为“官厅经济学家”，后藤誉之助并不是一个只知道揣摩“领导意图”的人，也不是闭门造车之辈。他思想活跃，及时关注经济学界的动向。在起草1956年的经济白皮书时，他第一次使用“高增长率的秘密”“增长率放缓与投资诱因的减退”等表述。从此“经济增长”一词登上历史舞台。后藤誉之助这样写道：

日本在战后经济增长速度的迅猛，的确让人意想不到。这是日本国民勤劳奋进的性格和世界形势的发展所带来的。然而，我们不能忽视一种情况：由于战败，日本人感到了绝望，这加速了日本摆脱困境的速度和决心。这样一来，日本就有了推动经济上升的动力……日本是一个贫困的国家，同世界各个国家比较，日本消费和投资的潜力非常大。可是，同战后特定的时期比较，这种需要的强烈程度开始明显下降。

“毕竟，如今已经不是战后了。”后藤誉之助引用了中野好夫的这句话，然后说道，“今天，我们面临着不同的情况。经济恢复时期已经结束，以后经济的增长需要现代化来支撑，而发展现代化，则需要经济高速且稳步增长。”

在后藤誉之助看来，现代化是日本未来的必由之路，路上会遇到种种艰难险阻。他曾说：“对于新事物的接受，常常会有很大的阻力。我们可以感觉到，现代化的发展好像会比经济落后时期面临更多的矛盾。中小企业、劳动者和农业之间有着各种各样的矛盾，长远来看，这些必须通过发展经济来解决。假如把发展现代化定位成日本发展国民经济的唯一途径，那么日本人民就不得不发挥他们在发展国民经济中应该拿出来的勇气和力量。”

自从明治维新以来，日本就踏上了现代化的征程。虽然日本的现代化取得了辉煌成就，但是后来却走上了军国主义的歧路，日本民族一度险遭灭顶之灾。作为经历过战争的经济学家，后藤誉之助和同时代的知识人一样，对于日本走过的道路有深刻反思。他把一代人的沉痛反思都凝聚成笔下的文字：

> 现代化是一种自我改革的过程。改革中必然存在着痛苦。明治初期，我们的前人实行了改革，把日本从一个落后的农业国家改革成亚洲地区先进的工业国家。后来，日本经济并没有再一次进行大的改革。于是人们害怕自我改革的痛苦，逃避这种变化，企图通过改变外部条件来实现经济发展，结果出现了膨胀的军国主义势力。

当时国际形势也出现了难得的缓和局面。美国的艾森豪威尔总统提出“寻找使生活更加安全和幸福的基础”，在日内瓦举行了几国首脑会谈，各先进工业国增强了对在和平环境中也能实现繁荣的信心。赫鲁晓夫出任苏联最高领导人后，调整对外政策，提出“三和路线”（和平过渡、和平竞赛、和平共处）。世界上两种体制的对立，从核武器竞争转变为和平竞赛。

“那么什么是和平竞赛呢？”后藤誉之助自问自答道，“就是经济增长率的竞争，也是提高生产率的竞争……我们必须让日本置身于技术日新月异的世界经济以及不断变化的世界环境之中。如果不重视这一点，我们和先进国家的发展及技术水平的距离会越来越远，会逐渐丧失相对于那些长期计划发展本国工业的落后国家的优势……必须要努力追赶世界技术革新的大浪潮，进行新型的国家建设。”

1956 年 7 月，后藤誉之助执笔的经济白皮书正式发布。在日本历史上，这是颇负盛名的一本白皮书，因为它恰当地运用创造性的警句，具有宣传鼓动之力。吉田茂在撰写《激荡的百年史》时，也大段引用其内容。“已经不是战后了”成为一句名言，广为流传。它不仅成为日本与战败后经济苦难的诀别，激励民众从失魂落魄中走出来，也引起了民众的共鸣，使他们下定决心追求新生活。它预告了时代的转换。

1956 年 12 月，联合国大会一致通过决议，接纳日本为会员国。至此，在战后的第十一个年头，日本终于彻底实现了独立主权，重返国际舞台。就在这一年的年底，一艘被命名为“宗谷”的科学探测破冰船，从东京晴海码头起锚，驶向南极。在万众欢腾的热浪中，这艘巨轮迎风出海。这是一个绝妙的时代暗喻，昭示着这个历尽磨难的民族又回到了世界的怀抱。日本开始起飞了……

朝日茂：保障国民有尊严地生活是国家的责任

朝日茂的一生充满了悲剧，但是他坚持不懈地进行诉讼，极大地促进了福利标准金额的提高和社会保障制度的发展。这件事更大的意义在于，日本国民的权利意识得到了增强。《日本国宪法》第二十五条不再是一纸空文，社会保障是国家责任的观念开始在社会上扎根。

1957 年 8 月 12 日，一个病人把厚生大臣告上了法庭。尽管战后“民告官”的案件并不少见，但是本案因推动宪法落地而被载入了日本历史。

起诉者名叫朝日茂，是一位肺结核病人。自 1942 年起，29 岁的朝日茂就入住冈山县的国立冈山疗养院。在那个时代，肺结核属于绝症，患此病的人不能劳动，只能静养。等到战争结束，作为战败国，日本陷入极度贫困中，许多国民生活困难，需要救济，否则难以生存下去。为此，1946 年政府颁布了《生活保护法》，明确规定“国家对于生活贫困的所有国民，根据其贫困的程度，给予必要的保护，提供最低限度的生活保障，以达到促进其生活自立的目的”。

1947 年实施新宪法后，在美国的建议与推动下，日本开始逐步建立社会保障体制。随后制定的《儿童福利法》和《残疾人福利法》，与 1950 年修正后的《生活保护法》一起组成“福利三法”。由于当时国家的财政状况紧张，所以对于享受“生活保护”的人员的确定仍然是以贫困为先决条件的。朝日茂住院期间无任何收入，根据《生活保护法》的规定，他可以享有全额免费医疗，另外每月可以获得 600 日元的生活补助。按照当时的生活水平，这笔补助只能支付两年一件衬衣、一年一条内裤和每月一包卫生纸的费用。对朝日茂这个严重的肺结核患者来说，每月 600 日元根本不足以补充营养。

时光流逝，痛苦而拮据的生活平静地过去了好几年。1956 年 7 月，朝日茂欣喜地得知，冈山县社会福祉事务所找到了他失散多年的哥哥。哥哥答应事务所的要求，每月给予弟弟 1 500 日元作为生活费。但是朝日茂很快又转喜为忧。因为社会福祉事务所认为，这 1 500 日元属于收入，可以交给朝日茂 600 日元作为日用品费，但是其余款项要交给事务所，作为每月的医疗费用。

朝日茂认为这是非常不人道的规定。他后来在手记《人间裁判》里这样写道：“人在病情最严重的时候，也就是挣扎在死亡线边缘的时候，（政府对我说）就靠 600 日元活下去吧，你不能再花更多的钱了。这不是太残酷了吗？政府难道不能认可哥哥好不容易送给我的钱中有 400 日元可以作为营养费吗？为了活下去，我为什么不能使用 600 日元以上的钱呢？”于是，朝日茂分别向冈山县知事和厚生大臣提出申请和申诉，但均被驳回。

1957年8月12日，朝日茂以厚生大臣为被告，向东京地方法院起诉，要求法院撤销厚生省做出的驳回决定。朝日茂的理由是，每月600日元的标准违犯了《日本国宪法》第二十五条。原来，这部十年前开始实施的新宪法的第二十五条“生存权，国家社会性使命”明确规定：全体国民都享有健康和文化的最低限度的生活的权利。

很多人没有注意到，这条规定具有革命意义。因为1890年开始实施的《大日本帝国宪法》的核心是“天皇主权”，“天皇为国家的元首，总揽统治权力”，所有国民都是天皇的臣民。但是新宪法改变了国家与民众的关系，将天皇变为“日本国民整体的象征”，规定国家主权归全体国民所有，国家存在的目的就是为民众服务，于是顺理成章地提出“生存权”。这意味着国家从压制个人权利的“统治者”，变成了应公民要求而行事的“奉事者”。国家应该直接向国民提供实现人权的条件，积极消除障碍。因此，《日本国宪法》第二十五条第二项要求，“国家必须在生活的一切方面为提高和增进社会福利、社会保障以及公共卫生而努力”。

当时人们普遍认为，这一规定仅仅是对国家政治责任和道德责任的陈述，而不是权利的保障。而朝日茂认为，《生活保护法》是根据《日本国宪法》第二十五条的理念而制定的，保障“最低限度的生活”并非来自国家的恩惠，而是强制要求国家必须承担义务。每月600日元的生活补助，不能保证《日本国宪法》第二十五条所规定的国民的“健康和文化的最低限度的生活的权利”，不能保障病人有尊严地生活。厚生省在“提高和增进社会福利、社会保障以及公共卫生”方面没有尽到责任，违犯了宪法。但是厚生省认为，如何认定“健康和文化的最低限度的生活”，属于行政自由裁量权，法院对这一问题的审查是对行政权的不当干涉。

这是日本第一起具有代表性的有关生存权的独立诉讼案件，引起了社会各界的高度关注。朝日茂在咯血的同时，独自一人对抗当局，这种魄力打动了很多人。这场涉及人的生命权的审判被称为“人性的审判”。虽然每个人都认为生活保护费过低，但是没有一个人为此斗争过。《日本国宪法》第十二条规定，“受本宪法保障的国民的自由与权利，国民必须以不断的努力保持之”。朝日茂不正是维护宪法的勇者吗？在朝日茂精神的感召下，全日本掀起了一场支持朝日茂诉讼的运动。

东京地方法院受理了这一案件，经过19次审查，最终在1960年10月19日做出了一审判决。法院认为，作为基本人权，《日本国宪法》第二十五条是对保障生存权的规定，要求国家权力积极作为，保障国民过上有人性和尊严的生活。国家所实行的保护贫困者生活的《生活保护法》，是落实《日本国宪法》第二十五条规定的具体化法律，也是国民应该享有的要求国家保障健康和文化的最低限度的生活的权利。至于什么是新宪法规定的“健康和文化的最低限度的生活”，这一标准并不属于行政自由裁量权，行政机关不能做出妨碍这一生活的任何处理。据此，东京地方法院判决：厚生大臣的行政处分违反了宪法第二十五条规定的精神，朝日茂胜诉。

法院的判决让政府非常震惊，第二年就将福利标准提高了30%以上，此后不断提高。更重要的是，此案赋予新宪法第二十五条以崭新的规范性意义，正如一位法学家所指出的那样，“当国家违反努力实现公民生存权的职责，做出妨碍公民实现生存权的行为之时，这样的行为必须是无效的”。此案不仅引起了法学界的广泛争论，而且激发了全国民众要求改进社会保障政策、提高生活保护水准的热潮。

此时，日本已从战败的阴影里走出来，进入经济高速增长期，国家财政稳步增长。在广大国民的压力下，执政的自民党既重视经济发展，又注重完善社会保障制度及福利制度。在1950年中期，日本就相继实施开征国民健康保险费、建立保险准备金贷款及安排国库经费专项补助制度等一系列措施，使国民健康保险制度得以建立。1959年日本国会通过了《国民年金法》，强制20岁至60岁的国民缴纳一定年限的保险费（国家承担养老金总费用的三分之一，从2010年开始提高到了二分之一），年满60岁以后就可以领取养老金。没有能力加入国民年金的国民，费用全部由国家负担。这样一来，就构筑起了社会保障制度的基础。

1960年7月池田勇人内阁成立以后，在“充实社会保障、完善社会经济资本”的口号下，日本加快了完善社会保障制度和社会福利制度的步伐。《日本国宪法》第二十五条提出的社会保障理想是“全民保险、全民养老”。经过不懈的努力，在朝日茂胜诉的第二年，也就是1961年，日本终于初步建立起“全民保险、全民养老”的框架，把全体国民都纳入社会保险的体制之中。过去以“救贫”“家族扶养优先”为基本内容的社会保障制度被废弃，每个国民不再受经济条件和家庭状况的限制，开始平等地接受国家救济。

由于民众没有了后顾之忧，敢于消费，所以日本迎来了一个“大众消费”的时代，1959年的经济白皮书还提出了“消费革命”。以前普通家庭把缝纫机、自行车、电风扇视为必备的“三大神器”，后来“三大神器”换成了电视机、洗衣机、冰箱，再后来又变成小轿车、电视机、空调。消费又刺激了生产，使日本经济进入良性发展的轨道。

不过，朝日茂的案件并没有结束。厚生省不服一审判决，于是以检察官为诉讼代理人，向东京高等法院提起上诉。东京高等法院认为，法院对这一问题可以进行审查，现行标准虽“很低，但现实不能认为不当”,600日元并不违法。1963年11月，东京高等法院做出二审判决，厚生大臣胜诉。

已经51岁的朝日茂不服，1964年1月又上诉日本最高法院。不幸的是，一个月后他就去世了，身无长物，只留下一卷手记《人间裁判》。他的养子夫妇继续提起诉讼。在1967年5月24日做出的终审判决中，最高法院指出，宪法第二十五条的规定是赋予个人享有的接受保护权，不可让渡于他人。因此最高法院以“保护受给权不能继承”为由，驳回其上诉，终止审理。至此，经过两次行政申诉和三次司法诉讼之后，这桩持续10年之久的案件，最后因朝日茂的死亡而终结。

朝日茂的一生充满了悲剧，但是他坚持不懈地进行诉讼，极大地促进了福利标准金额的提高和社会保障制度的发展。这件事更大的意义在于，日本国民的权利意识得到了增强。《日本国宪法》第二十五条不再是一纸空文，社会保障是国家责任的观念开始在社会上扎根。在各方力量的推动下，日本在经济高速增长的同时，积极建设福利国家。1973年，也就是在朝日茂去世9年后，日本终于迈入了福利国家的行列。

朝日茂诉讼案成为一个经典案例。在很长一段时间里，日本教育部审定的小学、初中的社会课本中，在提出尊重基本人权的问题时，都会提到这一诉讼案。即使到了今天，这个案例仍然收录在高中的教科书中，让学生们了解朝日茂为维护宪法规定的权利而斗争的故事。在本州的冈山县，至今还矗立着一座纪念碑。常常会有人来到这里，凭吊和缅怀朝日茂，仰望纪念碑，默念碑上写的文字：

接触到朝日茂先生内在的那种浴血奋斗的精神、鲜明热烈的生活态度、大胆的思想、富于人性的处事风格、温情的气息等细节，生活在现代的每个人都会感受到面向未来的希望和激励。

松下幸之助：一个企业家和一个国家的转型

战后是日本企业家群体崛起的时代，松下幸之助因为拥有深刻的思想愿景和深厚的人类关怀，而成为日本最伟大的企业家之一。

战争一结束，聚集在避暑胜地轻井泽的企业家们就打开香槟酒，举杯庆祝。他们兴奋而骄傲地说："我们实业家的时代来临了！"

然而，对于身处大阪的企业家松下幸之助来说，从日本无条件投降的那一天起，他的企业就陷入了困境。经过37年的奋斗，松下电器在国内外已经拥有67家工厂，员工超过2.6万人。可是战争一结束，国内工厂突然都停工了，位于朝鲜、中国台湾地区的工厂也全部被当地政府接收，企业背负上亿日元的债务。未来该怎么办呢？

松下幸之助把公司的领导层召集起来，宣布企业立即由生产军需品转变为生产民生必需品。他说："面临20世纪最大的变革时期，我们松下电器要迅速恢复和平产业，勇敢地跨出建设日本的第一步。”由此，松下电器开始了艰难转型。也正是在这个过程中，松下幸之助成长为一个具有国际声望的企业家。

这是一个企业家的故事，也是一个国家重生的缩影。

一、前世

1894年，也就是甲午战争爆发的那一年，松下幸之助出生在一个小地主家庭。那场战争让日本国势大增，为了促进经济进步，全国掀起经营企业的热潮。松下幸之助的父亲想赶上潮流，参与米谷交易所的投机生意，结果赔光家产，只好开木屐店谋生。后来木屐店也关了门，年仅9岁的松下幸之助被送到大阪市当学徒。

结束7年的学徒生涯之后，松下幸之助又做了7年公司员工。这时正值第一次世界大战，战争阻隔了欧洲贸易商与亚洲的联系，给日本带来了意想不到的繁荣。工业生产连续保持每年30%的高速增长率，出口也大幅增加，日本经济和社会迅速发展。与高压、沉闷的明治晚期不同，大正时代的社会氛围宽松而活跃，整个国家焕发出积极向上的气氛。电动机取代蒸汽机，电灯从城市普及到农村，电气化的浪潮遍及国民生活。26岁的松下幸之助就在这样的时代背景下辞职创业，开办“松下电气器具制作所”。

创业维艰，作为一个小学没有毕业的创业者，松下幸之助面对的挑战更多、更艰巨。第一次世界大战结束后不久，日本经济就陷入不景气，1923年又发生了关东大地震，许多企业纷纷倒闭。松下幸之助身体瘦弱多病，但是意志坚强，具有“石头上坐三年”的韧性。他不仅热爱钻研技术问题，勇于不断革新产品，还深入研究经营方法，进行销售方式创新。有人形象地说：“敲击松下幸之助这个人的任何部位，弹回来的都是经营的响声。”经历过研发失败、营销不利、负债、金融恐慌等各种磨难，他的企业不断壮大，生产的电灯、电池畅销全日本，成为产业界的一颗新星。

与中国一样，日本历史上也是等级森严的，在“士农工商”四个等级中，武士排在首位，商人排在末位。虽然经过明治维新，商人的地位有所提高，但是仍然被社会排斥。可是，松下幸之助逐渐领悟到，自己所从事的生产经营是“一种神圣的事业”。在他看来，生产人们的生活必需品，就是消除贫困、创造财富的事业。由此，他总结出独特的“自来水哲学”：

生产者的使命，就是要把物质生活变得如自来水一般无限丰富。无论多贵重的东西，只要把量增多，价格便会低到几乎等于免费。只有做到这样的地步，贫困才可以消除，因贫困而产生的烦恼，也会消失得无影无踪。生活的苦闷，更会减少到零。以物质作为中心的乐园，再加上宗教的力量，获得精神的寄托，人生就可以无忧无虑、逍遥自在了。

不管是个人还是组织，只要确立崇高的目标，然后一步一步地踏实前进，就会取得成功。到1935年，“松下电气器具制作所”正式更名为“松下电器产业株式会社”，此时该公司旗下已经有九个子公司，员工达数千人。即使工厂开足马力生产，产品仍然供不应求，只好不断地建设新工厂。

当欧美各国还在经济大萧条的阴影里挣扎时，日本已经从经济萧条中恢复过来。1931—1934年，日本的工业产量增长了82%，对外输出也增长了近一倍。日本不仅是世界主要棉产品出口国，同时还出口各种各样其他的产品，包括玩具、轮胎、自行车等，此外一些简单的电器产品也大举进入美国和亚洲市场。因此，经济学家有泽广巳认为，日本在20世纪30年代的表现简直是“奇迹”。

高速发展给松下电器带来了机遇，但是日益猖獗的军国主义也让松下幸之助的前进道路笼罩了一层阴影。作为一个新崛起的企业家，他越来越感受到国家的压力。1937年“七七”事变爆发后，日本制定《国家总动员法》，劳动力、资金、原料、生产设备等被集中，形成了军需产业动员的体制。家用电器中，电热器、电风扇等被列为奢侈品而禁止生产，收音机、电灯泡、干电池等也受到种种限制。1939年开始实行从业人员的雇佣限制、物价统制，民生必需品的生产因此受到强烈影响。本来松下电器研制的电视机已经试验成功，原计划在1940年召开的东京奥林匹克运动会上投放，却由于奥运会取消而不得不停止生产。

日本的产业界迅即抹上了战时色彩。为了生存，松下幸之助也不得不一边极力维持民需生产，一边协助军需生产，接受武器组件的订单。珍珠港事件后，以前生产电灯泡、插座的工厂陆续转向军需生产。除了军用无线电设备和特殊电池外，松下电器甚至参与制造船只和飞机。战争也制造了虚假繁荣，松下电器变成了一个拥有67家工厂的军需公司。

松下幸之助并没有把军部当作自己的客户，而是认为自己在为国家服务，产业报国。当战争突然停止时，松下幸之助发现，国已不国，自己面临“20 世纪最大的变革时期”。

二、至暗时刻

战后的危机远比松下幸之助预想的要严重得多，转型的艰难也远超他的想象。

美国占领政策的目标是，彻底瓦解日本军国主义的基础，实现非军事化，那些虽然不属于军方但支持战争的企业也在打击范围之内。所有超过一个完全的非军事化国家所需要的剩余工业生产能力，都被宣布用于赔偿日本曾经掠夺的国家。因此，日本相当一部分工业设备遭到拆迁，被装载上船，运往亚洲那些受害国。松下电器则收到一道禁止进行生产活动的强硬命令，因为盟军总司令部担心它继续生产军用飞机和炮弹。因此，松下幸之助尽快重开民用品生产的希望落空，公司员工纷纷离去。虽然两个多月后，松下电器终于被允许制造收音机、电视机、烤箱、灯泡等少量的民用品，但是由于原材料和设备不足、效率低下，所以产量无法如期恢复。艰难之时，松下幸之助却立下了豪迈的发展目标：“即使仅生产一种产品，也要将知识、技术、经营打造为世界第一，产量则以供给全世界十分之一的需求为目标。”

松下幸之助还下令实行八小时工作制等制度，支持建立工会。这些措施合乎时代要求，因为“鼓励组织工会”是盟军总司令部提出的“五大改革”指令之一。1945 年 12 月，日本政府制定《工会法》，首次以法律形式确保了工人的团结权、集体谈判权和集体行动权等三项劳动基本权。然而，随后盟军总司令部发布的解散财阀的命令，让松下幸之助狼狈不堪。

在盟军总司令部看来，财阀是日本走上军国主义邪路的推动力量，必须清除财阀对产业的控制力，实现经济民主化，才能避免军国主义复活。1945 年 11 月，盟军总司令部颁布《财阀解散指令》，冻结了三井、三菱、住友、安田等 15 家大财阀的资产。那些在轻井泽喝香槟酒庆祝战争结束的企业家再也高兴不起来了，因为他们几乎都成为制裁对象。让松下幸之助没有想到的是，松下电器在第二年也被指定为财阀，成为“限制公司”，一切和公司有关的资产都被冻结。松下幸之助本人的资产也遭到冻结，生活费被限制为公务员的工资水平。买米的钱必须精打细算，所雇厨师的薪水也必须上报，“一社之长”的体面生活无法维持，只好被迫向朋友借钱维持日常生活。

晚年在写自传时，松下幸之助对此仍然耿耿于怀：“我认为这项指控莫名其妙。我并不是财阀，虽然在战争期间我有股份的公司有 30 多家，但就规模而言，把这些子公司全部加起来还不及其他财阀的一家子公司。”因此，在随后的 4 年时间里，松下幸之助 50 多次去东京盟军总司令部，不断提出抗议。他始终坚持自己的主张：“松下电器是我这一代人白手起家建立起来的，不过 20 多年的历史。换句话说，等于一家扩大的普通电器厂而已，跟经过几代的大财阀的情形不同。平时的营业项目，属于和平用途的家电产品。过去在军方的要求下参加军需工业，但也为此举债，成为战争受害人。被指定为财阀完全错误，必须加以纠正。”

其他财阀公司的负责人按照规定陆续辞职，只有松下幸之助坚持不辞职。盟军总司令部命令驱逐以他为首的常务董事以上的重要干部，理由是松下电器以前是军需工厂，领导层要被追究责任，不允许他们再插手公司的经营。新成立的松下电器工会挺身而出，派代表到东京向盟军总司令部递交请愿书，要求解除这一指令。在那个左翼运动风起云涌的时代，工会与企业家关系紧张是常态，工会为经营者请愿的事情是非常罕见的。

在各方面的努力下，驱逐令解除，不过作为“限制公司”，松下电器旗下的 32 个子公司必须分离独立，公司员工从战后的 1.5 万人降到 8 000 人，就连当初一起创业的松下幸之助的妻弟也离开了。由于通货膨胀，原材料价格不断上涨，但是产品却要按规定的价格出售，生产越多，赤字越大，工厂被迫实行半日生产。松下幸之助不得不卖掉部分厂房和土地，苦苦支撑。后来，工人的工资改为分期支付，奖金也没有了。但松下幸之助仍然咬紧牙关，绞尽脑汁地坚持着。

在艰难困苦中，松下电器迎来了 1949 年，也迎来了“道奇路线”。为了抑制战后的通货膨胀，使日本摆脱物价与工资轮番上涨的恶性循环，日本政府根据美国专家道奇的建议，实行严格的经济紧缩政策，使获取维持企业生产的资金更加困难，电器行业的工厂纷纷倒闭。已经负债超过 10 亿日元的松下电器，产品卖不出去，经营上陷入了困境。

有一天，松下幸之助打开自己生产的收音机，收音机正好播送着一条消息：“松下电器不缴产品税，已成为日本最大的拖欠税款大王。”第二天的报纸上也都以大字标题登出了“拖欠税款大王”的消息。一筹莫展的松下幸之助平生第一次气馁了。

在人生的至暗时刻，他问自己："在这种情况下，是不是最好解散松下电器？"

三、理想

就在公司艰难求生之际，松下幸之助却做出了一个令所有人都难以理解的决定。1946 年 11 月，公司成立 PHP（Peace and Happiness through Prosperity 的缩写，意思是'让繁荣带来和平与幸福"）研究所。这个研究所的任务，就是研究如何通过推动经济繁荣实现世界的和平与幸福。

一个每天都在为企业生死而发愁的企业家，为什么要建立这样一个与企业没有什么关系的研究机构呢？但这不是心血来潮，而是松下幸之助认真反思的结果。战前，松下幸之助认为，企业进行经营活动要把为国家效力和造福全体国民联系在一起。在战争开始后，他不认为自己是在为军部服务，而是在为国家服务。当国家处于非常时期时，作为国民应当抛弃私利为国效劳，作为企业家应把开展企业活动当作报国的责任。战后松下幸之助痛定思痛，常常扪心自问：自己究竟做了些什么？一贯坚持的"产业报国精神"难道真的不对吗？

松下幸之助不得不承认，自己所提倡的"产业报国精神"在客观上起了帮助国家扩大战争的作用，给国民带来巨大灾难。那么，为什么会爆发那样的战争呢？松下幸之助思考的结论是：无论企业怎样为国家效力，如果治理国家的人心术不正，国家就不可能走向繁荣。战争的爆发是由于政治家、企业家等领导者没有受过良好的精神教育。今后，为了日本的复兴，精神教育刻不容缓。

松下幸之助表示："作为人类与社会的一员，我必须思考和探索社会上的种种问题。"就是在这种观念的支配下，松下幸之助开始推动 PHP 运动，热情地鼓励国民振作精神。他希望通过这一运动，从根本上矫正社会的不良现象，立足于从人性和诚实正直的角度来思考良好社会应有的制度。其实这种思想很早就在这位企业家的头脑里萌芽了。

1932 年，松下幸之助在为企业员工演讲时，曾经描绘了一个以 250 年为期限的使命：把 250 年分成 10 个时间段，第一个时间段的 25 年分成 3 期，第一期的 10 年致力于建设，称为"建设时代"；第二期的 10 年继续建设，并努力开展活动，称为"活动时代"；第三期的 5 年，一边继续开展活动，一边把这些建设和活动的成果贡献于社会，称为"贡献时代"。第一个时间段以后的每 25 年，是下一代继续努力建设、活动、贡献的时代。如此一代一代传下去，直到第 10 个时间段之后，也就是 250 年以后，世间将不再有贫穷，而是变成一片"繁荣富庶的乐土"。

这个规划可以说是绝无仅有的，不仅在企业界未有先例，就是那些赫赫有名的政治改革家，也没有这样宏伟的规划。这场战争导致松下幸之助的价值观转变，也让他早年的思想更加成熟，促使他加快行动。遗憾的是，当时很少有人理解他的良苦用心。1947 年 4 月，PHP 研究所发行了第一期杂志，刊名就是《PHP》。那时，日本处于占领军的管理之下，纸张奇缺，松下幸之助仍想方设法筹借，共印了 10 万册。结果几乎都没卖出去，因为读者不理解这是什么杂志。因此有人提议，将 PHP 改为日语的“繁荣”。但是，松下幸之助却非常固执，寸步不让，坚持叫 PHP 这个名字。他说：“不行，PHP 是世界通用语言，而日语的‘繁荣’一词怎么能在世界上通用呢？”

松下幸之助亲自担任 PHP 研究所的所长，参加讨论，每月在研究所发表一次演讲。他还在车站前散发广告传单，竖起写有“来参加 PHP 运动”标语的牌子，但是他的演讲难以吸引大众的关注。彼时人们还在为生活而奔波，抱怨说“今天吃饭都有问题，还管什么 PHP”。松下幸之助仍然热情地坚持下去。他还接受各地的工商协会、银行、公司、政府、大学、法院等机构的邀请，以孜孜不倦的热情发表演讲。仅在 1947 年这一年里，他就进行了 107 次演讲活动，平均每三天一次。难怪有人说，与其说松下幸之助是企业家，不如说他是一个专门进行精神教育的讲师。

战后一些“进步知识人”倡导对战争责任进行反思，在日本社会掀起了新一轮的思想启蒙运动。企业家很少参与，松下幸之助是这个群体中的一个异数。他像一个民间思想家，以通俗易懂的语言向人们阐述走向繁荣的根本之道。他指出：“作为民主主义国家，最重要的是培养国民符合民主主义的健全见识。否则社会将陷入无政府主义，说不定会发生无法收拾的混乱状态。因此，大家对社会和人生要形成良好见识。有了良好见识，民主主义的鲜花才能怒放。”尽管他和知识阶层来往很少，但是在社会启蒙上却与这一阶层不谋而合，共同推动日本向着现代民主国家转型。

“卒然临之而不惊，无故加之而不怒。此其所挟持者甚大，而其志甚远也。”当其他财阀的领头人被解除公职、从一线销声匿迹之时，唯有松下幸之助没有茫然失措，而是积极行动，以自己的方式推动思想启蒙，堪称有“大勇”者。一个人的思想深度，决定事业的长度。战后是日本企业家群体崛起的时代，松下幸之助因为拥有深刻的思想愿景和深厚的人类关怀，而成为日本最伟大的企业家之一。

坚持耕耘，必有收获。到1969年，《PHP》杂志销量突破100万册，成为日本月刊中的第一名，翌年还出版英文版。松下幸之助的思想开始走向世界。

四、走向世界

“朝鲜的风暴已在我们身边呼啸，”松下幸之助说，“我们又可以得到勤奋工作的欢欣了。”

1950年7月，松下幸之助向职工发表演讲，介绍国际形势。当时朝鲜战争刚刚爆发不久。在此前的一年里，日本的国际环境发生了巨变。由于冷战，美国对日经济政策发生转变，将当初严格的限制方针改为促进经济复兴和自立。“解散财阀”与“限制公司”的指令相继被解除，松下电器终于能够自由地开展企业活动了。

朝鲜战争爆发后，美方向日本订购大量物资，沉在谷底的日本企业突然恢复了生机。松下电器接到了蜂拥而来的订单，刚刚生产出来的产品马上就被提走，工人从原来只上半天班变为不得不加班。1950年上半年，松下电器的产品销售额为9.8亿日元，到了下半年增至17.2亿日元，几乎是原来的两倍。公司摆脱了过去的赤字状况，不仅补缴了拖欠的产品税，还进行了战后的首次股票分红。

有人说，假如没有朝鲜战争，日本经济就不可能恢复和起飞。其实，战后的民主改革和经济结构调整，才是日本经济起飞的根本原因。以松下电器来说，此前它已经完成机构改革，成为一个现代化的企业组织，突然爆发的朝鲜战争只是让它的起飞时刻提前到来而已。事实上，朝鲜战争开始后的一年里，松下电器的战争特需收入约达 4 亿日元，只占当年总销售额的十分之一。假如没有这场战争，松下电器也会起飞。

战后的五年犹如一条黑暗的隧道，现在，穿过这条隧道，展现在松下幸之助眼前的是一个无限光明的新天地。但是他清醒地认识到，战争引发的需求终归是特殊需求，不能只满足于眼前的利益。他开始着眼于世界，在公司的经营方针发布会上，他指出：

在这令人苦恼的五年里，最大的收获是日本人人性的觉醒。我们日本人的视野开阔了，大门向世界打开了，终于感到了作为世界人的正义感，注意到了要谋求世界的新秩序。现在我们作为世界的经济人，除了要继续发扬日本民族的优良传统外，还必须进行世界的经济活动。既然从事世界性的工作，作为世界人类的一员，就要认清人类的使命，把握人生的真谛，在这种自我觉醒的基础上，期望重新讨论研究我们公司经营的问题。

1951 年 1 月，松下幸之助第一次出访美国。他目睹了美国的富裕与强大，特别是亲眼看到了充满活力的繁荣社会，切身感受到了民主主义的气息。最宝贵的是，他理解了“只有少数人有钱的国家是不行的。只有那些大众都成了有钱人的国家，才会有真正的繁荣”。由此，松下幸之助发现了一种新的经营哲学：工人收入增加，消费就要增加，工人获得的利益最终会变成企业和全社会的利益。

松下电器的员工发现，从美国考察归来的松下幸之助变了。以前，他平时并不注意仪表，发型一直是战争期间的小平头，现在却把头发留长了，梳理整齐，颇为潇洒。松下幸之助将自己的心得告诉公司员工，他表示“民主主义就是繁荣主义”，“民主主义是人类主义，是使人类完美地生活下去的主义。从那里会产生什么？会产生繁荣。为何这么说呢？因为在民主主义下，每个人的智慧和才能可以最大限度地发挥出来，因为这与只由一个人统治的独裁主义不同，很多人的智慧能够综合地发挥出来。这才是达到繁荣的最可靠之路”，“引进美国的长处，活用其优点，日本必将变得十分进步和繁荣”。

随着经济复苏，日本迎来了家庭电气化时代，松下电器再次成为时代的先锋。它生产的电视机、洗衣机和冰箱被称为“三大神器”，成为普通家庭追求的必备品，改变了人们的生活。松下幸之助建设了具有世界水准的工厂群，大量生产各种新产品。1956 年日本正式加入联合国，从而为日本企业打开了走向世界的通道。松下电器一方面为国内生产者提供消费品，另一方面全面输出自己的产品。但是松下幸之助始终坚持一个原则，那就是绝不为了贪图扩大海外市场而以不合理的价格进行“流血外销”。同时，他也反对政府搞贸易保护政策，主张自由贸易。就这样，松下电器在与全世界的同行业制造商的竞争中不断壮大自己。

1964 年 9 月，在东京奥运会开幕前，美国的《生活》杂志制作了松下幸之助与其事业的专集。这本蜚声世界的杂志给予松下幸之助五个头衔：企业家、改革者、思想家、杂志发行者、畅销书作者。它如此评价道：

松下的企业帝国，从电视机到电热毯，几乎所有电器产品都制造。由于松下把自动炊具和冰箱送到了以前不知道这些东西的人手中，所以成为日本新的富足的象征，成为国民的偶像。

他确实是“国民的偶像”。《每日新闻》在年轻人中进行“谁是你最尊敬的人”的民意调查，松下幸之助获得最多票数，超过当时的首相池田勇人和获得诺贝尔物理学奖的科学家汤川秀树。

1962 年登上美国《时代》杂志封面，现在又被《生活》杂志专集报道，松下幸之助一跃成为世界知名的企业家。按照惯例，松下幸之助出席了《生活》杂志四十周年庆祝大会。当主持人介绍到他时，2 000 多人的会场里响起了暴风雨般的掌声，这是尊敬、赞赏和激励的掌声。68 岁的松下幸之助站起来，谦虚地点头致意。在他背后，松下电器作为一个世界品牌，是一个年销售额超过 1 000 亿日元、职工达 25 000 人的电器王国。而在松下电器背后，则是一个正在起飞的新国家，一个拥有全新价值观的新国家。

正力松太郎：把日本引入“电视时代”

成就这样的奇迹，固然需要调动技术力量、经济实力和政治资源的巨大能力，但更需要对新生事业的洞见和信心，以及坚持不懈的努力。正力松太郎创立日本第一家民营电视台的经过，是一个充满洞见、勇气和顽强追求的故事。在这个故事里，也隐藏着日本战后崛起的秘密。

从东京火车站出发，向西北方向步行十几分钟，就来到世界上发行量最大的报纸《读卖新闻》的总部大楼。据说，这座高200米的新闻大楼具有世界最高的防震防灾水平，即使有重大灾害发生，也不会影响报纸的发行。在一楼大堂的角落里，可以看到一座青铜像：一个秃顶的男人戴着一副厚厚的圆框眼镜，正埋头看着一份报纸。这个如猫头鹰一般的男人就是正力松太郎，一个非常具有争议性的人物，20世纪日本的台前幕后都有他的身影。

站在正力松太郎的青铜像面前，我想起他的生平，不禁感慨近代日本历史风云际会，造就诸多奇人。正力松太郎生长在富士山脚下，从东京帝国大学毕业后成为一名警察，因为破获数起大案要案，在东京警界名噪一时。然而，1923年，当时还是皇太子的昭和天皇在虎门遇袭，时任警视厅警务部长的正力松太郎不得不引咎辞职，告别警界。他转身进入媒体行业，收购《读卖新闻》，在数年之间就把这份民众小报发展成畅销报纸。到1937年，《读卖新闻》以88万份的年销量名列东京报业之首。

《读卖新闻》在战争期间充当鼓吹侵略的宣传工具，正力松太郎本人也在政界担任大政翼赞会总务、内阁顾问，因此战后被列为战犯。尽管不久后他被免于追究刑事责任，从巢鸭监狱释放出来，但是仍被褫夺公职，直到1952年才恢复《读卖新闻》社长职务。谁能够想到，这位67岁的老人再度创业，以惊人的预见能力和坚定的信心创办日本电视台，将日本引入"电视时代"。

美军占领日本后不久，美国就发表对日政策，其中提到以后可以发展电视行业，但并没有具体措施。为了推行民主改革，盟军总司令部支持成立广播电台，但对于电视行业并不热心。政府也没有能力发展电视行业，因为当时日本在经济上处于瘫痪状态，首要的任务是恢复生产，解决国民的衣食住行问题。最早提议在日本设立电视台的，是美国人德·福雷斯特博士。这位美国电信技术界的元老怀着把电视移植到日本的雄心，找到有声电影研究家皆川芳造磋商，皆川芳造又找到著名财阀鲇川义介商议。由于战后财阀被解散，鲇川义介也无能为力，但他推荐说，正力松太郎是在日本发展电视行业的最佳人选。于是，一个历史性机会就这样落在了正力松太郎身上。

当时正力松太郎被褫夺公职，没有行动自由，不能公开参与社会活动。随着冷战爆发，占领政策从最初的非军事化、民主化转向支持日本复兴和独立，出现了被一些历史学家称为“逆行路线”的调整措施。德·福雷斯特认为这是一个难得的机会，就到盟军总司令部活动，可是盟军总司令部的专家说：“电视行业在美国才刚刚兴起，对于一个非常穷困的战败国来说，是根本没有办法考虑的。”麦克阿瑟本人也不肯高抬贵手。他对德·福雷斯特表示，电视机还是奢侈品，不能为这种事业提供美元贷款，况且正力松太郎是公职褫夺令所涉及的人物，不能让他成为电视企业家。作为盟军总司令，麦克阿瑟一言九鼎，因此这条路被堵死了。

在被限制自由的情况下，正力松太郎认定，未来电视行业一定大有前途，于是他积极运作。他和美国朋友共同发表了对发展日本电视事业的构想：“资本 10 亿日元，另外再以 10 亿日元的借款购买美国的技术和设施。第一期预定于 1952 年尽早向以东京为中心，半径 80 公里内的地域范围发出电波，为初期普及之用。从美国进口 1 000 台电视接收机，作为‘教育用资料’免税进口。”这个计划一公布，立即引起人们的反对，日本广播协会也对其进行质疑和嘲笑。日本广播协会是一个类似英国广播公司（BBC）的特殊公共媒体，总固定资本不过 16 亿多日元而已。难怪它断言，筹集 20 亿日元巨款是异想天开，“在五六年时间之内，日本根本不可能创办电视事业”。

正力松太郎不理睬这些反对意见，仍按照自己的计划顽强推进。随着盟军总司令部和日本政府在发展电视事业的问题上立场松动，1950 年 10 月，正力松太郎正式申请创办民营的日本电视台，却又遭到日本广播协会的阻挠和打压。作为一个独立于商业资本的特殊机构，日本广播协会希望由自己垄断电视行业，反对发展民营电视。它游说国会议员和官僚，极力宣扬民营电视台将引发各种社会问题，声称美国与英国民营电视台的经营方式已经导致两国文化衰退。日本广播协会还联合日本广播工会、教育工会、全国电波工会等组织，大肆宣扬“即便搞民营电视台，也只能限于一个城市和地区，在全国普及电视的只能是日本广播协会”。

在日本建立怎样的电视系统的问题上，正力松太郎的主张也被日本广播协会大力攻击。当时日本还不能生产电视机，正力松太郎主张将美国的先进技术一举引进日本，尽早在日本建立民营电视系统。这种原封不动地引进美国技术的主张，遭到一直从事电视研究的日本专家们的集体反对。日本广播协会火上浇油，上纲上线地说：“电视台是公共广播机构，绝不容许‘卖国电视台’存在！”

当时申请创办电视台的，除了正力松太郎、日本广播协会之外，还有众多民营广播公司，竞争激烈。根据《广播法》，开办电视台的决定权在电波监督管理委员会手上。1952 年 1 月，这个非政府领导的独立行政委员会召开为期三天的听证会，讨论关于播放黑白电视机电波的标准方式的方案。以日本广播协会为首的所有其他申请者都主张 7 兆赫，只有代表正力松太郎的《读卖新闻》一家主张设定美国式的 6 兆赫，结果 6 兆赫的主张被通过。日本广播协会提出复议申请，电波监督管理委员会再次召开听证会，迟迟未能做出表决。

就在这期间，发生了一件戏剧性的事情，导致天平向正力松太郎倾斜。1952 年 4 月《日美安全保障条约》生效，吉田内阁决定取消非政府领导的独立行政委员会。日本政府向议会提交“7 月 31 日废除电波监督管理委员会”的法案，遭到参议院强烈反对，但是政府依靠执政党的优势，在 7 月 22 日强行通过。电波监督管理委员会被日本政府的强硬做法所激怒，决定在任期间行使自己的权力。于是，该委员会在 7 月 31 日，也就是其任期的最后一天深夜 11 点 40 分，决定给正力松太郎担任社长的日本电视台发放日本第一张开办电视台的预备执照，理由是“有利于实现电视民营化，有利于保障言论自由”。

正力松太郎“双喜临门”，因为不久后公职褫夺令也将被解除。获得自由后，他立即为建立民营电视台奔走。根据计划，开办电视台需要 20 亿日元。正力松太郎卖掉自己在《读卖新闻》拥有的部分股票，但是仍然远远不够。他希望得到日本政府对电视事业的支持。在他看来，电视不仅是娱乐工具，其更重要的使命是进行社会教育和政治教育，并为发展经济做贡献，政府理应支持。但是吉田茂首相表示：“搞电视没有问题，但电视机价钱昂贵，不能指望用政府的资金搞电视。”

既然政府不能给予支持，正力松太郎只好自筹资金。从电视信号发射技术上看，那时美国电视行业也才处于创办初期，电视业务还是赔本的生意。1953 年，14 英寸[①] 电视机的售价为 14.8 万日元，可谓“1 英寸 1 万日元”，只有富翁才买得起电视机。平民百姓根本不敢问津。没有人买电视机，就没有观众，没有观众该如何获得回报？这种投资的风险显然太大，因此许

① 1 英寸等于 2.54 厘米。

多人望而却步。正当山穷水尽之际，正力松太郎对电视事业的热情感动了大藏大臣池田勇人。池田勇人将商界大亨邀请到自己的官邸，极力游说。最终，正力松太郎筹集到了必需的资金，并在 1953 年 8 月 27 日正式取得电视台执照。

就在正力松太郎为资金和机器等问题奔走的时候，日本广播协会借助自己的雄厚资源，在电视业务中先行一步，1953 年 2 月 1 日首次播放电视节目。这给了正力松太郎巨大的压力，这位 68 岁的老人夜以继日地努力，日本电视台终于在半年之后的 8 月 28 日正式开业。

日本广播协会抢在日本电视台之前播放电视节目，只是想成为日本第一家播放节目的电视台，而并未指望能获得盈利。据统计，1953 年整个日本的电视机不到 1 万台。没有那么多电视机，企业当然不肯在电视上做广告。日本广播协会公布预算时，预计“第一年亏损额为 4 亿日元，第二年则将达到 5 亿日元”。正力松太郎认为，电视机售价的确很高，不可能像收音机那样在每个家庭迅速普及，但即便多数家庭没有电视机，也完全有可能使很多人看上电视。正力松太郎断言：“电视所具有的广告作用是巨大的，赞助商、广告商等定会接踵而至，不出一年，电视台便可扭亏为盈。”

正力松太郎在街头、公园、车站等人流往来之处，安放了电视机，供人们免费观看。这样的“露天电视场”有 220 处，每处可以容纳万人以上。电视上播放职业棒球比赛、相扑比赛、拳击比赛等节目，吸引人们纷纷驻足观看。就这样，尽管全日本只有数千台电视机，但电视观众却数以百万计。饭店、酒吧，乃至澡堂和理发店都竞相购置电视机，以招揽生意。在东京银座、新宿等大街上，凡备有电视机的店铺皆顾客盈门、生意兴隆，反之则店堂冷清、无人踏足。目光锐利、嗅觉灵敏的工商界马上意识到这是最好的广告宣传工具，争相到电视台做广告、提供赞助。节目开播仅半年，日本电视台便已开始获得盈利。

除了具有半官方背景的日本广播协会，以及完全民营的日本电视台之外，数十家民营电视台也相继成立。随着电视用户的数量呈指数级增长，电视机购买量激增，电视机的价格一路下降。松下电器于 1952 年末开始经销电视机，最初每台价格高达 23 万日元。到 1955 年，每台降到 7.3 万日元。彼时日本社会正处于繁荣局面，几乎所有行业的产品均供不应求。企业加班加点，工人工资提高，收入增加又带来了消费的扩大，从而更加促进了经济繁荣。电视机是经济繁荣的受益者，也是经济繁荣的助推力量，因为它的普及促进了电子工业的蓬勃发展，刺激了整个日本社会的购买欲望。电视机、洗衣机、冰箱一起被称为“三大神器”，开始走进普通家庭。

1958 年 12 月，东京塔的身影开始出现在东京人的视野里。这座高 332.6 米的电视塔是当时的世界第一高塔，比埃菲尔铁塔还要高 8.6 米。东京塔的落成和启用，象征着日本电视时代的到来。两年后，在正力松太郎的坚持下，日本电视台开始播送彩色电视节目，日本成为继美国之后世界上第二个开办彩色电视节目的国家。

在战后数年间，日本没有经过试验阶段，电视行业就飞速发展成为社会性行业。该行业没有被官方垄断，而是掌握在民间力量手中，从而成为推动日本社会转型的重要力量。成就这样的奇迹，固然需要调动技术力量、经济实力和政治资源的巨大能力，但更需要对新生事物的洞见和信心，以及坚持不懈的努力。正力松太郎的身上恰好集中了这些稀缺的品质。他借此走出战后的人生低谷，成就了辉煌事业，被誉为日本的“电视之父”。

作为一位活跃的社会活动家，正力松太郎还有“《读卖新闻》中兴之祖”“职业棒球之父”“核能之父”等称号，还曾担任北海道开发厅长官、科学技术厅第一任长官。他不是一个圣人，不管是战前还是战后，这位惊世之才的故事都充满冷血野心、狂妄自大，因此他饱受争议。但是在我看来，成就日本的电视事业，是他对日本最大的贡献。正力松太郎创立日本第一家民营电视台的过程，是一个充满洞见、勇气和顽强追求的故事。在这个故事里，也隐藏着日本战后崛起的秘密。

前田久吉：建造东京塔的梦想家

当时日本经济刚刚起飞，这座高耸入云的铁塔，带给日本人一个光明的精神象征。由于战败，日本人总是觉得自己在世界上缺乏存在感，高耸的东京塔大大提振了国民的信心。

我曾在东京生活四个月，常常搭乘地铁或公交车，漫无目的地在这个庞大的城市里闲逛。无论走到哪里，几乎都能够看到东京塔的身影。白天，这座红白相间的铁塔在蓝天下格外显眼；夜晚，绚丽的灯光让这座铁塔像一个美丽的梦。有时，我会想起日剧《东京灰姑娘》片头的一段经典台词：

午夜起风的时候，从东京塔的顶端会飘落下来不可思议的光。那道光会紧紧地抱住你，让你冻结的心感到温暖。

毫无疑问，东京塔已经成为日本首都的象征，也是日本民众心灵的寄托。一位日本朋友告诉我，当夜幕降临的时候，只要看到灯火璀璨的东京塔，就像看到家里玄关的灯光一样，心中不禁感到温暖而安心。但是，时光倒流，回到 1958 年 12 月 23 日，当人们第一次看到这座世界第一高塔的全貌时，只有错愕和惊讶。

1954 年以后，日本进入“神武景气”的繁荣期，每个日本人都感到幸福的日子正在来临。“三大神器”成为每个家庭追求的物品。尤其是电视机，迅速进入百姓家庭。电视节目需要强大的信号传输能力。日本广播协会、日本电视台、东京广播公司都有自己的信号塔，但是功率偏低，信号只能到达以东京市为中心半径 70 公里内的范围。邮电省无线电管理局局长认为，东京的无线电塔林立，会使城市景观退化，因此提出建立一座综合无线电塔，统一各台的无线电发射功能。不过，要想建造一座公共电视塔绝非易事，因为政府并没有这笔预算，而且协调各方利益更需要时间。然而，一位企业家很快就让这一设想变成了现实。

这位企业家，就是报界大亨前田久吉。前田久吉虽然只是小学毕业，但却是一位有激情和干劲的梦想家。少年时他是一个街头“卖报郎”，在 40 岁时创办了一份专门研究产业关系的报纸，成为大阪报业的王者。而后他来到东京创办《产经新闻》，该报跻身日本大报之列，他也实现了人生的梦想。战后，他担任产经新闻社的社长，而且当选为参议院议员。他一直热衷于广播事业，邮电省建造公共电视塔的设想激发了他的新梦想。这位年过六旬的老人联合另一位企业家鹿内信隆，一起为建设一座公共电视塔而奔走。

首先是选址。东京的上野公园、芝公园、新大谷，以及千叶县的鹿野山等地都是候选地，最后芝公园后边的小山包成为首选，因为此处地基牢固。芝公园周围是一个有故事的地方。公园旁边是德川将军的家庙增上寺，香火旺盛；山顶是一个叫红叶馆的交际厅，明治时代的精英阶层经常在那里宴请外国绅士，车水马龙。然而，战争改变了一切。增上寺大部分被摧毁，红叶馆也在空袭时被击中，繁华之地草木丛生，沦为一片废墟。在金融界的支持下，前田久吉获得了这块土地。

"要建就建世界最高的，否则就没有意义了。在科学技术相对发达的今天一定可以建成。"在规划东京塔时，前田久吉如是说。

1889 年埃菲尔铁塔建成时高度为 317 米，后来为了安装电视广播天线，在 20 世纪 50 年代初加高到 324 米。当时，世界第一高塔是美国亚特兰大的 WSB[①] 电视塔，高度为 327.6 米。为了成为世界第一，东京塔最终设计高度为 332.6 米。若以今天的标准来看，这个高度的铁塔没什么稀奇的，可是在日本刚刚从战争阴影中走出的 20 世纪 50 年代，前田久吉建设一个超过 300 米高的电视塔的雄心，是许多人不敢设想的。人们怀着各种各样的心情观望着，没有多少人对前田久吉有信心。唯有前田久吉不畏人言，为了资金、建筑材料等积极奔走。

1957 年 6 月 29 日，东京塔动工兴建。这样高的铁塔大约需要 4 000 吨钢铁，而且由于高度高、受风面积大，一定要用高质量的钢材。而当时的日本缺乏钢材，同时炼制钢材的强度和产量也比较落后。建设者们把目光投向了美军的报废坦克。

---

① WSB 是美国亚特兰大地区的首家电视新闻台。

朝鲜战争中，美军有大量坦克受损，战后如何处理成为问题。弃之可惜，回收成本又太高。这些坦克的钢材强度和质量远远高于日本自己产的钢材，而且非常容易加工，只需熔化坦克装甲，重新铸造即可。于是，报废的美国军用坦克被大量收购，处理后成为建筑材料，日本有不少的大型建筑和公共设备都在使用。东京塔大概有三分之一的材料也来自于此，而且大部分都集中在塔顶位置。

在当时，这种做法似乎有违“政治正确”。1952 年美军结束占领后，并没有退出日本，而是继续留在各地的军事基地，引发了各种反对声音。1955 年，应驻日美军的要求，日本政府决定扩大东京都立川市砂川町的“立川基地”，当地居民组成反抗同盟，阻止政府征用土地，声言“绝不允许美军扩大基地”。这就是有名的“砂川事件”。它持续数年，其间还发生了流血事件，进一步刺激了反美情绪和民族主义思潮。在这样的背景下，使用美军废弃坦克建造日本最高的电视塔，难免被质疑和指责。然而，建设者们没有被民族主义裹挟，而是坚持经济原则，进行废物利用。

东京处在地震频发区域，1923 年的关东大地震给人们留下了难以忘怀的记忆。当时很多人怀疑，建设这么高的建筑安全吗？前田久吉为此邀请了“耐震构造之父”内藤多仲主持东京塔的设计，商船三井大楼、歌舞伎座、早稻田大学的大限讲堂等著名建筑都出自这位设计大师之手，中国大连火车站也是参照内藤多仲的上野站设计而成的。内藤多仲又被称为“塔博士”，他设计了许多广播塔和观察塔，大阪的通天阁就是他的杰作之一。这位年近七旬的老人以埃菲尔铁塔为模板，设计了东京塔。由于东京塔将作为东京电视台的广播发射中心，所以受到公众的高度关注。就像在埃菲尔铁塔建造期间，巴黎的文学艺术界和建筑界发表抗议书《反对修建巴黎铁塔》一样，东京塔也遭到了质疑。某位著名学者质疑它与埃菲尔铁塔太相像，讽刺地称之为“日本缺乏创造性的纪念碑”。

其实，这些质疑是不公平的。虽然东京塔比埃菲尔铁塔高10多米，但其所使用的建筑材料却只有埃菲尔铁塔的一半，建造时间也比埃菲尔铁塔少近一年。更重要的是，内藤多仲还将抗震设计的概念引入建筑设计中，最终在这个地震多发的国家设计了如此高大的铁塔。在斥资约30亿日元、动员了219 335人、耗时一年四个月后，这座世纪铁塔最终在1958年10月完工。65岁的前田久吉终于实现了自己的梦想。

前田久吉称赞东京塔是“歌颂日本科学技术胜利的金字塔”。它的落成，象征着电视时代的到来。各家广播电台、电视台都把发射台搬到这里，唯有日本电视台以“不合算”“不满天线的分配情况”等理由，坚持使用原来的发射台，这是因为其创始人正力松太郎与前田久吉有过节。直到1970年，即正力松太郎去世之后的第二年，日本电视台的主天线才终于从自己的公司搬到了东京塔。至此，东京所有广播电视事业机构的发射台都集结于东京塔。

当这座世界上最高的自由式铁塔落成之时，全日本都震惊了。人们从四面八方蜂拥而至，排队买票参观。庆应大学的一位大学生，在校期间一直观望着这个不断成长的建筑，建成后马上跑来参观。他说：“高塔建成前，我担心如果地震来了，或者台风来了，会很危险，等等。但当它真正建成的时候，我把这些东西都忘了，我唯一的印象就是，它很神奇。我过来的时候，看到这么多人，非常惊讶。”

当时日本经济刚刚起飞，这座高耸入云的铁塔，带给日本人一个光明的精神象征。由于战败，日本人总是觉得自己在世界上缺乏存在感，高耸的东京塔大大提振了国民的信心。前田久吉实现的梦想，又激发了更多人的梦想。这里不仅是日本各地方的学校学生毕业旅行时必到的景点，还是从乡下只身到东京打拼者的朝圣之地。人们为了实现双脚站在铁塔上的愿望，往往要排队两三个小时。一旦登上展望台，不仅可以俯瞰整个东京，而且能够看到美丽的富士山，清风披襟，自豪感油然而生。很多人都感动得流下热泪，因为战后的日本终于拥有了一个高辨识度的“世界第一”。从此，这座电视塔成为东京的地标性建筑，以及日本经济起飞时代的象征，深深地镌刻在每个人的心中。

在东京塔之外，前田久吉还书写了另一个温馨感人的故事。在东京塔选址过程中，位于千叶县的鹿野山也是一块备选地。最终东京塔建设在了东京市内，而鹿野山则被前田久吉用来建立了一个牧场。因为少年时家贫，他的母亲常说：“哪怕我们的家里能有一头奶牛，我们的生活也会比现在过得好！”母亲的话深深刻在前田久吉心中，并成为他一生的梦想。1962年，他在鹿野山创立了占地250公顷的牧场。为了向已故的母亲致敬，他便将牧场命名为“母亲牧场”。在这里，游人除了能和可爱的动物近距离接触之外，还可以挤牛奶、骑骏马、采水果等，充分享受大自然带来的恩惠。现在它是国民公认的“日本最好的亲子牧场”，每年接待近百万名游客。

许多游客在参观完东京塔之后，还会带着孩子来到母亲牧场游玩。因为它像一个温馨的大家庭，寄托着人们对自然美好的憧憬与祝愿，也表达了对母亲的爱。当游客知道，东京塔和母亲牧场都由前田久吉创办的时候，都对这位充满梦想和爱心的企业家发出由衷的赞叹。前田久吉的传奇故事也随着游客的脚步传遍日本，传遍世界。

本田宗一郎：对政府说“不”的企业家

日本汽车产业的成功说明，不是国内保护政策，而是竞争让它迅速成长壮大起来。日本战后最大的奇迹，是在战争的废墟上崛起了一群企业家，他们以豪迈的雄心、不屈的动力和果敢的力量奋力前行，带动国家走向复兴和崛起。本田宗一郎就是杰出的代表。

一、第二次黑船来航

20世纪60年代初，日本社会各界发生了一场激烈争论，焦点是：日本应不应该发展汽车产业？

经过20世纪50年代的发展，尽管人们的生活开始富裕起来，但是普通人根本买不起私人汽车。作为一个国土狭小的国家，日本资源匮乏，加之人口密度大，许多人怀疑日本国民能否过上与发达国家人民一样优裕的生活，“轿车无用”“造车不如买车”等舆论流行一时。代表争论另一方的通产省则极力主张，一定要发展本国的汽车工业。通产省的一位官员指出：如果日本把它的未来寄托在劳动密集型产业上，“将永远无法摆脱亚洲贫穷与停滞的模式”。日本应该发展包括汽车在内的资本和技术密集型产业，如果仅仅依靠轻工业，是无法把一亿人的生活水平提高到欧美国家水平的。汽车不仅是高水平生活的结果，也是它的原因。

最终，通产省把汽车工业确立为日本的战略产业。但是随后到来的贸易自由化，又让通产省陷入一场新的争论中。

1952 年日本加入国际货币基金组织，1955 年又加入了《关税及贸易总协定》，打开了自由通商之路，出口额从 40 多亿美元增加到 87 亿美元。1959 年日本对美国贸易首次出现了顺差，大大提振了日本产业界的信心。不过，日本一方面享受自由贸易带来的好处，加大出口；另一方面却实行进口配额制等贸易保护措施，限制进口。在国际社会的压力下，日本不得不放弃这种不公平的贸易制度。1960 年日本内阁会议决定，改变封闭的经济体制，实行贸易自由化政策，宣布“在三年后完全实行自由化”。

贸易自由化被人们称为“第二次黑船来航”。就像 100 多年前“黑船来航”时日本被迫打开国门一样，贸易自由化也被认为是被迫开放国门之举。日本朝野上下均充满危机感，担心一旦实现贸易自由化，廉价的外国产品蜂拥而来，本国产品的竞争力就会受到巨大威胁，难以生存下去。《面对巨大的外国资本冲击而毫无防备的岛国》《日本经济做好准备，迎接民族资本与外国资本之间的一场血战》等标题充斥报端。日本政府预见到了这个问题，在《贸易和外汇自由化计划大纲》中强调要建立新产业体制，“为了防止自由化带来的混乱，除建立企业的协调体制外，还要采取使企业扩大规模、建立专门生产体制、调整设备投资、使原材料进口更加合理等措施”。

问题是，如何建立新产业体制？通产省官员主张采取“官民协商”的办法。在他们看来，各个企业的利益尖锐对立，根本谈不到一起，因此贸易自由化时代的新产业秩序应该有政府参加，通过“官民协商”的方式进行调整。实际上，这是行政官僚试图将企业纳入自己控制的既定轨道中来。日本经济团体联合会不同意“官民协商”，力主企业“自主调整”。作为日本最大的民间经济组织，日本经济团体联合会坚决主张贸易自由化，认为只有让企业自由调整，才能够克服官僚统制，顺应市场变化。日本经济团体联合会会长说：“政府只需留意治安和消防，其他的事应由民间自己去做。”

就在这样的争论中，1960年通产省提出了《特定产业振兴临时措施法》的草案。主要内容是，为迎接贸易自由化的到来，对必须加强国际竞争能力的产业进行指定，以“官民协商”的方式采取共同行动。通产省企业局局长佐桥滋说：“改组日本经济是燃眉之急。要让先进国家悠悠自得地等我们吗？我们不能在必须急起直追时，仍像在冥河的河滩上砌赎罪之塔那样，白白浪费资本和钱财。因此，我们提倡既不是自由放任主义又不是统制经济的第三种方法，这个方法就是‘官民协商’。”他主张，通过“官民协商”，实行企业改组及企业规模化。汽车工业、特殊钢制造、石油化工被政府认为在国际竞争中能力较弱，因此被指定为实行规模化的三个产业。

此前，为了保护国内汽车工业，日本政府实行高关税保护和严格的外汇管制。但是根据自由化的政策，1963 年春天起将允许外国汽车自由进入日本。当时日本汽车公司很多，生产规模小，多品种、小批量生产泛滥。通产省认为，只有进行合并，实现规模效应，才能改进产业结构，增强日本汽车工业的技术水平，“扶植能在国际上竞争的企业”。1961 年 5 月，通产省发表了旨在强化国内汽车产业的基本方针：将当时的八家汽车制造厂组建成三个生产集团，重点扶植丰田汽车和日产汽车，禁止其他企业再进入汽车行业。

按照这样的产业规划，日本的汽车产业将被丰田和日产瓜分，其他企业根本没有机会进入汽车领域。这个产业规划甫一问世，就遭到一位有志做汽车的企业家的坚决反对。

二、你们这些官僚会把日本搞垮的！

本田宗一郎出生在一个穷苦家庭，自幼便对机械表现出一种特殊的偏好。虽然他只有小学学历，但却拥有许多专利技术，并以研制摩托车而闻名。本田公司制造的摩托车享誉海外。作为一个技术员出身的实业家，本田宗一郎不仅有着极其旺盛的创造热情和出众的能力，还有一种超凡的预见能力。他认定汽车将有广阔的市场，于是从 1960 年开始便全身心地投入汽车的研制开发。通产省的汽车产业政策给本田宗一郎浇了一头凉水，因为这一政策意味着本田公司将永远失去进入汽车市场的机会。

本田宗一郎不肯服输。在他看来，政府必须尊重企业的自主性，绝对不能干涉企业独立经营。“谁要是被官厅政府的人牵着鼻子做生意，那还不如早早地关门回老家得了。”他直言不讳地批评通产省说，“政府工作人员本来应该以维护公共利益为天职，可是现在变成了人们开拓新事业的障碍物。”不管是公开演讲，还是接受媒体采访，他都公开反对通产省的决策。他说：“如果政府介入市场，那么企业的能力就会减弱。对贸易自由化来说，自由竞争是最重要的。相比较来说，只有竞争才能让好的产品畅销，只有这种自由竞争才能催生产业。”他还通过新闻媒介，向社会透露了本田公司进军汽车行业的计划。

本田宗一郎的造车计划让通产省极不高兴。作为力主“官民协商”的通产省企业局局长，佐桥滋是《特定产业振兴临时措施法》的发起人。他放话说：“我们不需要更多的汽车制造商了。贸易自由化之后，马上会跟进投资的自由化。这些进程会很快的。汽车产业才刚刚进入轨道，日本现在还不具备与美国三大汽车制造集团和欧洲的大型汽车制造公司进行对抗的实力。本田是摩托车行业中的一流企业，它就专心搞两个轮子的摩托车就行了。四个轮子的产品，就让能造四个轮子的企业来搞。日本现在不需要造四个轮子产品的新企业了。他们的心情我知道，但是暂时他们就不要掺和了。”

“这怎能让人心悦诚服？这个《特定产业振兴临时措施法》到底是什么货色？要知道我们有权利制造汽车。为什么丰田、日产可以制造汽车，而我们公司要制造汽车就必须要得到政府的许可呢？以前造车的可以继续造，我们要造就不许造，怎么可以制定这种法律呢？”面对佐桥滋的态度，本田宗一郎一步也不退让。他继续借助媒体，对佐桥滋的言论进行反驳：“我们不是崇尚自由的吗？谁能说大公司永远是大公司？回头看看历史吧，新兴势力的崛起是必然的事。如果那么想插手合并，那通产省可以先做股东呀，然后再在股东大会上提案就好了嘛。我们的公司经营是不会根据政府的命令展开行动的。”他还在杂志上撰文反对通产省限制汽车进口的政策：“进口外国性能优秀的汽车，虽说对日本的制造商是一大威胁，但是如果禁止这样做，便是使日本又走回锁国的时代了。这是祸是福，明眼人一眼就能看出来。”

在截然相反的主张背后，是两种不同的理念。政府里的许多精英深受计划经济和战时统制经济的影响，认为政府必须强势，通过制订计划来引导并规制整个产业活动。佐桥滋是其中的代表人物。在他看来，经济是有国界的，人们应该服从国家的统一安排，他表示：“过去有《国家总动员法》，为了战争政府可以通过高压或自上而下的方式动员一切力量。为了使日本成为一流国家中的一流国家，我们今天仍然需要《国家总动员法》，尽管它的形式可能与战时有所不同。如果没有《国家总动员法》来凝聚整个民族的智慧和力量，那么人们将会随意主张并从事他们喜好的事情，日本也将因此而一事无成。”

本田宗一郎和佐桥滋在饭店进行了会谈，但是两人面对面顶撞起来，不欢而散。之后，本田宗一郎放低身段去通产省拜访，但佐桥滋依旧态度冷淡。性格桀骜不驯的本田宗一郎非常生气，在通产省的走廊上大声吼道：“你们这些官僚会把日本搞垮的！”

通产省的官员很生气，说本田宗一郎“精神不正常”，但是他们没有权力对其强行压制，只能加快推进《特定产业振兴临时措施法》在国会通过，届时法律在上，本田宗一郎只能低头。本田公司则加速汽车研发，以便抢在《特定产业振兴临时措施法》通过之前让汽车投入生产。然而，社会上也并不看好本田宗一郎的决定。在那个年代，汽车工业已经是一个相对封闭的产业，新崛起的企业很难进入。何况通产省掌握着极大的资源分配权力，如果没有它的支持，新兴企业就很难取得成功。克莱斯勒的经营人就曾说："日本的企业界谁也不是单纯用力量在竞争的，其中从头到尾都有通产省的参与。"

日本作为追赶型国家，政府掌握着许多资源，确实对经济发展具有重要影响，但这种影响是建立在市场经济体制之上的。企业家并没有被完全限制住，而是可以对政府决策做出不同反应，甚至可以说"不"。本田宗一郎就是一个敢于说"不"的企业家。这个草根企业家十分自信，他利用在摩托车开发、经营中获得的丰富经验及大量资金，不顾一切地投入汽车开发，与通产省赛跑。

三、汽车产业政策无疾而终

其实，对于通产省提出的《特定产业振兴临时措施法》草案，社会上也有不同意见。主张自由竞争的经济学家认为，制定法律来束缚产业的自主活动，是给官僚统制开辟道路，是不可取的；根据官僚的想法来决定振兴标准，不仅会束缚产业的活动，还会削弱竞争能力。他们批评说，"官民协商"方式的实质是加强卡特尔体制，不管当事者的主观意愿如何，都在客观上助长了垄断寡头的陋习。如果扶持重点产业，日本的未来一定是官僚掌权、官商勾结，最后还有可能走上独裁体制的道路。

政府的殷勤庇护并非一定受企业的欢迎。企业家们担心，这一法案会让政府以权力介入产业调整合法化，产业的集中化和垄断化也有损于企业的利益。虽然日本的多数企业对自己产品的国际竞争力充满信心，但却害怕官僚制度，甚至会迎合政府。然而，当时的汽车公司就非常欢迎通产省的政策，因为它们迎来了巨大机会。在通产省的支持和优惠政策的鼓励下，丰田和日产开始在国内大肆收购其他小汽车工厂，同时通过交叉持股，把上游和下游产业都纳入自己的汽车帝国当中。很多小汽车公司都放弃了创业的初衷，纷纷与大财团“联姻”。于是，日本汽车产业形成了丰田、日产两大财团并立的局面。

这种局面让本田的发展空间更加逼仄，其实，本田立誓要制造汽车，就是在和既得利益者较量。本田也为抵制通产省付出了很大的代价。日本政府对汽车工业的优惠政策，本田基本没有享受到。本田最早提出到美国投资的设想，申请了 50 万美元的外汇，但是大藏省只批准了 25 万美元，还提出了苛刻的条件。

在这种艰难的情况下，本田宗一郎毫不气馁，依然锲而不舍地研制汽车。当时日本做赛车的公司非常少，而摩托车又是本田的老本行，本田宗一郎把摩托车的引擎进行改造，然后装进赛车里，终于成功开发出新车型，并在 1962 年的汽车展上亮相。这不仅能规避和丰田、日产的竞争，还开辟了一个新领域，政府也无话可说。在发售之前，本田进行了一项前所未有的“新车价格竞猜”活动，产生了轰动效应，收到了 574 万封从全日本各地寄来的竞猜来信，整个社会都期待着本田生产的汽车。

虽然本田宗一郎想把新车涂成大红色，但是当时在日本销售的汽车车体禁止使用红色，因为政府担心它们与红色的消防车混淆。本田的一名职工为了得到制作红色车身的使用权，每天都去运输省做沟通工作，但运输省一味地坚持"这是规定"，不予理睬。在此期间，本田宗一郎在报纸上不断呼吁："红色是设计的基本颜色，没有任何一个一流国家实施了禁色政策。"功夫不负有心人，最终他拿到了红色车身的使用权。1963 年秋天，在《特定产业振兴临时措施法》提交国会审议之前，本田汽车开始在日本市场上销售。本田宗一郎终于实现了造车的梦想。

不久后，《特定产业振兴临时措施法》也胎死腹中。由于部分企业界人士厌恶由政府统制经济，在野党也认为《特定产业振兴临时措施法》是给垄断开绿灯，强烈反对，因此执政的自民党未敢将此法案提上审议日程。国会遂因其为"没有发起人的法律"而将此法案列为废案。虽然该法案此后又被提交两次，但都没有通过，最终在 1964 年 1 月失效。通产省不得不放弃将"官民协商"法制化的设想，选择走以行政指导的形式实施产业政策的道路。尽管行政机构拥有较多可以使被指导对象服从的资源，但对企业的吸引力并不大。

本田宗一郎继续努力，先后推出各种汽车产品，有的还成为全球畅销车。本田公司进入汽车产业是与政府政策相违背的，但是这种行为并没有恶化汽车产业的发展状态。相反，本田汽车的出现就像一条鲶鱼，让日本的汽车市场充满竞争，汽车产业迎来空前繁荣。各大厂家竞相提高技术水平，降低成本，让汽车走进普通家庭。20 世纪 60 年代中期，日本开始进入大众轿车普及的时代，在此后的 10 年内，新车登记量从每年 40 多万辆增加到每年400多万辆，增长近10倍。“日本是否应该发展汽车工业”不再是一个问题，日本人也不再怀疑能否过上与发达国家相当的优裕生活。也正是在激烈的竞争中，日本的汽车企业拥有了惊人的国际竞争力，也迅速走出国门，深受欧美国家的欢迎。

美国经济学家迈克尔·波特在《国家竞争优势》中指出，推进企业走向国际化竞争的动力很重要。创造持续性产业竞争优势的最大关联因素，是国内市场强有力的竞争对手。在国际竞争中，成功的产业必然先经过国内市场的缠斗，迫使其进行改进和创新，海外市场则是竞争力的延伸。日本汽车产业的成功说明，不是国内保护政策，而是竞争让它迅速成长壮大起来。日本战后最大的奇迹，是在战争的废墟上崛起了一群企业家，他们以豪迈的雄心、不屈的动力和果敢的力量奋力前行，带动国家走向复兴和崛起。本田宗一郎就是杰出的代表。

1980年，74岁的本田宗一郎荣获美国机械工程师学会颁发的“荷利奖章”，成为历史上第一位获此奖项的日本人，后来该学会还以他的名字设立了“本田宗一郎奖章”；1989年，他又成为首个进入美国汽车名人堂的日本人。从草根学徒，到享誉全球的技术型企业家，本田宗一郎不仅造福于日本，还在世界汽车行业史中留下了光辉一笔。假如他是一个循规蹈矩的人，绝不会取得如此辉煌的成就。假如他屈服于政府的意志，放弃汽车制造，日本的汽车产业又会怎样呢？

十河信二：用一双脏手建成了新干线

这是一个“有法子”的人，只是他的“法子”不那么干净和透明，甚至有些歪门邪道。有人说他“用一双肮脏的手建成了新干线”，也有人称他为“日本铁路发展史上划时代的功臣”。不管怎样，十河信二都是日本战后复兴史上的一个奇人。

在偌大的东京火车站里，寻找一个人是非常不容易的。“众里寻他千百度”，最后我走上新干线站台，满眼是熙熙攘攘的人群。自1964年以来，日本人已经习惯乘坐新干线出行了。人们都在忙着低头看手机，没有人注意，站台的南端竖立着一块纪念碑。那是一面普通的红色矮砖墙，上面镶嵌着一个人物头像，光头，戴着眼镜，面色坚毅，望之肃然，令人很难有亲近之感。

他就是十河信二，一个众说纷纭的人物。纪念碑的右下角有六个汉字“一花开，天下春”，这是十河信二的座右铭，也是对这位日本“新干线之父”的准确评价。因为在他野心的驱使下，新干线成为现实，日本迎来了高铁时代的“一花开”，高铁时代的背后是这个国家高速发展的“天下春”。

二

十河信二出生于1884年，正是日本铁路发展的初期。铁路和时髦的东京银座一起，被视为文明开化的象征。不断蔓延的铁路，推动了日本的近代化。到明治末期，全日本的铁路网初步建成，十河信二则从东京帝国大学毕业，进入铁道部门，主要从事会计工作。其间他曾到美国学习一年，了解到了日本与美国的国力差距。

1926年，十河信二因卷入一宗贿赂案而被迫辞职，无罪释放后他来到中国东北，担任“满铁理事”。“满铁”的全称是“南满洲铁道株式会社”，在日俄战争结束后成立，负责经营从俄罗斯手中夺取的满洲铁路。十河信二支持关东军，曾参与策划“九一八”事变。此后，日军占领中国东北全境，并成立伪满洲国。这里聚集了右翼野心家、左翼空想家和各种各样的梦想家，他们希望把这里打造成自己心目中的“人间天堂”。十河信二也是其中之一，他的梦想是建造高速铁路。

当时，大多数普通列车的平均时速仅为40公里。在伪满洲国，十河信二主持推出最高时速为130公里的“亚洲号”列车，车上配有由俄罗斯少女担任服务员的豪华餐车。后来，他又参与了一个更具野心的“新准轨干线铁路计划”，让高速列车在轨道上行驶。报纸上把这种新型列车渲染为“弹丸列车”。弹丸在日语中是子弹之意，顾名思义，“弹丸列车”的意思就是列车像射出的子弹那样快。

我偶然看到该计划的构想图纸，深为震惊。按照这个计划，日本人将在东京和下关之间修建一条长984公里的高速铁路，再开通过海列车轮渡，或者修建一条长达200公里的海底隧道，连接日本下关与位于朝鲜半岛的釜山，实现日本与朝鲜半岛之间的直达运输，然后由釜山经过汉城（如今的首尔）—平壤—长春—沈阳—天津，直抵北京（后来甚至还构想了连接新加坡的铁道）。“弹丸列车”的最高时速将达到200公里，只需两天时间，日本人就可以将军队从本土运至北京。

实际上，“七七”事变后，日本在中国战场的泥潭里越陷越深，越来越力不从心。虽然这是一个不切实际的疯狂计划，但却在1940年3月举办的日本帝国会议上顺利通过，因为日本举国已经被暂时的胜利冲昏了头脑。1941年，该计划正式开工建设，预算为5.56亿日元，设想是1954年建成通车。不久太平洋战争爆发，多线作战使日本的国力难以负荷，两年后日本再也无力顾及“弹丸列车”计划的建设。到日本无条件投降时，这个疯狂的计划也宣告终止。

不可否认，该计划为战后新干线的建设提供了一定经验。不过，战后初期，日本百废待兴，根本无力进行新的铁路建设。十河信二在家乡的小城市担任了两年市长，而后担任日本经济复兴会会长。已经年过花甲的他在半赋闲状态中打发时光，日复一日，建造高铁的梦想越来越遥远。

二

没有人能够想到，十河信二还会有机会，而且在 1955 年迎来了人生的高潮。那一年，日本国有铁道总裁（相当于铁道部长）因为事故辞职，政府有意请十河信二接任新总裁。十河信二欣然接受重新出山，但是舆论并不看好，讽刺这个比前任总裁还大 12 岁的人是“从博物馆里出来的老火车头”。但是，已经 71 岁高龄的十河信二慷慨地说：“我将像战场上的士兵一样，枕戈待旦，履行职责，随时准备死在铁路上。”

那时正是战后的第十个年头，日本已经走出战争阴影，经济开始起飞。上任伊始，十河信二就雄心勃勃地提出，要兴建一条新的高速铁路，把东京和大阪之间的路程从 8 小时减少到 3 小时。这条铁路将采用电力作为动力，两条铁轨之间的距离也与之前的标准完全不同，因此称之为“新干线”。计划甫一提出，就遭到各方反对。

在日本学界，许多学者认为铁路是“夕阳产业”，不能适应将来以汽车为主要交通工具的时代。当时先进国家的情况确实如此。早在战前，欧美国家的铁路就受到汽车运输的挑战，客货运输量不断减少。虽然在战争时期，由于实行汽油管制，铁路一时兴旺起来，但战争一结束，铁路的地位就又开始下降。在十河信二提出建设新干线的时候，欧洲各国的铁路已经开始患慢性的“赤字病”了。许多车辆设备都较少开动或处于闲置状态，铁路当局的财政陷入困境，无法获得大规模投资，英、美、法等国甚至在拆除铁路线。

日本为什么要在“夕阳产业”上浪费资金，重新捡拾已经被欧美国家淘汰的运输方式呢？一些激进的知识人指责说，新干线计划是“战列舰大和第二”。大和号战列舰是日本在第二次世界大战时耗费巨资修建的，是人类历史上最大的一艘战列舰，最后却在日军实施自杀式进攻时被美军击沉。这艘象征“帝国精神”的战列舰的最终命运，成了日军投降前垂死挣扎的象征。包括大学教授、著名作家在内的许多人都说，新干线与大和号战列舰一样，劳民伤财，没有意义。

当时日本的铁路和火车全是战前留下来的旧货，其水平甚至远远不如印度，铁道业界正在为连年的赤字、事故、罢工而头痛。再加上日本本土没有建设过这样的铁路，甚至连试验都没搞过，谁会冒险投资呢？因此从总工程师到普通工人，日本国铁内部几乎所有人都怀疑十河信二的计划，不相信新干线的可行性。

与军国主义时代不同，当时日本已经是一个民主国家，人们享有言论自由，没有任何人能够压制这些反对意见。但是十河信二坚持己见，一意孤行。在伪满洲国的工作经历，让十河信二认识到铁路运输对经济发展的重要性。在他看来，铁路已经成为日本战后经济发展的瓶颈。确实，彼时日本经济刚刚进入“神武景气”的繁荣期，钢铁、电力、铁路被列为阻碍经济增长的三大障碍，其中主要问题是铁路。汽车、航空的运输能力非常薄弱，铁路承担着52%的货物运输和82.1%的旅客运输。东京、名古屋、大阪已经成为带动整个日本经济发展的火车头，连接这些地区的东海道铁路线，只占日本铁路总长度的3%，却承担着全国 24% 的客运量和 23% 的货运量。既然日本对铁路的依赖度那么高，而且铁路已经有了一定的基础，难道日本不应该考虑本国实际情况，优先发展高速铁路吗？

十河信二说："政治和钱的问题我来解决。"他力促建设新干线，一方面辩护说"只是在进行原有铁路的改造工作"，另一方面利用媒体大做广告，宣传新干线项目的必要性。彼时日本正在申办 1964 年奥运会，十河信二把新干线打造成事关日本形象的工程，宣称"新干线可以为东京举办 1964 年奥运会添彩，树立科技大国的形象"。

1957 年，日本运输省设立了由专家学者组成的"国有铁路调查会"，就如何增强铁路线运输能力进行探讨。十河信二积极奔走，四处游说。最终，国有铁路调查会得出结论："为了打开东海道的阻塞，必须采用国内外最先进的技术，尽早另修一条标准轨道。"

1958 年 12 月，日本内阁会议批准了建造往返于东京、大阪的超特快列车新干线的方案。十河信二初战告捷。

三

十河信二善于权谋。担任日本国铁总裁后，他做的第一件事就是让铁路总工程师藤井松太郎辞职。因为藤井松太郎反对建设新干线，认为建设高速铁路是痴人说梦。十河信二起用岛秀雄担任铁路总工程师，岛秀雄的父亲就是当年在中国东北实施高速列车开发计划的主要技术负责人。与十河信二一样，岛秀雄坚信铁路交通并未走上末路。

根据岛秀雄的设计方案，新干线需要用5年时间、总计3 000亿日元才能建成，远远超过日本的承受力。由于建设工期长、预算庞大，新干线计划受到了来自议会的很大阻力。面对国会议员的诸多质疑，眼看着国会可能不会通过预算，十河信二大要手腕，与政客们进行激烈的讨价还价。他一方面辩称新修建的铁路时速只有200公里，“只是在进行原有铁路的改造工作”，另一方面大胆地命令会计师做一份假账交上去，欺骗国会说只需要1 972亿日元，而且有办法从世界银行那里拿到贷款。1959年3月30日，日本国会终于通过了新干线预算，要求新干线必须在1964年10月10日之前，也就是东京奥运会开幕前开通运行。

1959年4月20日，东海道新干线工程举行开工仪式。世界第一条高速铁路建设拉开了序幕。与此同时，为了得到世界银行的贷款，日本派出使团访问美国。对于日本的新干线计划，世界银行提出了许多疑问。从欧美当时铁路界的状况来看，这是可以理解的。而且世界银行有明确规定，申请的贷款不能用于带有试验性质的项目。但十河信二瞒天过海，把国铁在其他项目上的开支挪用过来，秘密用于新干线项目，让世界银行相信新干线的建设异常顺利。这种挪用行为在当时并不违法，因为日本国铁总裁具有“自由分配资金”的权力。1961年5月，日本国铁与世界银行签订了8 000万美元（约288亿日元）的贷款合同。

即使有了国会批准的预算和世界银行的贷款，新干线的建设仍然有巨大的资金缺口。十河信二对此却并不在意，开始旁若无人地推进新干线建设。因为世界银行贷款除了需要签订贷款合同外，还必须由贷款国政府提供担保。既然贷款成功，就意味着日本政府与新干线计划已经牢牢地捆在了一起。十河信二相信，无论未来内阁政策如何变化，日本政府碍于国际信誉，也必然会尽力对新干线提供支持。

新干线的建设引起了其他国家铁路部门的关注，主要是质疑。当时虽然已经完成了第二次工业革命，电力得到了广泛的应用，但是铁路行业却依然以蒸汽机为主导，电力的应用也依然停留在小规模试验的阶段。十河信二和亲信岛秀雄却大规模应用电力车，这无疑是有巨大风险的重大创举。随着新干线建设的推进，国际上也开始出现支持的声音。法国国有铁路公司副总经理吉贝尔参观新干线工地后说："日本新干线的建设，向世界表明实现现代化铁路事业并非日薄西山。对于这个伟大的事业，不仅法国国有铁路，世界的铁路都应该向它致谢。"

然而，新干线建到一半时，资金就用完了。对于建设预算的严重超支，十河信二负有不可推卸的责任，最终他没有连任总裁，1963 年 5 月在一片骂声中黯然下课。正如他所料，日本政府由于向世界银行借了巨款，骑虎难下，无法轻易停止工程，只好通过发行铁路债券、由大藏省提供低息贷款等方式，以巨额资金继续支持新干线。最终，在进行了超预算近一倍的投资（总计 3 800 亿日元）后，世界上第一条高速铁路终于完工了。

1964 年 10 月 1 日，也就是在东京奥运会开幕 9 天前，当时世界上速度最快的第一辆蓝白相间的"子弹头"列车驶出东京车站，在 3 小时 10 分钟内将乘客送达 480 公里外的大阪。而在此之前，从东京到大阪需要 10 多个小时。新干线把东京—大阪沿线城市群结成一个"4 小时经济圈"，创造了沿线城市经济快速增长的奇迹。风驰电掣的高铁让日本举国欢呼，新干线被誉为“日本经济起飞的脊梁”，其与富士山一起，成为这个东亚国家的象征。20世纪70年代从日本寄往欧洲的圣诞贺卡上，有一半都印着新干线的照片。

然而，在东京车站举行的新干线通车仪式上，却没有十河信二的身影。这位80岁的老人没有被邀请出席，只能孤寂地坐在家里观看电视转播。当他看到火车奔驰的情形时，一定为梦想的实现而自豪。

1978年10月，邓小平访问日本，乘坐新干线从东京前往京都。他看到列车风驰电掣般地行驶，深有感触地说：“速度很快，就像推着我们跑一样。我们需要跑。”据说，新干线让这位革命家切身感受到了现代化的力量。此后，中国打开国门，实行改革开放，也驶上了高速发展的“新干线”。

1981年，十河信二去世，享年97岁。生前他著有自传，书名就叫《有法子》。确实，这是一个“有法子”的人，只是他的“法子”不那么干净和透明，甚至有些歪门邪道。就连他提拔的总工程师岛秀雄，后来也因为无法忍受他不择手段的政治品行而离开。因此，有人说十河信二“用一双肮脏的手建成了新干线”。不过，尽管他的“法子”邪性，但是他个人并没有贪污受贿的丑闻，因此也有人称他为“日本铁路发展史上划时代的功臣”。不管怎样，十河信二都是日本战后复兴史上的一个奇人。

我妻荣：一个独立知识人的典型

我妻荣为了捍卫宪法，不辞辛苦地进行启蒙活动。在与岸信介的交往中，他坚持独立精神，不阿附权贵，成为后世永远尊敬的榜样。

我妻荣与岸信介曾是高中和大学时代的同学，只是从东京帝国大学毕业后，两人的人生道路渐行渐远。岸信介走向政界，一度担任东条英机内阁的商工大臣，战后被列入战犯名单，不过后来被无罪释放，又参与到政治活动中。我妻荣则留在东京帝国大学从事民法研究，在学术界和实务界都有着重大的影响力。作为一名信奉自由主义的学者，我妻荣在战后积极参与国家重建，在新宪法审议、民法修改中都有他的身影。向盟军总司令部请愿，绝非出于一己之私，但是他没有想到的是，自己的老同学竟然在 1957 年成为首相，还邀请临近退休的自己担任内阁宪法调查会的会长。

原来，政界保守势力早就对从 1947 年开始施行的《日本国宪法》腹诽心谤。朝鲜战争爆发后，日本建立起武装自卫队，与宪法中放弃交战权、放弃武装力量等规定形成矛盾。于是，政界保守势力乘机掀起了战后第一轮修改宪法的高潮。他们声称，这部宪法是美国强加给日本的，为了实现“国民自由意愿表达”，就应该重新修改宪法，焦点是修改有关放弃交战权和军备的和平条款。作为著名的保守人士，岸信介一向站在自由主义的对立面，上台伊始就把修改宪法作为自己的执政目标。他号称要“不拘泥于党派，以纯粹客观的立场对宪法进行再审查”，于是在内阁成立宪法调查会，职责就是“审查《日本国宪法》，调查审议相关问题，将其结果向内阁或通过内阁向国会报告”。

宪法调查会由 50 人组成，其中国会议员 30 人，资深学者 20 人，不少学者以能够跻身该调查会为荣。不过，我妻荣注意到，宪法调查会 90%以上的成员都是改宪论者，因此他断然拒绝了岸信介的邀请。“你的‘不拘泥于党派，以纯粹客观的立场对宪法进行再审查’的想法能够实行吗？至少自由党时代的宪法调查会的运作就没有像你现在所设想的那样进行。”我妻荣反问岸信介，“这种情况，只能让人觉得，这是一个已决定按自民党事先定好的方向行事的调查会。”

作为当时学界的泰斗级人物，我妻荣拒绝参加宪法调查会，在学界和社会上引起了很大反响。为了捍卫宪法，他还团结学者们进行反击。1958 年 6 月，我妻荣和著名学者大内兵卫、宫泽俊义等共同发起成立宪法问题研究会，并发表《倡议书》。《倡议书》明确指出：“从其（宪法调查会）成立及委员选择的情况看，该调查会并不一定能代表目前在宪法问题上的广泛民意和正义良知。虽然并非调查会的所有意见都应被反对，但只从特定立场出发，解释和审查深刻影响一国命运的宪法问题，只能说是非常令人遗憾的做法……为防患于未然，避免上述情况发生，我们决定尽可能正确地研究宪法的基本原理及其条文的含义，为关注该问题的各界国民提供参考。”

宪法问题研究会的成立，标志着战后日本知识人护宪运动的正式开展。当时各领域的一流学者纷纷加入此研究会，其中有许多人战前就是学术界的泰斗，多位学者还担任过东京大学等著名大学的校长，或者是象征着日本学术界最高成就的日本学士院的会员。由于这些学者经历了战前和战争中个人权利受到国家机器无限挤压的“黑暗时代”，所以无比珍视新宪法中所规定的国民主权原则。现在他们为捍卫宪法而勇敢地站出来。宪法问题研究会的成立在社会各界引起了强烈反响，《每日新闻》以《政府面对宪法问题研究会一脸苦相》为题发表文章，指出宪法问题研究会的成立“极大地刺激了政府”。

确实，宪法问题研究会的成立使政府和内阁宪法调查会陷入窘境。岸信介首相不好出面，只好派内阁官房长官出来面对媒体。这位官员对记者称：“如果宪法问题研究会是为对抗宪法调查会而成立的组织，那么真是不可理喻。政府邀请宪法问题研究会发起人宫泽、我妻担任宪法调查会委员时，他们都以‘目前加入宪法调查会是卷入政治’为由而拒绝了。然而，他们这次又成立了一个与宪法调查会进行政治对抗的组织，真是让人完全不能理解，简直要怀疑他们作为学者的良知。”这位官员还说，“对某某先生等人，我们那样以三顾之礼邀请他们参加宪法调查会”，不点名地指责我妻荣“不仁不义”，愤懑之情溢于言表。

面对这种责难，我妻荣在报纸上发表《关于宪法问题研究会——作为发起人的心境》一文，阐述了自己拒绝参加宪法调查会而发起宪法问题研究会的理由：

如果加入该会（宪法调查会）能使我尽到作为法律学者的责任，那么当然应该加入……但是，结果我拒绝了。因为我认为，在这个按国会中政党势力的比例确定各党分别有多少议员担任委员的调查会中，不能进行我所期待的研究。不过，只是拒绝加入还不够，"必须做点什么"的想法变得越来越强烈了。

我妻荣坚定地表示，如果宪法调查会得出要改宪的结论，那么"我作为一名法律学者必须要批判这一行为。最终的决定无疑要由国民做出，但我必须为国民提供他们做出判断所需的材料"。这也是我妻荣和其他学者给宪法问题研究会的定位：首先是"纯粹的学术研究会——不直接从事政治活动"，但同时也是"为国民而存在的研究会——不辞进行启蒙活动"。

"宪法问题研究会的成立刺到了政府的痛处，"《日本经济新闻》这样写道，"日本最出色的学者称政府的做法'不能代表民意与良知'，无疑使政府深受打击。……随着研究会今后的活动开展，不能不说其在学术上、政治上对一般国民的影响力将超过宪法调查会，而宪法调查会的处境将更加窘迫。这样一来，想要推进宪法修改的政府及自民党不免会感到面临着新的障碍。"

宪法问题研究会的成立，也引起了右翼极端势力的强烈不满。该研究会召开第一次例会时，右翼组织'大日本爱国党"

有 20 多名成员来到会场，扬言必须修改宪法，强行要求面见我妻荣、大内兵卫等学者。在遭到拒绝后，他们掀翻桌子、散发传单……高喊“打倒进行反日破坏活动的宪法问题研究会”，结果出动警察才平息骚动。虽然例会因此推迟了半个多小时，但是与会的学者们镇定从容，毫无惧色。

当时各大报纸都收到了很多读者来信，对宪法问题研究会的成立表示热烈支持。《朝日新闻》刊登的一封读者来信说：“现在以及未来的政治，确实不应该只交给职业政治家或政府后就不管了……更何况，由有良知的法律学者、社会学者或自然科学学者对作为国民生活基础的宪法问题进行负责任的深入研究，是理所当然的事情。从这个意义上讲，这次要举双手支持宪法问题研究会。”

不过，虽然宪法问题研究会在国民中有相当强大的号召力，但学者始终注意与直接的政治活动保持适当的距离，并未利用自己的号召力直接组织街头运动或支持某个政党。在研究会于 1960 年 6 月举行“捍卫民主政治演讲会”后，现场听众表示愿意与研究会一起采取一些行动。那是安保运动风起云涌的年头，如果学者们此时号召群众运动，很可能当日就会有一场声势浩大的街头游行。但学者们并没有这样做，他们向听众表示“我们所希望的不是这些”，之后便选择了散会。

在此后的十多年中，学者们始终坚持这样的界限。宪法问题研究会不直接参与通常的政治过程，也不从属或依赖于特定的政党或社会组织，而是以研究和社会启蒙为主要目标。就像我妻荣所说的，一旦宪法调查会向政府提交报告，政府以此为基础提出某种形式的改宪方案向国民征求意见，“我们认为必须有人站出来批判政府的提案。所谓批判绝不只是片面反对。如果其中有好的地方就要大力支持，而如果有不能认同的地方就要进行严正批判。必须有人从学问的立场对它进行批判，为国民提供自主判断的材料。我们宪法问题研究会就是这种任务的担当者之一”。

宪法问题研究会通过月例会、演讲会、出版物、声明等方式开展启蒙活动，其中每年5月3日组织的“宪法纪念演讲会”影响巨大。《日本国宪法》施行后，每年5月3日被定为“宪法日”，当天政府要举行盛大的纪念活动。但是从1952年开始，日本政府再也没有举行过任何宪法纪念日活动。在政府沉默无为的背景下，宪法问题研究会组织的“宪法纪念演讲会”成为宪法纪念日的标志性活动，每场演讲会的听众数以千计。作为研究会的核心人物之一，每年的“宪法纪念演讲会”都由我妻荣致开幕辞。他在1959年的第一次演讲会上就指出：

> 研究宪法并不只是学者的专利，而是全体国民都有必要做的事情。国民应该做的并不只是听听某种结论、不经过深入思考就表示赞成或反对，而是在得出结论前自己思考相关问题，靠自己的思想进行判断，在此基础上再赞成或反对。为了使国民能拥有这样的觉悟和能力，我们必须努力。

1960年，在反对修改《日美安全保障条约》的高潮中，我妻荣在《朝日新闻》上发表了一封致岸信介的公开信，敦促他辞职，信中写道：“今天留给你的唯一出路是，赶快退出政界，去过一种闲云野鹤的生活。”尽管岸信介顽固地不肯退让，但最终还是在激烈的“安保运动”的冲击下被迫下台。继任首相的池田勇人在就职演讲中谈到了修改宪法的问题：“原本这个问题的本质应该通过各阶层人士的广泛讨论，经过长期的酝酿，国民舆论自然而然地朝着同一方向形成共识时，再下结论。”这番言论表明，修宪问题实际上已被搁置。不过，宪法调查会仍在继续工作，宪法问题研究会也坚持进行宪法启蒙活动。

针对那种“宪法是美国方面强加的，因此应该修改”的观点，宪法问题研究会承认国民没有充分参与宪法制定过程是一大遗憾，但是反对因此而修改宪法。我妻荣指出，空泛地纠缠是不是“强加宪法”没有意义，而应考察宪法内容能否反映国民的要求。他说：“我并不认为应当修改宪法。但是在充分理解改宪论的本质的基础上，如果多数国民赞成修改宪法，那么我就心甘情愿地放弃反对。然而，如果国民并不理解改宪的实际意义，而只是抱着‘因为是强加的宪法’这样漠然的态度赞成修改宪法，那么我说什么也不会放弃反对！”在他看来，《日本国宪法》虽然不是“永不磨灭的大典”，“但是它的内容体现了正义的理想，现在我们应当为使国民充分理解规定了日本未来应有方向的大原则而努力，除此以外别无他法”。

最初，普通民众虽然深受宪法之惠，但是并没有认识到这部宪法的价值与意义。在宪法问题研究会的努力下，民众开始对宪法所提出的国民主权、民主主义、和平主义等原则有了深刻的理解，有关宪法问题的民众舆论逐渐形成。如果说在 20 世纪 50 年代的讨论中，改宪和护宪两种意见基本持平，那么进入 20 世纪 60 年代，护宪论者迅速占据上风，对现行宪法的支持越发强烈。这种舆论是宪法调查会不能不正视的。

1964年7月，宪法调查会向政府提交了《宪法调查会报告书》。虽然这个机构是为改宪制造舆论而成立的，但其报告并没有像政府最初希望的那样得出改宪的结论，而是将主张改宪和反对改宪的意见平等地列举出来。保守派希望通过宪法调查会的报告为改宪制造舆论、呼唤时机的意图没有实现。池田勇人首相表示，“现在不是修改宪法的时候，必须有绝对多数舆论要求才能修改宪法”，因此将报告束之高阁，宪法调查会也在发表《宪法调查会报告书》后解散。护宪运动取得了胜利。

此后，宪法几乎成了不可触碰的“圣域”，没有政客能够把修宪问题提上议事议程。下野后的岸信介不甘心，曾在1969年重新集结一些人成立“制定自主宪法国民会议”，并自任会长，但是响应者寥寥无几。就连岸信介的胞弟、时任首相佐藤荣作当时也说：“宪法已经在国民中间生根。”

内阁宪法调查会停止了活动，宪法问题研究会却继续坚持到1976年。在宪法问题研究会存续的18年间，先后经历了岸信介、池田勇人、佐藤荣作、田中角荣、三木武夫五位首相。知识人团结在宪法问题研究会里，进行“润物细无声”式的国民启蒙，成为战后日本良知的象征。日本主流媒体评价说，宪法问题研究会“对国家的方向也产生了影响”。

宪法问题研究会之所以能够坚持18年，是因为这些优秀的知识人亲身经历了法西斯主义“黑暗时代”，深知为了防止国家再度走上歧路，就必须捍卫国民主权，防止国家对个人过度压迫。而要实现这一点，就必须通过启蒙，让每一个人都努力捍卫和争取表达自己意愿的权利，为国家的前途命运负责。研究表明，以民主方式通过的宪法平均每13年就会修改，占领时期制定的宪法平均每 3 年就要修改。《日本国宪法》已经施行超过 70 年，但是迄今没有改动一字一句，成为目前世界上未经过任何修改的“最古老”的宪法，这主要是因为被启蒙唤醒的日本民众对宪法的坚定捍卫。

由于罹患关节炎，我妻荣从 30 岁就开始拄拐生活。但是他为了捍卫宪法，不辞辛苦地进行启蒙活动。在与岸信介的交往中，他坚持独立精神，不阿附权贵，成为后世永远尊敬的榜样。

赤城宗德：不能让自卫队成为国民的敌人

如果真要出动自卫队，当然会增强维稳力量，但是也极有可能发生悲惨的流血事件。值得庆幸的是，事情并没有发展到最糟糕的局面。因为日本的政治家很清楚，在战后建立的政治体制框架下，以动员国家军事力量来弥补民主统治能力的不足，以军队来镇压国民，这样的政治选择没有未来。

日本自卫队的一支坦克部队正在北富士演习场演练，突然接到命令："调集坦克部队前往东京，镇压暴徒，保卫主要政府机构。"得到命令后，一位坦克手想："希望暴徒们看到坦克后就赶紧逃离。可要是不肯逃，那该怎么办？难道我真的要成为屠杀同胞的人吗？"想到这里，这位坦克手开始发抖。他祈求东京的秩序尽快安定下来，不要发生流血悲剧。

那是 1960 年夏日的一天，当时的东京陷入了空前的社会骚乱。

一、祸起新安保条约

安保条约就是 1951 年吉田茂首相和美国签署的《日美安全保障条约》，该条约规定：美国有权在日本国内及其周围驻扎陆海空军；根据日本政府的请求，美军可以镇压日本国内发生的暴动和骚乱。从那时起，这一条约便一直是日本保守分子及进步分子的批判对象，虽然两者的动机并不相同。进步分子反对日本与美国结盟，认为这样有可能使日本成为战场，或成为开战时的标靶；保守分子则认为，安保条约是一个不平等的条约，它把义务片面地加在日本身上，应该尽早修改。

作为保守主义政治家，岸信介首相也对安保条约心有不满。岸信介曾任东条英机内阁的商工大臣，在开战诏书上签过名，被称为日本的阿尔伯特·施佩尔（纳粹德国的军备部长），因此战后被定为甲级战犯。虽然没有被定罪，但是他身上战犯的标签却难以撕掉。自从 1952 年重返政治舞台之后，这位大眼、大耳、龅牙的政治家就被视为反动人物。尤其是 1957 年就任首相后，他试图通过修改《警察法》来扩大警察权力，因而在国民心目中成为复辟和反动的象征。在修改《警察法》的努力失败后，他就把主要精力转向修改安保条约。这让人们警惕起来，认为只要岸信介插手修改安保条约，就有危险。

于是，在岸信介极力推动安保条约谈判的同时，一个反对运动也在酝酿。以社会党为中心，各界组成“阻止修改安保条约国民会议”。从 1959 年春天开始，各种抗议活动就出现在街头。政府曾就修改条约问题做了一次舆论调查，结果是：赞成者占15%，反对者占10%，不表态者占25%，其余的50%则表示不了解是怎么一回事。岸信介认为，表示不了解的50%中大多数是支持自己的，而反对者则认为自己代表主流民意。

战后日本最动荡的1960年，是从东京的羽田机场开始的。《朝日新闻》的报道忠实地记录了当年的情形：

为反对岸信介首相为签订安保条约赴美，从1月15日夜晚开始，有700名全日本学生自治会总联合会的学生在羽田机场大楼里静坐示威。警视厅出动2 000多名便衣警察自1月16日凌晨2时15分开始采取统一行动，一鼓作气把学生们全部赶出机场。学生们拥挤到门廊旁边的餐厅里，用桌子、椅子在出入口筑起工事，但是全副武装的警察队伍赶来，把顽强抵抗的学生们全部逮捕……

1月16日晚上，岸信介在警察的保护下赶到机场，登上飞机。这种如同出逃一样的出发姿态，给本应光明正大的访美之行的正当性带来了疑问。

三天后，岸信介与美国总统艾森豪威尔在华盛顿签署《日美共同合作和安全条约》（即新安保条约）。与八年前的《日美安全保障条约》相比，新安保条约规定美国军事基地可以用来保护日本，而日本有义务资助基地开支，同时在紧急时期保护它。新安保条约还规定，美国在基地举行活动前必须告知日本，若要携带核武器进入日本港口或领土也要告知。从形式上看，这是两国对等的、双方承担义务的条约，加强了日美军事同盟关系。40 多年后，日本著名国际问题专家五百旗头真这样评价道："通过修改安保条约，将安全托付给美国而专心发展经济的吉田路线的根基更加稳固……在日美安保条约的保护伞下，（日本）与动荡的亚洲政治形势保持距离，快步迈向了经济高速增长之路。"

岸信介收获满满地回到东京，却发现新安保条约的反对力量并没有减弱，反对运动反而扩大了。因为在反对者看来，签约以后日本无异于永远处在美国的霸权下，成为一个"从属独立"的国家，而且在冷战的背景下可能会被拖进更大的战争中。恰好在这时，韩国的学生运动推翻了李承晚政权，这刺激更多的日本学生加入抗议队伍。在国际上，苏联等国家对新安保条约的严厉批评增加了日本国民的担心，这些国家对抗议活动的支持也推动抗议规模不断扩大。国内外的力量汇合在一起，东京街头涌现出一拨又一拨的示威游行。

5 月 19 日，社会骚动达到高潮，因为当天是众议院审议新安保条约的日子。新安保条约不但遭到在野党的反对，就连岸信介所在的自民党中也有个别议员不同意。民主的基础在于，处于政治优势地位的人懂得宽容与忍耐。然而，一直敬仰同乡前辈吉田松阴的岸信介是一个非常强硬的政治家，他没有谋求妥协，而是通过执政党的优势地位强硬推动国会审议。5 月 20 日凌晨，在反对党议员的层层包围下，身为自民党的众议院议长宣布召开国会，在皮靴声和怒吼声中匆匆投票通过该条约。

"之所以在那天晚上搞强行表决，恐怕是与艾森豪威尔访日的日程有关。"当时的防卫厅长官赤城宗德后来回忆说，"访日日程早已定下来了，因此想使条约在艾森豪威尔访日之前通过。看来是根据这个日程来决定众议院表决日期的。”原来，在访美期间，岸信介就邀请艾森豪威尔访问日本，参加6月19日的签约仪式。

不管是首相岸信介，还是防卫厅长官赤城宗德，当时都没有预见到，这种强行通过新安保条约的做法将引起更大的麻烦，并将他们二人推入冲突之中。

二、山雨欲来

1960年5月19日是安保运动的转折点。岸信介利用国会强行通过新安保条约，引起人们对于民主制度的担忧。15年来的民主主义教育，让民众养成了“政府也应当听取我的意见”的意识，不能接受强行表决通过的做法。修改安保条约不管有怎样的正当性，岸信介的做法都刺痛了人们，“岸信介——甲级战犯——战争发动者”的印象加强了国民的反对情绪。因此，5月19日之后，反对运动急剧高涨起来。《朝日新闻》报道了第二天的抗议活动：

5月20日午后4时左右，在参议院附近的道路上集结了7 000余人，企图闯入国会议事堂。他们挽臂列队，群情激昂，曲折前进，奔向国会正门，在门前与武装警察相遇……他们一看无法强行通过，便立即折回来奔向首相官邸。6时30分左右，从官邸北侧警戒力量薄弱的土堤处冲了过去，砸碎了大门，约200名学生冲进官邸内，与警察发生了流血冲突。29名警察、20名学生和其他3名群众负伤。

此后，连日连夜，国会周围的游行浪潮一浪高过一浪，东京处于前所未有的骚乱状态之中。“拥护民主主义”的口号引出了人们对政治各种各样的不满和欲望，只不过斗争目标集中到了岸信介身上，新闻舆论一齐发出了“岸信介下台”的呼声。然而，岸信介依然态度强硬，当社会党议员涌到首相官邸要求内阁集体辞职时，他正颜厉色地说：“我并不认为新闻、广播就一定百分之百地代表国民的舆论。过去报上不是也多次登过‘岸信介内阁不出三日必定垮台’之类的话吗？可是我的内阁不但没垮，反而长期干到现在！”

话虽如此，岸信介内阁面临的考验越来越严峻。国会附近每天都出现庞大的示威人群，连续好几个星期，示威规模急速扩大。保守估计，规模最大的一次示威，参与群众可能超过 10 万，甚至可能达到 20 万。因为游行人数与日俱增，所以岸信介首相无法从正门进入官邸，而改从后门出入，同国会的联系也只能通过由战争期间挖的防空洞改成的地道来进行。岸信介期望示威游行很快平息下去，然而他根本看不到减退迹象。在野党发表国会通过新安保条约无效的声明，媒体齐声批判政府，各地举行抗议活动。据说人数最多的那一天，全日本有 560 万人参加了罢工和游行。

在煎熬中，岸信介迎来了 6 月 10 日。这一天，艾森豪威尔的新闻秘书詹姆斯·哈格蒂飞抵羽田机场，为总统访日做安排。美国驻日大使前来迎接，大使乘坐的汽车行驶到机场出口时，被游行示威队伍团团围住。愤怒的人群从两侧摇动汽车，用标语牌猛砸车身，打碎了车窗玻璃。前来解围的警察队伍与游行队伍相遇，双方乱作一团。一个小时后，哈格蒂一行换乘美国海军陆战队的直升机，才脱离险境。哈格蒂一行当天晚上便返回了美国。

1960年正好是日美修好100周年，因此艾森豪威尔总统访日具有特殊意义，岂能轻易取消？因此，岸信介政府拒绝了美国政府推迟总统访问的提议，想方设法为6月19日美国总统访问稳定局面。然而，哈格蒂一行的遭遇表明局势非常严峻。于是，政府里一部分人主张出动自卫队。

根据《日本国宪法》，日本绝对不能发动战争，也无权拥有军队。但是朝鲜战争爆发后，在美国的支持下，日本组建了国家警察预备队，1952年改名为保安队。1954年日本政府颁布《防卫厅设置法》和《自卫队法》，将保安队改为拥有陆海空三大武装力量的自卫队。顾名思义，它是日本被侵略时才可以出动的自卫力量。作为政府部门之一，防卫厅负责管辖这支独特的武装力量。

面对不断高涨的示威运动，防卫厅将关东地区的坦克部队调集到了东京附近，以备不虞。在自卫队东京市区的市谷驻屯地，荷枪实弹的自卫队员也做好了出发准备。在回忆录中，时任防卫厅长官的赤城宗德这样叙述当时的紧张气氛：

随着6月19日艾森豪威尔的访问越来越近，政府和自民党内的焦躁感日益强烈，主张出动自卫队进行警备的呼声高涨了起来……不是为了镇压游行，而是为了负责警备……在内阁会议上，虽然没有人正式提出这个问题，但当时的大藏大臣佐藤荣作、通产大臣池田勇人等人几次抓住我，问我："为什么不设法出动自卫队呢？"然而，问题在于首相是否下决心。因此，他们对我都是用一种商量的口吻。基于这种情况，自民党内也着急起来了。川岛正次郎干事长穿过地道，来到赤坂桧町防卫厅，要求“为了艾森豪威尔平安无事地访日，你就出动自卫队吧”……

然而，赤城宗德以“首相没有下决心”为由拒绝了。

三、桦美智子之死

按照宪法规定，众议院通过的新安保条约送交参议院 30 天后，即使参议院没有表决亦自动生效。随着生效日期逐渐临近，游行示威愈演愈烈，在 6 月 15 日达到高潮。

那一天，游行队伍包围了国会议事堂，据说有超过 10 万人。激进的全日本学生自治会总联合会当晚发动冲击国会的攻势。他们把点燃的纸团扔进警察的卡车里，拔掉国会周围的栅栏，与警察队伍混战，结果被警察赶了出来。随后，游行队伍再次冲进国会，在和警察发生冲突时，东京大学历史系的桦美智子不幸死亡。示威者指责警方使用暴力，但警方则说桦美智子是被示威人潮推挤致死的。这位 22 岁的女孩是一位非常出众的大学生，一直活跃在安保斗争的第一线，在羽田机场占领事件中也曾遭到拘捕。她去世后留下的手记《人不知我，我亦笑》后来成为一本长年畅销不衰的书。

桦美智子之死是日本战后历史上一次重大的“政治造成的死亡”。消息传来，岸信介大惊失色。就像事后他对采访者所说：“桦美智子死亡这件事，不单是一个人因某种原因离开了人世，我作为警备当局最终的负责人，对于未能使游行队伍秩序井然地行动，感到愧疚。”他结束紧急内阁会议，回到私邸，立刻把防卫厅长官赤城宗德叫来，要求出动自卫队，恢复秩序。赤城宗德回忆，当时岸信介首相和他是这样交谈的：

“赤城君，能否让自卫队带着武器出动？”

“不行。让自卫队武装出动，会是一股力量，可能造成同胞之间的相互残杀。那就很容易被利用，成为革命的导火线。不能让自卫队成为国民的敌人。”

“那么，不带武器出动行吗？”

“不带武器的自卫队，在维持治安方面还不如警察。而且以前也没搞过不带武器出动维持治安的训练。这样做的话，国民中间就会产生一种呼声，认为‘没有用的自卫队，干脆把它解散算了’，那就不好办了。我不能在我任职期内，留下一个自卫队不得不解散的祸根。如果无论如何必须这样做，那就请先把我罢免掉吧！”

这是充满悲壮气氛、令人感到窒息的时刻。这时，围在岸信介私邸四周的游行队伍还在示威，“反对安保条约”“打倒岸信介”的口号不绝于耳。岸信介双臂交叉抱胸，默默地听着。赤城宗德心情沉重地离开了岸公馆。后来他回想道：“那天夜里，我独自一人苦恼极了。心里老是想：是提出辞呈，还是一旦有权下令的首相发了话，就让自卫队出动呢？”

那时，警察已疲惫不堪，机动队人数很少，装备低劣，而且没有进行过训练。如果真要出动自卫队，当然会增强维稳力量，但是也极有可能发生悲惨的流血事件。值得庆幸的是，事情并没有发展到最糟糕的局面。因为日本的政治家很清楚，在战后建立的政治体制框架下，以动员国家军事力量来弥补民主统治能力的不足，以军队来镇压国民，这样的政治选择没有未来。就在那天晚上，岸信介终于做出了政治决断：取消艾森豪威尔访日。他心里明白，这个决定将导致自己下台。第二天下午，岸信介在内阁临时会议上宣布了取消艾森豪威尔访日的决定。赤城宗德心里的愁苦顿时云消雾散。后来他写道："如果当时首相再次正式要求出动自卫队，我恐怕也只好同意了。那真是一个举足轻重的决定啊！"

彼时艾森豪威尔总统已经到达马尼拉，岸信介向他提出了延期访日的要求。虽然艾森豪威尔访日之事告吹，但暴力运动升级导致舆论的矛头所向发生逆转。《朝日新闻》《每日新闻》《读卖新闻》等七家大报发表题为《排斥暴力，保卫议会主义》的共同宣言，指出"6月15日夜晚发生在国会内外的流血事件，是把议会主义置于危机的令人痛心的事件。对于日本的将来，我们从未感到如此令人忧虑"，"民主主义应通过言论来进行争辩。不论出于何种理由，或者处于何种政治上的困境，通过暴力来行事是断然不可的。一旦承认暴力，并任其成为一般性的社会风潮，民主主义就不复存在，将会出现危及日本存亡的重大事态"。这些报纸呼吁政府尽早平息事态，不同党派暂且放下争议，恢复国会的机能。

岸信介又苦苦坚持了三天，6月18日新安保条约自动通过，五天后日美双方在外务大臣官邸交换批准书，条约正式生效，岸信介首相立即宣布辞职。日本历史上未曾出现过的声势如此浩大的示威游行随之销声匿迹，东京恢复了往日的和平与繁荣。

"安保斗争"从此成为历史。尽管对于修订安保条约的是非，以及岸信介的功过，至今在日本民众中仍然有争议，但是防卫厅长官赤城宗德坚决拒绝出动自卫队，反对以武力解决国内矛盾，甚至不惜为此而请辞的做法，受到日本民众的一致尊重。

池田勇人：让全体日本人富裕起来

"国民收入倍增计划"和国民的愿望很好地结合在了一起，激发了国民对于经济发展的信心，私营企业也热情地投资扩张。一大批企业家在这一时期成长起来，甚至走出国门，走向世界。在政府扩充社会资本的背景下，企业家们的努力和创新成为日本经济高速增长的主要推动力量。

1960年6月15日，日本政坛的紧张气氛达到顶点。因为当天晚上，反对新安保条约的游行示威队伍冲击国会议事堂时，东京大学学生桦美智子不幸身亡。政界人士都意识到，力主修改安保条约的岸信介首相大势已去，池田勇人将接任首相。

"您当上首相后，将怎样处理眼下的事态？"

"只有靠经济政策，要让国民收入翻一番！"

池田勇人和秘书之间的这段对话，表明池田勇人已经成竹在胸，也预示着日本即将走出“政治季节”而迈入“经济季节”。

一、从官僚到政治家

作为战后的杰出首相，吉田茂不仅奠定了日本复兴的基础，还培养了一批政治家。池田勇人就是从“吉田学校”走出来的优秀毕业生。

其实，池田勇人本来是一个职业官僚。1922年大学毕业后，他就进入大藏省，勤勤恳恳地工作，成为一个忠实的税收专家。大藏省次官是他人生梦想的顶点。战败后，这个一心想出人头地的农家子弟发现，国家主权已经从天皇转移到国民手中，以前宣誓效忠天皇的官僚成了国民的公仆，国会议员的地位高于官僚。于是他辞去大藏省次官之职，参加议员竞选。他对选民说：“如果当选，我就要担任大藏大臣，掌握国家财政之舵。”

果然，1949年池田勇人成功当选国会议员，并顺利进入吉田内阁，担任大藏大臣之职。他坚决执行“道奇路线”，对混乱的经济秩序进行整顿，为经济复兴打下了基础，这也让他声名鹊起。池田勇人性格直率，不喜欢读书，但对自己的工作很执着，甚至有点愚直，看到数字总是兴致勃勃的。他的秘书、后来担任首相的宫泽喜一评价道：“说池田这人不喜欢读书，又不爱摆架子，不像是个知识人，这种评价也许正确。但是池田绝非头脑不聪明。”池田勇人对数字有超群的记忆力，甚至清楚地记得上学时的学费、住宿费金额，以及大学毕业时的工资是多少。他曾说：“数字都是活生生的，再也没有比它更有意思的了。”

但是，作为一个政治家，池田勇人还是有些青涩。银根紧缩造成经济萧条，记者问他如何看待企业主自杀的现象，池田勇人随口答道："在实行'道奇路线'这样一种大的政策改变时，有5个或10个企业主破产、自杀，那是没有办法的事。"报纸披露他的回答后，引起轩然大波。民众震怒，在野党也提出不信任案。虽然不信任案被否决，但是池田勇人的公众形象严重受损。报纸上出现的他，总是戴着高度近视眼镜，冰冷的面孔颇有官僚的妄自尊大之势，令人生厌。

不过，恩师吉田茂却很器重他。吉田茂点名让池田勇人作为日本政府代表，战后首次访问美国。名为"赴美考察财政经济状况"，实际是让池田勇人去为与美国签订条约探路。后来，在旧金山举行的和平条约签字仪式上，池田勇人是内阁成员中唯一被吉田茂指名为全权委员的人。这不仅拓宽了池田勇人作为政治家的活动范围，也让他得到了历练。

然而，1952年在众议院召开的各党代表质询会议上，身为通产大臣的池田勇人再次失言。在野党提出的不信任案以微弱多数通过，池田勇人丢掉了乌纱帽，这在日本宪政史上也是罕见的。更让池田勇人感到耻辱的是，民众对此感到高兴。（主要由中小企业家组成的）全国商工团体联合会发表了给在野党领袖的感谢信，信中写道：

对您在成功迫使侮辱中小企业家的池田勇人辞职中所发挥的作用，我们深表谢意……此人作为政治家的生命由此已告结束，更无可能担任总理、总裁职务。

池田勇人刚过知命之年，已然仕途黯淡。吉田茂再次施以援手，命他担任自由党政务调查会长，做党务工作，韬光养晦。“屋漏偏逢连夜雨”，两年后池田勇人又身陷“造船丑闻事件”。幸亏吉田茂指使法务大臣动用“一般指挥权”，强行叫停了对此事的调查。虽然自己的得意弟子逃脱了牢狱之灾，但吉田茂的政治生命也走到了尽头。1954 年 12 月，吉田内阁集体辞职，吉田茂告别了政治舞台，池田勇人失声痛哭。

“今后我将尽力改过赎罪。”几经挫折后，池田勇人终于成熟起来。他像变了一个人似的，不再排斥记者，而是来者不拒。虽然不是每问必答，但也是和蔼相待，尽力解释，留有余地。因此，他在报纸上的形象不再是信口开河，而是深沉稳重。作为石桥湛山内阁、岸信介内阁的大藏大臣，他也一改此前只知道增加税收的主张，提倡对国民减税。经过努力，池田勇人逐渐摆脱了负面形象，获得了民众的认可。在党派林立的自民党内部，池田勇人成立“宏池会”，身边聚集起一批优秀人才，开始谋划日本未来的经济发展之道。

池田勇人发现，1955 年自由党与民主党实现联合（合并为自民党）、确立保守体制后，日本政府开始偏离“重经济、轻政治”的吉田茂路线。尤其是鸠山一郎和岸信介两位首相，都是有主见的政治家。他们在政治上试图修改宪法和安保条约，在经济上试图修改垄断法和银行法，结果不但没有成功，反而引起政局动荡。各种规模的罢工不断发生，一度出现了 33 万人围绕国会游行的局面。

桦美智子之死，导致岸信介内阁垮台。60 岁的池田勇人终于等到了属于自己的机会。

二、宽容与忍耐

1958年末，时任无任所大臣的池田勇人访问美国，会见美国前财政部长约翰·韦斯利·斯奈德。斯奈德一边抱怨“美国的议会也难以控制”，一边说“民主主义的基础，存在于当权人适时的宽容与耐心之中”。此话深深印在池田勇人心底。当池田勇人在1960年7月当选为新一任首相、完成组阁后，便向媒体发表讲话：“在宽容与忍耐的基础上，以协商的态度进行国务活动，今后绝不实行单独审议。”

从此，“宽容与忍耐”成为池田内阁的响亮口号，击中了当时的政治痛点。因为1955年以来，自民党和社会党在诸多议题上冲突不断，双方谁也不肯退让，导致政治气氛持续紧张。池田勇人敏感地意识到，国民对“政治季节”已经厌倦。他在选内阁成员时尽量照顾到各党派的利益，努力消除保守政治势力与革新政治势力之间的尖锐对立。他常常一边吃简单的咖喱饭，一边进行党首之间的协商。同时他也放弃了上酒馆的嗜好，不再热衷于去高尔夫球场，最多就是在自家别墅里拿着球杆空挥过过瘾。然而，树欲静而风不止。就在新内阁成立后不久，一桩突发的政治血案开始考验池田勇人的“宽容与忍耐”。

1960年10月12日，社会党委员长浅沼稻次郎在东京日比谷会堂发表演讲。一年前，浅沼稻次郎曾率代表团访问中国，在北京提出“美帝国主义是中日两国人民的共同敌人”的口号，引起日本右翼的不满。浅沼稻次郎演讲时，由于听众里有不少右翼分子在鼓噪，所以会场十分嘈杂。突然，一个激进的右翼少年冲上主席台，将短剑刺向身躯高大的浅沼稻次郎。当时日本即将进行选举，三大政党的党首恰好都在日比谷会堂举行会谈，因此身为自民党总裁的池田勇人也坐在主席台上，目睹了血案的发生。

在送往医院的途中，浅沼稻次郎不幸去世。社会党愤怒了，要求池田勇人下台。极右翼的恐怖行动加重了政治危机的气氛。池田勇人迅速处理安保责任人，对浅沼稻次郎的家人表示慰问，又在国会上发表了一篇感人的悼词。面对不同党派的议员，60 岁的池田勇人步履沉重地走上讲台，声音低沉地说道：

现在，当我站在这个讲坛上面对各位的时候，我清楚地看到，我们的会议厅上有一个空席。这便是我的对手的席位。我曾在心里暗暗发誓：要在这个讲坛上与他面对面进行政策上的辩论，或者在即将到来的大选中与他一起在全国各地的街头辩论。

过去，从这里发出的声音，我曾经在社会党的大会上听到，有时候还在群众中听到。现在，这个人已经故去，他的声音也消失了。我还和谁来进行争论呢？但是，如果心绪平静下来，倾耳聆听，我仿佛听到从那个席位上发出的呐喊：“在我身上发生的事，绝对不能让它再发生在别人身上。”暴力是我们共同的敌人。

我想和大家一起明确地宣誓：今后绝不允许为了达到目的而不择手段。因为我相信，这是我能向浅沼稻次郎的亡灵敬献的唯一的祭品。

会场上爆发出热烈的掌声，池田勇人的真诚打动了许多议员，因为他的演讲超越了政见之争，回归到人性。池田勇人讲述了浅沼稻次郎的生平，称赞他“为人坦荡，待人谦和”，“把为民众服务作为自己的政治信条”，并表示“他的名字将永远记在日本政治史上”。池田勇人最后说：

在本届国会中，各党派都互相宣布了自己的政策，我们已经做好了接受人民批评的准备。我们知道，你也是下定决心要这样做的。然而，你因暴力而英年早逝，永远被剥夺了这样的机会。这不仅是社会党的最大不幸，也是全国人民的最大不幸，实在令人不胜惋惜。

我们在这里缅怀追念浅沼生前的功绩，缅怀他的人格，相互提醒、互相保证：绝不能让这种不幸的事件重演！

池田勇人的演讲不仅赢得了掌声，而且赢得了社会党的谅解和尊重，社会党议员中甚至有人悄悄地拭泪。暗杀事件并没有引发反体制运动，一场风波至此平息。

不过，当时在九州发生的劳资斗争仍然在持续。一万多人聚集在那里，为反对裁员的三池煤矿工人加油打气。现场气氛紧张，随时有爆发大型暴力冲突的可能。为解决三池煤矿的劳资争议，池田勇人特意任命稳重多谋的石田博英为厚生大臣。石田博英召集劳资代表，提出政府劝告，同时邀请中央劳动委员会与日本经济团体联合会等劳资团体进行斡旋。结果，这场持续 313 天，被称为“劳资间总决战”的大罢工终于以和平方式结束。从此，日本再也没有发生大规模的劳资冲突。

经过1960年的戏剧化行动与创伤后，日本的政治气氛逐渐平静下来。自民党放慢修改宪法的步伐，同时避免与工会发生冲突，强调经济发展政策，亦力图改善民众福利。左翼方面一些人士也积极响应自民党的新姿态，同意放弃劳工和国际议题上的冲突策略。于是，通过“宽容与忍耐”，池田勇人成功将日本的发展战略从政治主义路线转向经济主义路线。在1960年11月的总选举中，自民党在议会中的席位总数达到战后之最。一种折中与妥协的新政治生态开始形成。

三、百分之九先生

从因安保风潮而人心灰暗，到以“国民收入倍增计划”使社会转向明快，这才是根本的转变，才是真正的人心一新。

在出任首相前夕，池田勇人明确提出了自己的主张。20世纪50年代，日本经济时起时伏，虽然经历了“神武景气”“岩户景气”两次繁荣，但是随后都迎来了萧条。因此，对于20世纪60年代的经济发展前景，大部分经济学家都抱有怀疑态度。年度经济白皮书的主要执笔者后藤誉之助就认为，日本将迎来战后复兴时代的黄昏，增长率有可能回落到战前的平均增长率。不过，池田勇人身边聚集的一批学者却乐观得多。他们确信战后制约经济发展的各种因素已经理顺，“日本经济目前正处在历史的勃兴期”。

池田勇人性格直率，虽然经常失言，但是能够听取好的意见。他决心“给国民以梦想”，动员了2 000多名专家参与制订发展计划。1960年9月5日，池田勇人向社会公开自民党新政策，提出未来三年的年增长率达到 9%、未来十年收入翻番的目标。为此，政府将积极创造充分发挥国民能力的环境与条件，包括强化经济基础、优化产业结构、培养技术革新人才、扩大社会保障等。当时，世界以惊奇的目光看待这些增长数字。外电报道中，这位新首相被称为“百分之九先生”。

1960 年底，池田勇人提交的“国民收入倍增计划”被国会通过。按照该计划，1961—1970 年经济增长率将达 7.8%，国民生产总值增加两倍，达到 26 万亿日元，人均国民收入达到 20.8 万日元。实际上，1955—1960 年日本经济增长势头也很迅猛，国内生产总值年均增速达到 8.8%，但年均工资增长率仅为 5.6%。国民没有享受到国家经济高速增长的成果，反而出现了一系列涉及民生的社会问题，导致社会矛盾日益激化。有鉴于此，池田勇人承诺，让全体日本人富裕起来。他相信，有了钱，人们会彻底忘掉政治。

这一计划在社会上引起了极大反响，东京证券市场的股票价格指数一举达到历史顶点。然而，社会上普遍持质疑态度。一种意见表示欢迎，但是担心翻一番是空洞许诺，另一种意见则表示反对，在朝野和经济学界甚至掀起了一场大争论。

在以社会党、共产党为中心的在野党势力中，不少人以意识形态的对立来否认经济发展和国民生活提高的可能性。在这些人看来，在现行体制下是无法实现“国民收入倍增计划”所提出的那种高速增长的。他们从战后起便一直抱着“不变革现行体制，就不可能有经济发展和生活的提高”这一教条主义的观点，认为当前的繁荣是“昙花一现”。他们还宣扬说，经济高速增长会扭曲国民生活、扩大国民间的收入差距，因此，高速增长不仅不会改善国民生活，反而有恶化国民生活的危险。不过，这些在野党提不出更好的政策主张，在野党内的温和派反而支持政府的政策。至于那些将国家撕裂的极端主张，在池田勇人“宽容与忍耐”的努力下，则越来越边缘化。

在学界，对于“国民收入倍增计划”也有不同意见。现代经济学家、马克思主义经济学家、官厅经济学家等都参与了争论。在争论中，认为用十年使收入翻番的目标根本不可能实现的“悲观论”占绝对优势。随着批判氛围高涨，把高速增长视为坏东西的看法在知识界流行开来。在政府内部也有不同意见。作为保守主义政党，自民党一直排斥经济计划。吉田茂本人对此深恶痛绝，他时常念叨：“这东西要是由社会主义国家搞还差不多。”池田勇人的亲信大平正芳（后来也担任过首相）也质疑说：“日本本是自由经济国家，无论是什么计划，由政府强制按计划行事岂非咄咄怪事？”

然而，池田勇人却不认同这些观点。这不是因为他已经预见到了经济翻番的宏伟前景，而是深知此计划并非社会主义国家的彼“计划”。“国民收入倍增计划”表达得很清楚，“我们的经济计划是在以自由企业和自由市场为基础的体制下产生的”，因而，对它所牵涉的私人资本的活动“并不强制执行”，只是提出趋向性的“诱导”政策。计划的重点放在政府投资和行政开支的分配上，“计划的对象中心放在拥有直接推行政策手段的政府公共部门”，“因此，只有做种种努力扩充构成产业基础的社会资本，才能实现计划所提出的经济高速增长这一目标，这是基本课题”。

这里所说的“社会资本”，是指对公共事业的投资，如对港口、道路、铁路、市政、住宅等的投资。日本舆论界认为，这些社会资本的充实，为私人投资创造了条件，同时又为市场提供了购买力。因此，政府将大量资金投入基础建设。从城市到农村，举国上下都成了大工地，公路、桥梁、水坝造个不停。东海道新干线、高速公路、都市环境整备等公共设施得到飞跃式发展。到 1964 年举办东京奥运会时，日本的城市景观完全变了样。

除了技术官僚的作用，更重要的是，“国民收入倍增计划”和国民的愿望很好地结合在了一起，激发了国民对于经济发展的信心，私营企业也热情地投资扩张。一大批企业家在这一时期成长起来，甚至走出国门，走向世界。在政府扩充社会资本的背景下，企业家们的努力和创新成为日本经济高速增长的主要推动力量。

四、梦想成真

如果每个人都尽可能降低消费支出占收入的比例，同样的消费支出尽量不购买外国产品，那么也能相应地接近这一目标（指经济自立）。这是 1954 年的经济白皮书对国民的呼吁。战后日本外汇储备少得可怜，但是从 1959 年开始，日本的出口量超过了进口量，在经济上日本已经独立自主。不过为了保护本国产业，日本仍然实行进口管制，导致其他国家也对日本的进口进行限制。日本政府意识到，只有停止保护措施，让本国产品与外国产品开展平等竞争，才能具有国际竞争力，才能使日本挤入先进工业国家之列。

为此，池田内阁积极推行贸易和汇兑自由化，撤销进口管制。这符合世界潮流，当时《关税及贸易总协定》、国际货币基金组织都要求成员取消汇兑限制、扩大世界贸易。一个国家的发展需要良好的国际环境，对于资源匮乏的日本来说更是如此。然而，日本向开放经济体制过渡却遭到来自各方面的反对。

日本对进口的统制始于1931年的“九一八”事变，整整延续了约30年。在战后的复兴期和增长期，日本为保护本国产业，对外国的商品、技术以及资本的进口都加以严格的限制。然而在出口方面，由于美国等国家努力维持了自由贸易的原则，日本从中得到了巨大的利益。正因为如此，当日本要向开放经济体制转化之时，不仅意味着要放弃既得利益，还意味着要让被“温室培养”的日本面临世界“冷风”的考验，许多经济组织表现出巨大的不安。

正如一位学者所说：“日本经济长期浸泡在封闭经济体制之中，因此面对贸易自由化，当时的政府、官员及各政党、经营者、工会等，都担心物美价廉的海外产品纷纷涌入日本市场后，会使日本产品与国外产品的竞争激化，众多日本企业在竞争中将被击败和淘汰。”因此，企业界出现了“总体赞成，具体反对”的现象。企业界的领导层认为，贸易自由化是“世界的大趋势”，要承认自由贸易的好处，如果拒绝，日本对发达国家的出口就可能受阻，因此原则上赞成贸易自由化。但是各个具体企业，都担心自己的产品因缺乏竞争力而难以生存，希望尽可能拖延实施自由化政策。号称“革新势力”的在野党也反对自由化。社会党担心自由化会打击日本产业，从而增加失业，所以采取了尽可能延期实行自由化的立场，还提倡进行“使用国货运动”。日本共产党也反对自由化，认为“贸易和汇兑自由化是美帝国主义统治世界的阴谋”。

不过，池田勇人没有退缩，而是加快自由化，结果提前实现了贸易自由化计划。1962年自由化比率达到90%，此后逐年提高。1964年4月，日本正式加入OECD（经济合作与发展组织），成为国际公认的开放经济体。1964年9月，国际货币基金组织大会在东京召开。作为实现开放体制的政府代表，池田勇人在开幕式上宣布，经过战后19年的高速增长，日本经济成功实现了重化工业化，人均国民收入也达到或接近西欧各国的水平。

一个月后，世人齐聚东京，共襄奥运盛会。这次盛会和国际货币基金组织大会一起，标志着池田勇人政治生涯的顶点。人们注意到，在奥运会开幕式上这位首相虽然情绪饱满，但是声音嘶哑。不久，他就因病住进了医院，被确诊为喉癌，随后辞去首相职务。4年前，在担任首相前夕，池田勇人和秘书大平正芳有过一段有趣的对话：

“总裁当年中学毕业，离开故乡广岛外出闯荡时，不知是否想到会有今天？”

“绝对没料到。”

“如此说来是不期而然了。这样，即使将来失去也无所遗憾了。”

“是啊，的确如此。”

话虽这样说，但辞去首相时池田勇人仍然感到遗憾，因为他不得不成为“国民收入倍增计划”的旁观者。一年后，65岁的池田勇人溘然长逝，抱憾而终。不过，他所制订的“国民收入倍增计划”并没有人亡政息，而是在一同从“吉田学校”毕业的佐藤荣作首相的推动下继续实施。等到该计划收官的1970年，日本交出了一份令世界震惊的答卷。

1961—1970年的10年里，日本的国内生产总值增长3.9倍，远远超过原计划，也遥遥领先于欧美国家（美国的国内生产总值增长1.9倍，西欧增长2.3倍）。国民收入在1967年就翻了一番，10年间日本人实际工资收入是计划的1.52倍，工资指数增速更是位居主要发达资本主义国家之首。几乎所有日本人都享受到了前所未有的富裕生活。国民收入水平的提升刺激了内需的持续增长，人们越来越愿意在休闲、旅游、娱乐等方面加大消费力度。继美国之后的又一个“大众消费社会”随之而来。

1968年，日本超过联邦德国，成为世界上仅次于美国的第二大经济强国，豪迈地跨进了世界先进国家行列。国民生活方式、社会形象、人们的思维方式，乃至日本列岛的面貌都发生了根本性变化。世界惊讶地发现，一个现代化国家已经出现在世界的东方。

第三编　大国

菅义伟的故事，就是一个国家消除城乡差距的故事

任何国家在现代化过程中，都要面对城乡差距问题。有的国家经过上百年才解决这个问题，有的国家至今仍然被这个问题所困扰。20 世纪 50 年代前期，日本的城市和乡村是完全分开的。但是 20 世纪 60 年代以后，日本的城乡差距迅速缩小。到 20 世纪 70 年代，农村和城市几乎没有了差距。日本的经验值得所有后发国家学习和借鉴。

1966 年夏天的一个夜晚，秋田县一位 18 岁的青年告别家乡，踏上列车，前往 500 多公里外的东京。车窗外是漆黑的原野，偶尔闪过乡村的灯火。车厢里都是怀着梦想的年轻人，他们或低声交谈，或静坐沉思。这些奔向城市打工的人不会想到，54 年后他们中间会出现一位首相。那就是来自秋田县的青年菅义伟，战后唯一一位农民出身的首相。

在菅义伟逆袭故事的背后，是日本向现代国家转型的故

事，也是一个国家消除城乡差距的故事。

经过明治维新，日本已经成为工业国家。但是1931—1945年的“十五年战争”，让日本退回到了农业国水平。战争后期，有不少市民跑到农村躲避轰炸。无条件投降后，日本的许多城市成为“烧焦的荒原”，900万人失去了家园。农村地区的生活水平骤然跌至战前的65%，而城市则只有战前的35%。两相比较，农村生活反而相对好一些，至少可以吃饱饭。于是，大量人口为了吃饭而涌向农村。菅义伟的父亲原来是一家铁路公司的白领，战争结束后，他带着妻儿回到秋田县务农。据统计，当时日本农村总人口约为3 600万，占全国总人口的50%。个别农户因为出售粮食而暴富，甚至有富裕地主办喜事，在新房的墙壁上贴满钞票。

土地改革后，农村的生产力得到极大解放。获得土地的农民对农业的投资猛增，粮食增产，农业生产也开始转向附加值更高的产品。菅义伟的父亲就在当地成功栽培出了商业价值更高的草莓，并以此发家。农业的恢复为战后日本资本主义的起死回生奠定了坚实的基础。

自古以来，农业被称为剩余劳动力的“蓄水池”。然而，尽管战后日本的农业迅速恢复和发展，但却无力吸纳更多的就业者，反而随着农业技术的革新，农村出现了越来越多的富余劳动力。更让执政者头疼的是，日本与世界其他地方一样，战后出现了一个婴儿潮。最高潮是1947—1949年，每年出生人数达270万。1945—1955年，日本人口增加了1 860万，总人口逼近1亿大关。日本政府一度鼓励和推动民众向拉丁美洲地区移民。但是移民规模很小，不足以解决就业问题。1955年，日本政府发布第一个五年计划书《经济自立五年计划》，将“扩大经济规模和增加就业机会”作为一项基本政策。

实际上，当时日本的经济已经开始奇迹般地复苏。生机勃勃的城市生活很快便重现，恢复了对农村人口的吸引力。战争末期的混乱和破坏力，暂时平衡了城乡间的竞争，但是并没有消除两者之间的巨大差异。虽然土地改革让农村获得了巨大利益，但是不足以弥补城乡差距。而且随着国际市场不断提供机遇，城市越来越领先于农村。与此同时，城市的发展也为农村提供了机遇。

立足大城市的企业需要大量劳动力，而升学率的提高使城市中的年轻就业者减少，企业纷纷到农村招募工人。由于城市职工的工资不断提高，所以城市不断吸收农村劳动力。农村中的男女青年，即使不着眼于高工资，也为城市生活所吸引，纷纷从农村流向城市。他们通过学校和职业介绍，集体离开家乡，到企业集中的大城市就业，称为“集团就业”。同时，铁路部门从 1954 年开始组织临时列车运送这些新就业者，这些列车被称为“集团就业列车”。这些列车通常从始发站直达就业地点，不习惯夜行列车的年轻人通常整夜无眠。“集团就业”一直持续到 20 世纪 60 年代中期，初中、高中毕业的农家子弟大部分乘坐“集团就业列车”奔赴远方的城市。

1966 年的夏天，菅义伟也是成千上万奔向城市的农村年轻人中的一员。高中毕业的时候，父亲曾经劝菅义伟报考县里的农业大学，以便将来继承自己的事业。但是，菅义伟瞒着家里，与几个小伙伴一起跑到最近的火车站，乘坐夜行列车南下奔向东京。菅义伟抵达东京后，就在一家纸箱厂找到了一份工作，同行的伙伴们也都在城里成功谋职。不到十年间，日本已经由一个劳动力过剩的时代，迈入劳动力不足的时代，实现了此前政府和经济学家们不敢想象的充分就业。

30 年后，中国也出现了同样的群体。无数农民子弟奔向城市，“农民工”“打工专列”也一度成为媒体关注的热点。但是，日本的“菅义伟们”并不是在城乡间迁徙不定的“农民工”，而是堂堂正正的市民。因为早在明治维新之初，日本就实行“四民平等”，农民不再是一个“身份”，而仅仅是一份职业。1871 年，日本政府开始制定户籍制度，进行户籍编成，不过农民是有迁徙自由的。1890 年开始施行的《大日本帝国宪法》明确规定：“日本臣民于法律规定范围内有居住及迁徙之自由。”1947 年开始实施的《日本国宪法》，比《大日本帝国宪法》更进一步，规定“在不违反公共福利的范围内，任何人都有居住、迁移及选择职业的自由”。

与中国的户籍制度完全不同，日本的《户籍法》实行“户口随人走”的制度，户口完全随着人的住址移动。因为不设户籍门槛，所以来自农村的打工者只需在规定时间内办理迁入的登记手续，就能变成城市居民，享受和城市居民同样的福利。没有哪些福利是专门留给“城里人”的。你来到城市工作居住，你就是“城里人”，并不需要户籍证明。当 18 岁的菅义伟在东京找到工作、租好房子后，就成了东京市民，从此就在这座城市里纳税、投票，享受当地的公共服务。

值得注意的是，作为一个以私有制为基础的国家，日本基本上没有什么国有企业，大多是私营企业。它们雇工不以城市或农村划分界线，更不会歧视来自农村的工人。它们不但在工资待遇上一视同仁，而且为所有员工缴纳保险费用。随着日本进入经济高速发展时期，政府手里有钱了，于是开始建立城乡统一的全国社会保障制度。1959 年日本制定《国民年金法》，年金就是养老金，以国家、行业、个人共同分担的办法，强制所有 60 岁以下的民众加入国民养老体系。只要是居住在日本的国民，年满 60 岁以后就可以领取养老金，每人领取的养老金都是一样的，没有城乡差别。

另外，从 1961 年开始，政府又要求所有国民都加入公立医疗保险制度，实现了"国民皆保险"。在这一制度下，任何国民（包括在日居住的外国人）生病时，自身都只需负担一部分医疗费用（一般是 20%~30%）。即使贵为首相也享受同样标准的医疗保险，流浪汉也不会受到歧视。这些制度解除了所有人的后顾之忧，使那些来自农村的年轻人很快就融入城市之中。

在 20 世纪 50 至 60 年代，日本经济驶上高速路，大企业所需的劳动力与日俱增。而劳动力主要来自农村。1955—1960 年，农业就业人口减少了 215 万。从此之后，农业就业人口每年都递减 70 万左右。1961 年还出现了"买青苗"的招聘方式，也就是企业和来年毕业的高中生、大学生提前签订招聘合同。最大的企业家组织——日本经济团体联合会决定，"不必商定明年新毕业生的录用考试时间"，承认各公司"买青苗"的雇佣方式。各公司还与员工签订终身雇佣合同，以换取后者的忠诚。当时的高中毕业生得了一个高贵的绰号——"金蛋"。菅义伟就是那个时代的一枚"金蛋"。

所有的道路都通向城市。如果说，涌向城市的年轻人是一股洪流，那么随着农村"蓄水池"越来越浅，这股洪流也逐渐变成细流。1966 年的“菅义伟们”正是这支细流中的浪花。到 1965 年，农业人口在全部就业人口中占的比例只有 21%，到 1970 年则减少到 16.1%。

几乎所有农村青少年，在初中或高中毕业后都奔向城市，留在农村家中的户主与长子也成为“星期日农民”。他们使用农业机械，在星期日一口气干完必要的农活，其余时间就到附近的工厂上班。道路的快速改善和机动车辆的普及，使交通变得极为便利。当时还流传着“三老农业”的说法，意思就是由留在家里的“老婆、老头子、老太太来操持农业”。《日本的崛起——昭和经济史》记载了这样一件趣事：

秋天的京都，松蘑的味道是十分鲜美的。可是近来在京都，松蘑完全看不见了。据说这是因为农户不再捡拾松山落叶作为草木灰的原料制成钾肥了，这使松山土地肥沃化，从而引起生态变化，破坏了松蘑的生长条件。由于人手不够用，农家也放弃使用占用劳力的草木灰改用化肥了。松蘑首先在京都近郊的东山消失，不久波及了丹波，那里的松蘑也绝迹了。

可是，日本并没有出现“三农问题”（农民真苦，农村真穷，农业真危险）。相反，日本的农民与生活在城市里的中产阶级兄弟姐妹一样，驾驶着丰田汽车，穿着牛仔裤，建造时兴的房屋，家电产品塞满房间。日本农民不仅受教育程度高，而且享受着与城市相同的基础设施，物质生活与城市相比也毫不逊色。1973 年，日本农户的平均收入比同期的城市工人家庭高 7%，农村的住宅比城市的住宅更为宽敞气派。

然而，城市人口急剧膨胀。东京、大阪等大都会飞速发展，成为那些追求灿烂、新鲜、现代生活的人的向往之地。东京圈高峰时年净流入人口近 40 万。1957 年东京的人口就达到 851 万，成为世界第一。日本的城市人口在 1950 年占全国人口的 38%，到 1975 年增至 75%。这是世界上罕见的高速城市化现象。美国花了一个世纪才实现的城市化，日本仅用了四分之一的时间就实现了。在城市化飞速发展的同时，城市中产阶级出现，阶层结构从以庞大的下层阶级为底层的金字塔形，转向以厚实的中产阶级为主体的橄榄形。

由于大量人口涌向城市，日本城市出现了交通拥堵、居住环境恶化、公共服务设施不堪重负等各种问题。然而，面对这些问题，政府没有采取任何简单粗暴的排斥外来人口的措施，而是在欢迎外来人口的同时，积极应对“大城市病”。日本在快速城市化的过程中，并没有像 19 世纪初期的伦敦那样出现蔓延成片、散发恶臭的贫民窟。这是世界各国城市化进程中难得的成就。

更了不起的是，在短短 20 多年间，日本就消除了城乡差距。任何国家在现代化过程中，都要面对城乡差距问题。有的国家经过上百年才解决这个问题，有的国家至今仍然被这个问题所困扰。20 世纪 50 年代前期，日本的城市和乡村是完全分开的，一切都是如此不同，以至于人们从城市来到农村时，甚至怀疑二者是否都属于日本。但是 20 世纪 60 年代以后，城乡差距迅速缩小。到 20 世纪 70 年代，农村和城市几乎没有了差距。日本的经验值得所有后发国家学习和借鉴。

我们应该守护的祖国到底是什么？

“祖国”是自己要坚信的原理，没必要在地缘、血缘上保持一致，更没有必要与政府的命令保持一致。虽然有时违背政府的命令，从该政府管辖的土地逃亡，但这成为对自己所信“祖国”的“爱国”。这既不是“国家的”也不是“国际的”，而是“人类”的原理。

秋高气爽，蓝天白云，漫步横须贺的海边公园，就像走进一幅美丽的画卷。远方群山逶迤、海天一色，近处花树繁茂、海鸥低飞。凭栏望去，可以清晰地看见港湾里的各种舰艇。有的上面悬挂着日本的太阳旗，有的则飘扬着美国的星条旗。这并不奇怪，因为这里既是日本海上自卫队的基地，也是美国在远东面积最大、功能最全的海军基地。著名的美国海军第七舰队就驻扎在这里。

曾几何时，这里就是一个简陋而平静的小渔村，渔民们想不到这里会成为历史的大舞台。1865 年，在学习西方的大潮中，德川幕府在这里创办了第一家造船厂“横须贺制铁所”。明治维新开始后，这里改称“横须贺海军工厂”，逐渐发展成海军基地。在第二次世界大战期间，它又成为日本帝国海军兵力的大本营，许多战舰就从这里启航奔赴东南亚战场。1945年，日本帝国土崩瓦解，美军接管了这个基地。7年后，根据《旧金山对日和平条约》，日本正式将横须贺基地提供给美军使用。时光荏苒，太阳旗和星条旗和平共处，已经在这里一起飘扬了60多年。

伫立海边，我不禁思绪万千。从敌国到友邦，从干戈到玉帛，美国与日本的恩怨历史给人们什么启示呢？假如我是一个日本人，面对外国军舰自由出入本国的军港，是否会产生强烈的民族主义情感呢？《日本国宪法》赋予日本民众广泛的民主权利，而且日本民众已经在现代民主社会中生活了半个多世纪，他们如何看待“爱国主义”？日美两国以共同的民主价值观为基础，但是假如日本蜕变为反民主的国家，就像战前的日本帝国那样，与美国爆发冲突，日本国民将何以自处？他们会像战前一样，高喊“爱国”的口号赴死，还是甘作“非国民”（日奸），乐见自己的国家被打败？

其实，这些问题也曾困扰20世纪60年代的日本知识人。

二

1963年开始，一部名为《大东亚战争肯定论》的作品在日本知名政论刊物《中央公论》上连载两年，引起了知识界的骚动，作者林房雄成为社会热门话题的主角。

林房雄出生于1903年，曾经就读于东京帝国大学，年少得志，成为文坛的一颗新星。与同时代的许多知识人一样，他一度相信共产主义。然而，随着军国主义在日本抬头，他也跟着“转向”，拥护政府，支持战争，还作为战地记者为侵略战争写了大量鼓吹文章。战后他被列入了战犯作家的行列，不得担任公职或企业的高级职位。但是他从来没有反思过自己的战争责任，反而宣称“被整肃也很愉快”。

《大东亚战争肯定论》的标题就已经清楚地说明了林房雄的立场。在美军占领日本期间，“大东亚战争”一词曾经被严格禁止使用，因为这个词会让人想起日本军方的战争宣传。在战争期间，日本宣称自己与欧美国家开战，是为了解放亚洲人民，甚至打出了“大东亚共荣”的口号，仿佛只要日本胜利，亚洲就能脱离西方帝国主义的魔爪。占领结束后，“大东亚战争”仍然是一个政治不正确的名词，极少有人使用。

但是林房雄认为，“大东亚战争”是正义的，因为从1853年佩里把黑船开进江户湾、强迫日本打开国门的那一刻起，日本就和其他亚洲国家一样，饱受欧美势力的欺凌。他认为，作为受害者，从明治维新开始，日本的富国强兵和军事扩张，都是为了反击外来的压迫，为了在欧美主宰的世界中独立生存。这是一场长达一百年的战争，日本之所以被追究责任，只是因为它输了。在林房雄看来，这是一个胜者为王、败者为寇的世界，没有正义与公理可言。国家应该带给下一代自信，通过教育让年轻人认同国家，以身为日本人为荣，应为了国家的大义慷慨赴死。他公开质疑说，对战前日本的批评和反省是荒谬之举，怎么可以一直说国家的坏话呢？

很显然，林房雄的观点和以丸山真男为首的“进步文化人”针锋相对。这些文化人出生在战争爆发前不久，在人生最精华的青春岁月见证了战争的残酷与国家的疯狂，所以终生抱持着反战的态度，对于国家一直秉持着批判的立场，也赢得了知识界的尊重。面对林房雄的观点，“进步文化人”当然没有轻易示弱，他们强调人民比国家更重要，主张教育应该给予学生自由思想的空间，而不是洗脑式地灌输爱国主义。

然而，随着战争远去，残酷的历史日渐模糊，日本国内民族主义的暗流开始涌动。既有像林房雄这样没有反思精神的人开始“翻案”，鼓吹民族主义，也有像三岛由纪夫这样的作家，竟然将那些战死者美化为“仅此一次的瞬间的极端状况”的“散华”(为国捐躯)，认为其具有美学意义。

作为和三岛由纪夫年龄相仿的战后作家，小田实非常反感这些美化战争、鼓吹民族主义的观点。1961年，小田实的海外游记《什么都去看一看》成为畅销书，他本人也被推崇为勇敢的战后杰出青年代表。在当时关于“爱国心”的讨论中，他提倡“理性的、现实的民族主义”，反对批判“进步文化人”。在小田实看来，战争期间，日本人在“为日本献身”“为天皇献身”的号召下走向战场，为天皇战死被称为“光荣的牺牲”，其实是在“公”的名义下的无谓牺牲，是在政府和军部欺骗下的无意义死亡。

1964年底，小田实乘船去了冲绳。在参观美军基地时，他问美军军官：“战时如果你是日本人，会怎么办？”其实，这是一个具有普遍性的问题：在“爱国”与“民主主义”相矛盾、自己的死不会被赋予意义的情况下，一个人会怎么办？不管是战时的日本青年，还是纳粹时代的德国青年，都曾面对这些问题。可惜无数青年不曾思考，甚至没有意识到这些问题，就成为炮灰，命丧沙场。

一位美国海军陆战队军官这样回答道："海军陆战队有规定可以抗拒不合理的命令，例如，如果总统命令我向议会出军，我就会与总统开战。"

听到这样的回答，小田实受到了强烈的思想冲击。他意识到，在日本有关"爱国心"的讨论中，缺少了"我们应该守护的祖国到底是什么"这样的研究。但是他没有预料到，三年后会有美国逃兵以实际行动告诉他答案。

二

1967 年 11 月，也就是美国战机轰炸越南北部的第四年，有四名美国士兵拒绝到越南参战，从停泊在横须贺港的美军航母"无畏号"上逃走，跑到东京的"越平联"求助。

"越平联"全称为"争取越南和平市民联合会"，是由一群知识人发起的和平运动。它强调"市民的不服从"，批评日本政府对越南战争的间接支持，发展出处理个人与国家关系的新模式。从越南战争开始的第二年，一直到越南战争结束，"越平联"定期发起每月一次的游行示威。作为"越平联"的领袖，小田实积极帮助那四个美国士兵，一度把他们安置在自己家中。

在支持美国战争的日本政府治下，在"老外"还不像今天这般在街上随处可见的时代，一介日本平民藏匿美国逃兵，当然要承担巨大的风险。但是小田实不以为意，还同这些美国士兵用英语交流。最初，曾留学美国的小田实认为这些美国士兵没有教养，“内心看不起他们，认为我用英语写的东西都比他们强”。然而，这些没有上过大学的美国年轻人写的声明，却让他感到震惊。因为他们一边说“我们宪法的精神必胜”，一边自称“爱国的逃兵”。其中一位名叫迈克·安东尼·林多纳的青年这样写道：

令我置身于支持越战一方的理由是违背道德、完全非人类的。……我之所以不用“为了美国在越南作战”而用“支持越战”这一表述，是因为我感觉在那里的所作所为没有对祖国的同胞起到任何作用。……为此，我本身如果被称为“某某主义者”，我的信念就有可能被划分为“某某主义”，这将十分遗憾。我与政治没有任何关联，不想被划分在拒绝支持军事大屠杀的美国人之外。

“我能用日语写出这些吗？”小田实扪心自问，结论是“不能”。与大陆国家不同，从四面环海的岛国避开政府的视线送逃兵离境，是极其困难的，风险也极大。小田实和“越平联”的同人多方奔走，通过苏联使馆，帮助那四个美国士兵成功跑到当时的中立国瑞典。“越平联”还召开记者会，公开四名美国士兵的故事，并发布了四人宣读声明的录像。“越平联”称他们是“勇敢的士兵”，告诉国民说：

现在有四个逃兵在你们面前，是逃离美军的四个爱国逃兵。纵观历史，逃兵往往被冠以懦弱者、背叛者、无用者之名。

然而，我们并不关心其范畴与称呼。是时候为我们心中所坚守的正义拍案而起了。

这个事件引发了巨大的社会反响。从此“逃跑”“亡命”不再是单纯的贬义词，日本民众也不再把“逃亡者”仅仅视为怯懦者。更重要的是，它让人们重新思考什么才是“爱国”。至于小田实，则在三年前开始思考的“我们应该守护的祖国到底是什么”这一问题的基础上，探究这些美国逃兵的行动。思考的成果，就是小田实后来出版的《人·某个人的考察》一书。

小田实在书中指出，逃兵采取的行动是“如果现在美国已经没有‘美国原理’，如果自己个人的原理与现在祖国的原理互不相容，那么就果断地离开‘祖国’美国”。然而，在他们心中“既然自己的原理就是他们所认为的‘美国原理’，那么不管自己去哪里都是美国人”。由此，小田实得出一个结论：“如果某一国家拥有与自己原理相同的原理，至少能同等看待其他社会、国家，那么成为其中一员也不错，把它作为自己的新‘祖国’也可以。”

在当时的日本，这种观点有些石破天惊。因为在大众和知识界看来，日本国民自身与国家“同一性”的根据不是什么精神层面的东西，而是不可更改的血缘和地缘。从血缘和地缘出发，很容易被禁锢在狭隘民族主义的藩篱内。可是，从这些认同日本宪法精神的美国逃兵身上，小田实看到一种新的精神，“那一刻，日本对他们而言难道不是‘祖国’吗？……这恐怕不能套用‘国际’这一称呼，超越‘国家’和‘国际’这些范畴，作为更为本源的人类内在的东西，我会接受这种原理”。

“这样，对于小田实一直以来抱有的‘我们应该守护的祖国到底是什么’这一疑问，就有了答案。”历史学家小熊英二在其名作《“民主”与“爱国”》里，对小田实的思想进行了精彩分析，“‘祖国’是自己要坚信的原理，没必要在地缘、血缘上保持一致，更没有必要与政府的命令保持一致。虽然有时违背政府的命令，从该政府管辖的土地逃亡，但这成为对自己所信‘祖国’的‘爱国’。这既不是‘国家的’也不是‘国际的’，而是‘人类’的原理。”

正是在这样的思想认识下，小田实积极投身和平运动，“效仿那些抵抗不正当使用国家权力的人的行为，遵循《日本国宪法》的精神，以各种形式表达对他们的支持”。他还投身平民维权活动，晚年又积极参与“九条会”，团结所有捍卫《日本国宪法》的力量，反对修宪。小田实为心中的“祖国”奋斗不息，直到2007年因病去世，因此被称为“行动的作家”。

三

行走在横须贺的海滨公园里，我想起从这里逃走的那四个美国士兵，想起风云激荡的1967年。那一年，为了阻止美国的核潜艇进入横须贺港，来自日本各地的学生经常在这里游行示威。当时这里一定人声鼎沸，喧哗不已。50多年过去了，一切已经归于平静，波澜不惊。世界同样如此，随着全球化时代的到来，世界已经告别喧哗和骚动，共同价值得到越来越多的认可，一个大同世界似乎已经出现在地平线上。

然而，近年来逆全球化趋势也在悄然兴起，而且在新冠肺炎大流行等意外事件的推动下，世界越来越不太平。曾经被认为实力会日渐削弱的国家，其作用越来越凸显，爱国主义与民族主义也蓬勃而生，民主的价值则受到质疑和挑战。在这样的时代背景下，“我们应该守护的祖国到底是什么”这个曾经困扰日本人的问题，也被推到其他国家民众的面前。假如面对爱国主义与民主主义的冲突，我应该如何回答？我能不能像一些贤者那样，以“我在哪里，祖国就在哪里”的胸襟，从容做出选择呢？

我坐在海边的长椅上，一边思考，一边静静地观赏海港。不经意地低头，看到几只海鸥正在我脚下踱步觅食。发现我在谛视它们，这些海鸥便翩然飞走，也把我的思考带向远方。

佐桥滋：通产省先生

在日本即将进入发达国家行列的时代，面对即将到来的贸易自由化，以及外国企业和资本的“入侵”，佐桥滋最大限度地施展官僚政策和影响力，从而成了时代的标志，也成了那个时代的尾声。

东京皇居的樱田门正前方，是一条宽阔的大道。沿大道前行不远，就进入著名的“霞关”——日本政府行政机关所在地，一座座高大的办公楼鳞次栉比。走过东京高等裁判所、外务省，再往前走是一栋白色的大楼，楼前的巨石上写着五个汉字——“经济产业省”。它的前身，就是被誉为“推动日本奇迹之手”的通产省。

站在昔日的通产省门前，我从背包里拿出一本书——《官僚们的夏天》。这是日本经济小说家城山三郎的一本小说，故事就发生在通产省里。这本书的绿色封面毫无装饰，只印着书名、作者和出版社，非常简朴。书的内页发黄，翻看时有一股陈年味道。毕竟这是 1977 年出版的书。封底上印着的“内部发行”字样，说明当年这可是一般人无权接触的读物。这本介绍日本经济高速发展的图书仅仅出版两年后，就被翻译并引进中国，堪称奇迹。更令人称奇的是，虽然它只是一本小说，但却被一些中国读者视为学术研究书籍，中国学者还发表过很多关于《官僚们的夏天》的学术论文。这本书对改革开放初期的中国产生了相当大的影响。

一位德高望重的经济学家向我提起，我才找来这本小说。虽然这本书很有故事性，但时过境迁，它已经难以激起我心中的波澜。余生也晚，所以更难以想象当年中国读者一边贪婪地阅读这本小说，一边思考“中国向何处去”的历史画面。可是手拿着《官僚们的夏天》，站在当年通产省的大楼前，我却不由得感慨万千。一本小说，竟然连接起两个国家，连接起不同的时代，这是多么奇妙的事啊！

当年世界一致赞赏通产省对于日本经济发展的推动作用，现在学界却有各种质疑和批评的声音。可是“通产省模式”对中国影响深远，通产省的许多做法至今仍然被中国有关政府部门奉为圭臬。在一些中国官员的身上，似乎还可以看到小说里的主人公风越信吾的身影。他的真实原型，就是“通产省先生”佐桥滋。

一

佐桥滋生于 1913 年，父亲经营一家照相馆，家庭条件并不富裕。他经过努力，考取了东京帝国大学法学系。那是一个左翼思想深受青年人欢迎的时代。据说，佐桥滋在东京帝国大学读书时，曾和当时的许多学生一样醉心于马克思主义，甚至曾连夜抄写马克思的《共产党宣言》。大学毕业后，他通过考试，进入通产省的前身商工省。四个月后，“七七”事变爆发，中日战争全面开启。佐桥滋被征调到中国前线服役，四年后才重回商工省。随着太平洋战争爆发，为了保障战时的军需生产，商工省培养、控制各个产业的发展，形成了一套干预经济的做法。

第二次世界大战结束初期，日本经济体制表现出两种不同的趋势：一种是占领当局要求日本否定战争期间的统制经济，实现自由化，而且一系列改革措施也确实建立起了市场经济的基本框架；另一种是继承战争期间统制经济的一些遗产，由政府通过各种产业政策手段干预经济。朝鲜战争爆发后，前一种趋势有所削弱，后一种趋势有所加强，1949 年由商工省更名而来的通产省在其中扮演了关键角色。通产省坚持“幼稚产业保护”和“直接干预产业组织”思想，以行政力量推动产业的发展。在这个承担宏观经济管理职能、对产业界拥有巨大影响的综合性政府部门里，佐桥滋备受历练。他见证了战后日本经济的复苏和起飞，也见证了不同经济思想的对立和分歧。

在日本被占领期间，吉田茂主张“贸易立国”，反对统制经济，推动了国内经济自由化进程。不过，坚持政府对经济活动进行控制的主张也一直存在。尤其是在通产省内部，官员大多倾向于国家对企业经济的计划管理，佐桥滋就是代表人物。由于在贸易政策问题上与领导发生冲突，他一度被外调到仙台工作。随着吉田茂离开政坛，通产省利用外汇管制，对纺织、橡胶、钢铁等产业进行控制，通产省逐步成为国家的“经济参谋本部”，迎来了自己的黄金时期，乃至形成了产业扶持政策的“通产省模式”。佐桥滋也回到通产省，职位稳步上升，直至通产省重工业局局长。

重工业局是当时通产省最有影响力的一个部门，在钢铁、工业机械、汽车、电子产业、火车、航空机械等产业拥有重要话语权。彼时工业机械和电子产业逐渐发展成日本的高附加值产业，在国民经济中的比重不断上升。可是在通产省看来，日本的这些产业还很弱小，只有在政府的支持和保护下成长，才能拥有国际竞争力。为了阻止外国企业侵入日本的国内市场，通产省有许多非正式的规定：合资企业中，外国人的股权不能超过 50%；限制外国人在日本企业董事会中的投票权及人数；除非日本企业本身同意，否则外国企业不得买下任何日本企业；除非通产省许可，否则任何外国人都不得加入日本的经济活动。

作为通产省重工业局局长，佐桥滋是一个著名的“产业国家主义者”，以对国内企业强制计划引导、反对外资入侵为主导，制定产业政策方案。他秉持着国内保护主义思想，与要进入日本市场的美国公司 IBM（国际商业机器公司）进行谈判。当时计算机刚刚起步，日本也想借着这股潮流发展自己的计算机产业。在佐桥滋看来，日本计算机产业基本为零，根本无法应对欧美企业的冲击，因此想方设法阻碍 IBM 进入日本市场。由于 IBM 在日本的公司以日元来运营，因此无法通过外汇管制来限制它。同时，IBM 拥有所有计算机科技方面的基本专利。因此，IBM 既是日本发展计算机产业需要借助的力量，又是其未来发展的最大阻碍。佐桥滋极欲取得 IBM 的各项专利权，他以最直截了当的方式告诉 IBM：

> 除非你们授权日本公司使用专利，并收取不超过5%的使用费，否则通产省会采取一切措施，阻止你们在日本的成功……在你们面前，我们没有自卑感，我们只是需要一些时间以及资金，来和你们进行有效的竞争。

面对这位犀利精干的日本官员，IBM不得不选择妥协。它卖出专利权，并且接受通产省的“行政指导”，通过限制在日本国内市场计算机的销售量，来换取在日本制造计算机的权利。佐桥滋对外国企业的强硬态度，深受企业界的欢迎。从此，他在日本人心中成为“抵挡美国资本侵略的武士”。此外，佐桥滋对国内购买计算机的企业进行劝说并施加压力，要求国内企业购买性能差并且贵的国内生产的计算机，来抵消IBM的技术优势，提高本土计算机发展的水平。这种做法也招致不少企业的不满和咒骂。

二

其实，佐桥滋对IBM的强硬做法，是不符合当时日本政府的政策的。在国际社会的压力下，日本认识到贸易自由化是大势所趋，因此不得不放弃不公平的贸易制度。1960年日本内阁会议决定，改变封闭的经济体制，实行贸易自由化政策，在三年内达到80%的贸易自由化目标。在支持自由市场经济的人们看来，这是锻炼日本企业成长的好办法，只有在充分竞争的环境里，日本企业才能获得更强大的国际竞争力，日本产品才能走向国际市场。

然而，贸易自由化让日本产业界非常紧张，害怕被外国企业打败。新闻界不断地叫嚷“第二次黑船来航”“日本经济面临本国资本与外国资本的一场血战”“日本列岛面对外国巨大资本力量时的无奈”。事后证明，这是一场被夸大的所谓“危机”。1960—1965年，日本出口额不但没有减少，反而从40多亿美元增加到87亿美元。不过，当时的危机感是非常真实的，汹涌的舆论也为通产省反对贸易自由化提供了“民意”基础。

在此之前，日本经济与外界的一切接触，都是由政府机构居中协调、传达的。一旦实行贸易自由化，通产省的地位将会被削弱，甚至丧失存在的理由。通产省的年轻官员害怕，贸易自由化将导致自己不再有用武之地；那些资深官员则担忧，他们所管辖的产业会在对外竞争中一败涂地。个人忧虑和爱国动机纠缠在一起，就形成了一股强大的声音：“完全开放”的日本经济会被规模较大的、资本实力更强的外国企业所吞噬！

作为通产省中“民族主义派”的领袖，佐桥滋也很明白，日本如果要继续扩张海外市场，实行贸易自由化是不可避免的。但是他认为国内大多数企业是中小企业，实力不足，并且产业内部各企业间竞争激烈，无暇进行技术升级。面对市场动荡十分脆弱，必须采取积极措施。他重提1938年的《国家总动员法》，声称日本需要再度进行“国家总动员”，以建立一个能够抵挡激烈国际竞争的经济体制。在这样的思想推动下，佐桥滋开始组织力量，起草《特定产业振兴临时措施法》。该法案的核心就是赋予通产省更大的权力，指定钢铁产业、石油化工产业、汽车产业为“特定产业”，政府以贷款、融资和优惠税率来鼓励这些产业合并与集中，从而避免内部恶性竞争，在每个领域都能形成几家大型企业集团，以应对外国企业的竞争。

该法案被称为“战后最大的法案”。它是为应对贸易和外汇自由化而制定的。自明治维新以来，日本作为“后发国家”，其行政官僚为实现“赶超欧美”的经济战略目标，就通过经济立法、行政指导等各种手段干预经济和产业活动。这是日本的“历史传统”。佐桥滋一边推动法案进入立法程序，一边积极推动特定产业“做大做强”。他知道，许多企业界人士不喜欢国家管制，因此他在立法案中提出“官民协商”。佐桥滋写道：“改组日本经济是燃眉之急。要让先进国家悠悠自得地等我们吗？我们不能在必须急起直追时，仍像在冥河的河滩上砌赎罪之塔那样，白白浪费资本和钱财。因此，我们提倡既不是自由放任主义又不是统制经济的第三种方法，这个方法就是‘官民协商’。”

《特定产业振兴临时措施法》草案一公布，就在社会上引起激烈争论。反对派对其大力抨击，指控它是官僚统制的复活，必将束缚产业自主活动。一部分经济学家批评说，《特定产业振兴临时措施法》的实质是加强卡特尔体制，助长寡头垄断的陋习。媒体界也称它是“拯救通产省”的方案，指责佐桥滋的动机不纯。控制着银行体系的大藏省则认为，这是通产省在侵犯自己的“主权范围”，拒绝承认与该法案有任何关联。因为这个法案一旦通过，银行就要被迫给通产省指定的企业融资。

至于企业，对《特定产业振兴临时措施法》却有矛盾心理：一方面很愿意接受政府的支援和庇护，另一方面又不能接受通产省在微观层面的过度干预。在政府热心保护企业的时候，企业确实容易产生这样的想法：与其付出自主努力的艰辛，倒不如选择依靠与政府的“密切关系”来直接谋取利益的捷径。如果日本企业走上这样的捷径，就会形成低效率和不负责任的产业体制。不过，日本幸运地避开了这样的歧路。极受尊重的经济团体联合会会长石坂泰三就代表了日本企业界的主流声音。他明确主张企业自我管理，反对政府参与，“政府的主要工作只是消防和警察，其他一切都可以交给民间来做”。他还不无讽刺地说：“反对外国资本，就像一个人长大还要围尿片，不肯断奶。”

在巨大的争议中，1964 年通产省提出《特定产业振兴临时措施法》的草案，佐桥滋本人则积极奔走游说。但是他很快就失望地发现，无论是内阁还是自民党，甚至他自己所属的通产省，都已经悄悄决定不卷入这场争论。《特定产业振兴临时措施法》成为“无人支持的法案”。尽管它被提交到国会，但是从未经过表决。

《特定产业振兴临时措施法》最终失败的结果，表明那套经济官僚干预经济活动的传统做法，已经不再适合日本的需要了。而且随着政府允诺的三年自由化时间很快过去，人们发现，日本企业安全地度过了所谓“黑船来航”的贸易自由化时期，多数企业并没有被外国企业打垮，反而对自己产品的国际竞争力充满信心。

但是佐桥滋仍不改自己的执拗性格，坚持对企业加强行政指导，于是就发生了有名的“住金事件”。

三

1965 年 11 月 19 日，刚刚就任通产省次官不久，佐桥滋找到住友金属公司的总裁日向方斋，告诉对方说，如果住友金属不按照通产省的“行政建议”削减产量，他将根据1949年内阁制定的《输入贸易管理令》，限制该公司原料炭的进口。

面对佐桥滋的强硬和专制，日向方斋非常愤怒。这位日本企业界的知名人士一向反对政府部门干预钢铁产业，何况就在前一天，通产大臣三木武夫在电话里还态度温和地与他商量，以支持住友金属的大规模投资计划为条件，劝他接受通产省削减产量的“行政建议”。一个次官哪来的这么大权力，竟然推翻大臣的允诺？日向方斋在大阪召开记者会，向媒体界揭露通产省对企业的不当干预。他说，既然是住友金属自己的资金，也是住友金属自己承担风险，政府没有理由管制它的生产量。佐桥滋身为次官，违背了大臣的意见。他问在场的记者：“到底谁才是通产大臣呀？”

于是，“佐桥大臣，三木次官”立刻出现在全国报纸的头版，民众由此深深记住了这个说法。此事让通产省成为社会舆论的焦点，所谓“行政建议”也成为热点话题。其实，对管辖的企业发布各种“命令”“要求”“希望”“警告”“建议”“奖励”等，很早就是通产省管理企业的通常做法了。只是由于实行自由化，《特定产业振兴临时措施法》又未能通过，通产省几乎丧失所有的管治权，所以“行政建议”才受到人们的关注。尽管“行政建议”不具有法律的强制性，只是一种无形的压力，但是政府官员总是有办法来报复那些不服从其“行政建议”的企业。

佐桥滋之所以要求住友金属削减产量，是因为1965年日本经济不景气。通产省担心钢铁价格全面崩溃，就向各大钢铁公司发出缩减产量的“劝告”，而且提出了具体的缩减量。本来，这些钢铁企业在面对政府时一向是“模范生”。但是住友金属认为，自己经营效率高，是唯一达到通产省外销配额要求的公司，通产省却完全不考虑国外市场的问题，这种“一刀切”的做法是不公平的，因此拒绝了这项“行政建议”。

住友金属的反抗在业界赢得了一片好评，同时也意味着它向通产省宣战，这让佐桥滋深感困窘。但是这个性格倔强的官僚岂肯低头？他坚持自己的做法，毫不退让。交涉的内幕无人知晓，但是最终住友金属向外界表示，它将和其他公司一样，接受通产省的“行政建议”。它还解释说，并没有反抗通产省的“行政建议”，只是希望能以自己在外销上的表现获得通产省的特别通融。结果，住友金属不可或缺的原料进口立即得到恢复，而且外销配额也被提高。通产省和佐桥滋保住了颜面，住友金属得到了实际好处，皆大欢喜。

实际上，企业对于通产省的“行政建议”既爱又恨，爱其通过“看不见的渠道”支持自己的发展，恨其通过“看得见的手”干预自己的生产经营。德国纤维纺织业者同盟就抱怨说：“最让我们纺织业者愤怒的，不是日本的竞争能力，而是日本政府对日本企业那种无法防范的支援与补助。我们的企业都觉得，不管我们怎么做，日本人总有办法把价格降得比我们低。”

也因此，以国家利益为名提出的一些“行政建议”，很少能够容下任何异议。一位银行主管向大藏省提出抗议，说他的银行无法完全消化政府以“行政建议”的名义分配的国债。大藏省银行局的官员的答复是：“你觉得如果日本垮台了，你的银行还能存在吗？回去告诉你的总裁我说的话。”这是一则为新闻界津津乐道的故事。作为“通产省先生”，佐桥滋就非常擅长利用这种理由，为他的“行政建议”做辩护。不过，除了这种死守国土、沉迷于单纯的民族主义的“佐桥滋派”，通产省里的“国际派”也在悄然崛起，这是一群有国际视野、站在世界角度寻求保护国家利益的人士。

就在打赢住友金属这一仗三个月之后，53岁的佐桥滋退休了。这固然是遵循通产省的惯例，次长任期一般都是一两年，任期结束便为后来的人让路。但就其个人而言，佐桥滋当时退休也是恰当的。因为在完成贸易自由化之后，1964年日本政府又宣布开始资本自由化。随着国家的经济体制越来越走向自由市场，政府主导经济发展的模式走到了尽头，通产省也不得不转型。身为传统产业政策官员中的最后一人，佐桥滋造就了日本政府对于企业的强势领导。在佐桥滋任期之后，通产省遭到一连串抨击。经过20多年的经济增长，日本企业的创新能力在提高，对世界技术变革的响应能力也在增强，要求取消管制的声音越来越大。“佐桥滋派”逐渐被“国际派”所取代，通产省的角色也转向支持“民间主导型”经济。

显然，佐桥滋是追赶型国家的一个代表性官员。他认为政府有权力和义务加强对企业的整合并实施指导计划，只有这样才能培育和促进国内企业的发展壮大，从而有能力与国外企业竞争。回头检视，这种做法其实并不一定能够起到设想的效果。事实上，日本战后发展较好的一些产业并不是由于得到了产业政策的特殊优惠。有研究表明，20世纪五六十年代日本取得较好成绩的24个产业中，大多数都是从零或者从极小的规模起步的，是在并没有得到产业政策优惠的情况下依靠自己的力量发展起来的。难怪日本经济学家小宫隆太郎说，战后主要时期的产业政策的历史，就是民间企业的首创精神和活力对政府控制性的干预意图不断地进行否定的过程。

政府干预经济活动，常常影响企业的技术创新活动，削弱企业的竞争力，而且很容易由于“官商协作”而滋生腐败。不过，由于佐桥滋的个人魅力和影响力，日本至少有三部著名小说是以他和他所处的时代为背景撰写的，其中就包括《官僚们的夏天》。《官僚们的夏天》塑造了一个意气风发、一心为国的精干官员形象，成为一些追赶型国家官员追慕的榜样。

其实，佐桥滋在人们眼中的形象非常复杂。在爱国者眼中，他慷慨激昂，是抵御外资侵略的“武士”；在日本企业家眼中，他飞扬跋扈，是通产省里的“暴君”；在媒体眼中，他是“怪人佐桥”；在自由经济学家眼中，他是顽固不化的“堂吉诃德”；在同事眼中，他是“武士中的武士”；在民众眼中，他是一个两袖清风的“异色官僚”……不管功过是非，提到战后日本经济奇迹，就绕不过通产省，提到通产省，就不能忽视佐桥滋的存在。在日本即将进入发达国家行列的时代，面对即将到来的贸易自由化，以及外国企业和资本的“入侵”，佐桥滋最大限度地施展官僚政策和影响力，从而成了时代的标志，也成了那个时代的尾声。

家永三郎：政府无权干涉教育自由

家永三郎是一个敢于坚持历史真相的历史学家。但是，比起让孩子们了解历史真相，他坚持运用宪法赋予的权利，维护国民的教育权利的行为尤为可贵。

1967 年 7 月 13 日，家永三郎站在东京地方法院的法庭上，发表了一篇感人的演讲。他说：

由于那场轻率、不义的战争，我们这代人中数百万同胞，或横毙于大陆的荒野，或葬身于茫茫海底，或在原始密林中悲惨地死去。而我是一位幸存者。可是，我却没有为阻挡这场战争做任何努力，我觉得我犯有徒然旁观祖国的悲剧之罪，内心羞愧不已，负疚终生。我虽然只是一介草民，力量微薄，但为了稍许补偿没有抵制、阻止战争，我提出了这次起诉。

这段真诚的肺腑之言，深深打动了旁听者。一些旁听者望着身躯瘦弱的家永三郎，不禁热泪盈眶。因为他们知道，这位东京教育大学的教授本来可以和许多学者一样，安坐在学术的象牙塔里，读书写作；可是他却决绝地走出书斋，将国家告上法庭。这种勇气怎能不令人感动和钦佩呢？

一、从良心出发

“我其实是一个很懦弱的人。”家永三郎多次自我批评道。这并非自谦之词。他出生于 1913 年，成长于自由开放的大正时代。虽然他对战争深恶痛绝，但在战争期间却没有勇气对军国主义说“不”，而是躲进书斋，在历史研究中取得斐然成绩。战败后，在全国涌动的民主热潮中，家永三郎开始参加公共活动。他接受了一家民间出版社的邀请，编写供高中生使用的日本历史教科书。当时他没有想到，自己的后半生都会与教科书联系在一起。

明治维新初期，日本教科书的编写、发行和选用都是自由的，政府不加干预。但是 1903 年日本开始实行国定教科书制度，即所有中小学必须使用由文部省编写的国定教科书，不能再选择其他的教科书。战后实行教育改革，在国定教科书之外，允许学者和教师编写教科书，但是需要送文部省“审定”。“审定”与“国定”尽管在名称上只有一字之差，但根本性质不同。此后，审定教科书的比重越来越大，到 1952 年，国定教科书已经基本没有学校选用了。

也正是在这一年，家永三郎的书稿提交给文部省审定。出乎意料的是，书稿竟然被判定为“不合格”。可是提交另一个审查组后，却顺利通过。由此，家永三郎感到教科书审定制度有问题，不过没有深究。此后的11年间，他的教科书多次改版，每次都要经过审定，只有根据要求进行修改后才能通过。让家永三郎感到不安的是，审查越来越严格了。

1957年，家永三郎编写的教科书连续两次被判定为不合格，理由之一就是在内容叙述方面“往往流于评论”，“谋求反省的热情显得有些过剩”。在家永三郎看来，这种理由实在荒唐，是一种明目张胆的无视宪法的行为。因为《日本国宪法》及《教育基本法》都是基于对战争的深刻反省，是为了不使那种悲剧重演而制定的。因此，“谋求反省”理应是历史教科书重点强调的内容，怎么反而成为审定不合格的理由呢？

之所以出现这种情况，是因为《旧金山对日和平条约》生效后，日本出现了左翼人士所称的“逆行路线”。政府认为此前的民主运动过头了，教育界的共产主义影响不断扩大，影响了学生的思想。吉田内阁的教育部长就说：“战前和战争期间只重视国家的立场而忘却了个人，第二次世界大战后却一味重视个人而忘掉了国家，这是不对的。”于是，政府开始在教育领域收紧权力，对教科书从严审查。1958年有33%的教科书被审定为不合格。

在这种背景下，1963年，家永三郎的《新日本史》第五版又收到了审查不合格的通知，理由只有一句话“该书稿的正确性及内容选择存在明显缺陷”。在当面沟通时，负责审查的官员说书中的照片“暴露战争阴暗面”，“显得过于灰暗”。家永三郎感到难以接受，但还是屈服了。他说：“倘若我就此罢笔，完全放弃此事，那么势必为更加不如人意的教科书出笼开辟道路。”

因此，尽管心里很不情愿，家永三郎还是尽量做出修改，提交审查。文部省又口头通知，要求对书稿中约300处加以修改。他忍痛妥协，《新日本史》教科书总算通过了审查，但已是遍体鳞伤、面目全非了。这位大学教授愤怒了，决心把教科书审定问题提交到法庭，通过法律判定孰是孰非。

然而，这个决定却遭到许多人反对。因为在当时的人们看来，教育内容由政府决定，教科书由国家制定，或者至少在出版前经过文部省之手筛选，乃是天经地义的事。这种被家永三郎称为“国民的迷信”的现象，在日本社会畅通无阻，一直没有受到任何怀疑。由于审查从严，教科书种类已经大大减少，但也没有引起普遍关注。另外，随着经济高速发展和国力增强，在思想文化界也出现了要求给下一代以自信、教育学生认同国家的声音，甚至出现了为战争辩护的“大东亚战争肯定论”。在这个意义上，家永三郎起诉国家，不仅是在以一人之力挑战政府，也是与大众和知识界同行作战。

“我决心将胜败置之度外，通过法庭的斗争，使我们的主张广泛地为法庭之外的国民们所知晓，为打破上述‘国民的迷信’而敲响警钟。”家永三郎如是说。在他看来，日本之所以走上战争的歧路，许多国民还自发地协助战争，原因之一就是战前国家权力通过学校教育，尤其是通过充斥非科学、反民主主义思想、好战主义精神的教科书，从根本上改变和左右了国民的思想。教育内容的决定权掌握在执政者的手中，对国民进行“洗脑”，才导致了一场空前的大悲剧。

家永三郎认为，文部省要求他修改的许多地方，都涉及对侵略战争责任的认识。例如，书稿中提到的“南京大屠杀”“731部队”“日军奸淫妇女”等，文部省都有意见。家永三郎认为，战争责任是不能含糊的原则问题。“不让孩子们了解历史真相的国家是没有未来的。”他说，“如果通过司法诉讼能使广大国民认识到，教育内容一旦为权力所支配是多么危险，以及我们放任这种现象会带来多么可怕的后果，那么法庭上的胜败之事已不重要。”

于是，从一个教育工作者的良心出发，家永三郎毅然走上了诉讼之路。1965 年 6 月，他向东京地方法院提出诉讼，以文部省的强制修改属于违法行为、给自己带来精神苦痛为由，要求国家赔偿。他在提交诉讼的声明书中指出：

现行教科书审定制度，不仅践踏与蹂躏了《日本国宪法》《教育基本法》，还试图从国民意识中剔除和平主义、民主主义的精神。对此，作为亲身体验过那场悲惨战争的日本国民，绝不能沉默宽恕。我作为该诉讼的原告，请求法院以公正的判断，昭明现行的审定制度是僭越教育行政权的违法行使权力。

虽然家永三郎要求的是精神赔偿，但实质上是起诉国家通过教科书审定制度介入和干涉教育自由。

二、教育权在国民，而不在国家

这是一场史无前例的司法诉讼，很快在东京地方法院顺利立案。1947 年开始实施的《日本国宪法》规定，法院是所有法律事端唯一的裁判者，包括裁判由于行政活动引起的公民和国家之间的事端。

其实，在此之前，教育研究者、教科书执笔者和出版者等组织发动了多次运动，反对当局通过教科书审定制度对国民的思想进行统治，历史学界的九个学会也曾联合起来向文部省请愿。但是这些民间的抗议、陈情运动，总收不到应有的效果。当局当作耳边风，往往没有下文。因此，当时人们普遍怀有消极的想法，没有人愿意进行诉讼。当家永三郎抱着“教育内容不容许国家权力支配”的信念，决定进行一场史无前例的诉讼时，他的心中也有担心。

出乎意料的是，大量鼓励和支持的信件，从全国各地飞到了家永三郎的书桌上，捐款也源源不断地寄来，“声援教科书审定诉讼历史学者联谊会”“声援教科书审定诉讼出版工人协会”等后援组织也相继成立。后援团体不断壮大，从物质和精神两个方面给了家永三郎巨大的支持，使他能够拥有一个规模颇大的辩护团，并能维持长期的诉讼。法学界、教育界、历史学界的学者和一线教师、出版界人士也纷纷站出来，应邀作为证人出庭做证。

东京大学校长南原繁在法庭上说：“战前实行的审查，也只不过是确认年号、人名以及印刷误排等错误，并且订正的部分需盖执行编辑的同意印，顶多到这个程度，而现在文部省介入、干涉教科书内容。希望在不久的将来，实行自由发行、自由选择制，在过渡期可以实行推荐制，教师也可以使用推荐教科书以外的教材，这不也是一种很好的方法吗？”

由于涉及的问题复杂，这宗诉讼耗时极长（九年后才有一审判决）。在法院审理的过程中，文部省再次要求家永三郎对《新日本史》进行修改。家永三郎将前一次迫于压力违心删改的内容按原稿改回去，恢复了自己原来坚持的观点，结果全部被文部省判定为“不合格”。于是，1967年6月，家永三郎又向东京地方法院提出了第二次诉讼，要求撤销文部省做出的决定。

“第二次教科书诉讼”属于行政诉讼，进展迅速，原告胜诉的呼声高涨。右翼势力给家永三郎发来威胁、恫吓的电报和书信。为了阻碍他出庭，深夜十几个男人聚集在他家门前高声叫骂，摔瓶子进行威胁。在法院内外亦是如此，屡屡有暴力和威吓事件发生，还有人散发或张贴诽谤原告及法官的传单。

家永三郎没有被吓倒。在《家永三郎自传》里，他这样写道：

> 对于像我这样的日本国民，从那场可怕的战争中死里逃生，活到今天，必须竭尽全力与任何不遵守宪法基本理念、破坏宪法或者使宪法名存实亡的企图进行不懈的斗争，这也是时代和宪法赋予我们的神圣责任和义务。在《日本国宪法》存在的情况下，当有人企图妨害忠实于宪法精神的教科书出版时，如果我们对此视而不见、忍气吞声，就如同默许有人破坏宪法，或使宪法名存实亡。

许多人站在家永三郎的一边。在法庭审理过程中，原告方面有18名证人出庭做证，其中末川博教授是立命馆大学校长，与南原繁一样德高望重。他回顾了战前教育政策，以亲身见证的“泷川事件”论述了捍卫思想自由的重要性，听者无不动容。新闻媒体迅速做出了详细的报道，强有力的证言在全国影响极大。反观政府方面，14名证人所提供的证言都十分薄弱，远远不能和原告方面证人提供的证言相比，证人在受到反质询时往往无法自圆其说。

一方面，支持者组织各种声援家永三郎的活动；另一方面，反对者也成立了“教科书保卫会”，激烈批判和攻击教科书诉讼，对原告和证人发出恐吓信。在原告讯问日，支持者为了阻止右翼的妨碍活动，提前两天就组织群众在法院门前排队静坐，围成一个圆圈，还与“教科书保卫会”发生了一些冲突。就是在这次原告讯问时，家永三郎发表了本文开篇引用的演讲，引起旁听席上热烈的掌声。

家永三郎提出，根据《日本国宪法》的精神，教育权在国民，而不在国家。国民拥有教育权，这是“主权在民”的必然结果。宪法保障学术自由，也就意味着保障教育自由，不存在脱离学术的教育。文部省的教科书审定制度实际上是国家以某种特定的学说来评价或干涉其他学说，这是对学术自由的粗暴干涉。在当时，国民的宪法意识日益深化，因此教科书诉讼案不仅成为学界的热点，也引起了社会的广泛关注。

在法庭之外，全国声援运动此起彼伏。在东京举行的“以教科书审判第一审胜利为目标”的集会上，来自全国各地的7 000余人参加了这次声势浩大的抗议活动。之后，全国也相继举行各种声援活动。支持者编写的《教科书诉讼消息》报道：

京都声援会分别给杉本法官与家永发去了热情洋溢的贺年卡，并进一步推广了声援募捐运动；静冈县支援者向全国联络会寄发的鼓舞人们斗志的明信片雪片似的飞来；大阪地区的支援者不顾警察的阻碍，坚持在每月12日举行街头宣传活动，声援者意气风发，斗志昂扬；大阪东住吉区开展组织阅读教科书等各项声援活动；奈良地区联合会还发行了《12日消息》会员月刊，向会员报告运动动态与发展趋势。此外，大阪地区还与大学教职员工会保持密切的联系，为7月举办的教科书展览会做积极准备。

1970年3月，403名学者与文化人士联名发表《向全国国民的呼吁书》，批判国家权力对教育自由的干涉，呼吁国民齐心协力，“为取得正义斗争的胜利”而奋斗到底。

三、判决

教科书诉讼案备受瞩目。法官们如何处理，社会各界都在密切关注。教科书诉讼的核心，就是教育权的归属问题。家永三郎主张教育权归国民所有，认为审定教科书就是侵犯国民教育权。日本文部省则认为，教育权归国家，政府有权审定教科书。宪法明确规定，全体法官在行使他们的职权上是独立的，并且只遵守宪法和法律，任何行政机关或机构都不得对法官采取纪律措施。因此，法官不必理会来自政府的压力，关键是如何理解宪法精神。

要求民事精神赔偿的“第一次教科书诉讼”迟迟没有判决，要求撤销文部省行政决定的“第二次教科书诉讼”却走在前面。1970年7月17日迎来了判决日。为确保取得旁听席位及防止混乱，从前一天起，在东京地方法院门前，学生、出版工作者、教师等各界人士便连夜排队。开庭当天，旁听者越聚越多，法院大院内人山人海，挤满了关心判决结果的民众。

当天上午开庭，杉本良吉法官首先宣布，取消文部省“不合格处分”。当时，数百名支持者聚集在法院门外，眼望法庭的窗户，等待判决结果。当他们看到旁听的人从三楼窗户上打出V字信号时，不约而同地欢呼起来，声浪一直传到法庭内。

杉本良吉法官随后阐述判决的理由。他指出，宪法第二十六条“受教育的权利，教育的义务”，“是保障国民中孩子的受教育权而存在的条款。不过，宪法之所以要这样保障国民中孩子的受教育权，是因为……这根本上是孩子自己本身的权利。也就是说，随着近现代个人尊严的确立，当然也应该对孩子的人格给予尊重，应该对他们的人权给予保障”。法官阐述道：

> 教育的本质应当是这样一种活动：它充实孩子们的学习权、发展他们的人性、完善他们的人格，据此使迄今为止国民构筑的文化向下一代传承，培育肩负国家民主和平发展乃至世界和平的国民。基于这种教育的本质……承担孩子教育责任的应当是以家长为中心的全体国民。……这种国民的教育义务是与国家教育权概念对立的国民教育自由，教育自由实质是基于上述义务而产生的。……国家仅拥有帮助实现上述国民教育义务的责任，国家为实现这种责任而被赋予的权力应当是为扶持教育提供诸项环境、条件……原则上不允许国家对教育内容进行干预。

也就是说，宪法规定受教育权条款的目的是保障孩子的学习权，实现孩子受教育权的第一责任主体在于国民自己，国家只能起到提供教育环境的辅助作用，不得对教育的内容进行干预。显然，在教育权归属问题上，法官全面支持了原告家永三郎的主张。在杉本良吉法官看来，文部省做出的“不合格处分”，属于行政权力介入教科书内容的行为，违反了宪法的相关规定。

杉本良吉法官还指出，与一般政治相比，教育的内部事项有不同的特性，不适合以政党政治为背景通过少数服从多数的方式来决定。他认为，中小学教师受到宪法“保障学术自由”条款的保障，拥有决定教育内容的自由，“对教师来说，宪法第二十三条当然保障他们的学术自由，并且也保障他们讲授自己认为正当的学问见解的自由。对大学以下教育机关的教师来说，原则上也并不否定对他们教育自由的保障”。

“坦率地说，我开始时并没有预料到诉讼的第一炮会打响，更没有想到会取得如此全面的胜利，我的主张几乎全部被法庭认可。”家永三郎说，“经过此事我再次深刻感受到，当面对违法之事时，只要有可能以理论来进行斗争，就绝不能放弃自己正当的权利。”

当天，1 800多名支持者聚集，庆祝家永三郎全面胜诉。各大晚报用整版篇幅详细刊登了家永三郎胜诉的消息，次日各报又纷纷刊登社论，高度赞扬了这次判决，称赞杉本良吉法官不回避宪法判断的问题，正面论述了“国家与教育”这样的法律难题。在日本的司法审判史上，这是首次将教育权提高到了宪法的高度来认识，具有划时代意义。

家永三郎的胜诉，给予教师与国民极大的勇气和希望。以此为契机，任课教师开始积极参加教科书的编写工作。教科书出版工作者实现了公开教科书审定的要求。由教科书诉讼而引起的讨论，也扩大到了整个宪法学界。此后有关宪法学的书籍，都无一例外地要涉及有关国家权力介入教育内容的“违宪论”问题，大部分法学家都支持宪法保障教育自由的主张。

可是，“第二次教科书诉讼”也遭遇曲折。针对一审判决，文部省提出上诉，但是东京高等法院仍然支持家永三郎。文部省上诉到最高法院，最高法院废除原判，送回东京高等法院再审。最终，东京高等法院以“毫无上诉利益”终结诉讼。这时距离最初起诉已经过去了 22 年。至于家永三郎要求国家赔偿的“第一次教科书诉讼”，则在经历 28 年的漫长岁月后，以败诉而终结。但是不管胜败，教科书诉讼都在日本社会产生了巨大反响，特别是在日本年青一代都没有经历过战争的背景下，诉讼本身就有重大的意义。

1984 年，也就是在前两次诉讼还没有最终结案的时候，71 岁的家永三郎又以《新日本史》的几个修订版本多次遭到文部省审定为由，提起了第三次诉讼，要求国家对自己进行精神赔偿，实质诉求仍然是争取法院判定教科书审定制度属于违宪之举。这次诉讼又历时 13 年，最终家永三郎取得了部分胜利。此时，家永三郎已是 84 岁的耄耋老人，再也无力继续诉讼。在记者招待会上，他用嘶哑的声音说道：“一个无力之人之所以能坚持斗争，多亏了多数人的支援。不论胜负，都是荣誉。”说罢他深鞠一躬，四周掌声不息。

至此，长达 32 年的家永教科书诉讼案落下帷幕。5 年后，89 岁的家永三郎因病去世。在身后，他不仅留下了卷帙浩繁的历史学著作，更留下了一个敢于挑战国家权力的不屈斗士的形象。

对于日本学者，中国民众知之甚少，但是家永三郎却是一个例外。因为在20世纪90年代，日本的历史教科书问题引起东亚各国的抗议，国内外媒体争相报道教科书诉讼案。作为教科书诉讼案的当事人，家永三郎从此在中国民众中拥有很高的知名度。人们都知道，这位大学教授不满日本文部省在教科书审查中歪曲日本侵华事实，愤而起诉政府。确实，家永三郎是一个敢于坚持历史真相的历史学家。但是，比起让孩子们了解历史真相，他坚持运用宪法赋予的权利，维护国民的教育权利的行为尤为可贵。在他看来，国家权力控制学术研究和教育是违宪行为，“国民应拥有抵抗权，国民的权利被国家的权力践踏、蹂躏，国民必须依靠自身的力量斗争，讨回正义”。这是家永三郎坚持诉讼32年的根本动力，他坚持诉讼的故事也值得中国读者深长思之。

美浓部亮吉：以地方变革引领国政走向

地方变革为先导，影响了国政走向。1970年之后的日本，开始从注重经济发展，转向“生活优先”。一个完成了现代化的追赶型国家开始了新的征程。作为革新自治体的代表，美浓部亮吉在国政转向中发挥了重要作用。

假如乘坐时光机，人们回到20世纪60年代初期的东京，一定会大吃一惊。因为这个东亚的国际大都市终日笼罩在烟雾之中，能见度只有30~50米，严重的大气污染使人们白天也难见太阳，甚至下午3点时电车和汽车就要开灯行驶。如果走在东京湾的海岸上，人们看见的不是蓝天碧海，而是钢铁厂上空环绕的浓烟，闻到的则是刺鼻的硫化物的味道。

其实，这是当时日本大城市普遍的现象。从东京到名古屋，从横滨到神户，到处都是滚滚黑烟，以及味道刺鼻的硫化物。一向风景优美的大阪也变成了“烟都”，大阪市民在炎热的夏天都不能开窗。即使是人口只有20多万的四日市，也是终年黄烟弥漫。最严重时，当地学校被烟雾包围，教室和校园充满恶臭，学生们被呛人的烟雾刺得眼泪直流，拿着手绢捂住口鼻在校园避难，就像遭到空袭一样混乱。在1961年，因吸入石化工厂排放的含有硫化物的废气，四日市竟然有3%的居民罹患呼吸疾病，一个个被送往医院救治，一些哮喘病患者甚至因忍受不了疾病带来的痛苦而自杀。这就是震惊全国的“四日市哮喘事件”。

为什么会发生这样的悲剧？从某种意义上说，这是经济高速增长的副产品。第二次世界大战之后，日本推行优先发展重化工业经济的战略，以煤炭为主要能源，大力推动以既有的四大工业区——京滨工业区、中京工业区、阪神工业区、北九州工业区——为核心，以“太平洋条形地带构想”为基础的新产业城市建设。工厂如雨后春笋般拔地而起，污染也随之而来。尽管后来石油逐渐代替煤炭，大城市的烟雾有所减少，但有害气体和烟雾混合的灰尘仍然笼罩了整个城市。不过，最初人们并没有意识到这个问题，反而赞美烟囱林立的景象。有的小学校歌以“工厂的烟囱上有七彩的烟”来赞叹经济增长的速度，还有小学校歌将冒烟的工厂称作“日本的希望之光”。

进入20世纪60年代以后，环境污染日益严重。空气污浊，河流和沿海的水质越来越差，还有大量人造垃圾侵占土地、污染土壤。有人戏言，GNP除了代表国民生产总值，还有垃圾（Garbage）生产总值的意思。日本人创造了一个词语“公害”（こうがい），泛指大气、水体、土壤等自然环境被污染后带给人们的伤害。反对公害的舆论逐渐兴起。四日市一个得了哮喘病的六年级女孩曾写下这样一首诗，表达了当时人们的普遍心声：

大家仰头望着天空，
阴沉沉的黑洞洞。
巨大的工厂在喷烟，
放出了有毒的亚硫酸。
今天硫酸也毒死了人，
何时能还我蓝蓝的天？

“还东京蓝天”这个响亮的口号出现在1967年东京都知事选举中，成为社会各界和舆论关注的热点。喊出这个口号的，就是后来担任东京都知事长达12年的美浓部亮吉。美浓部亮吉出生在一个著名的知识人家庭。他的父亲就是著名宪法学家美浓部达吉，战前因主张“天皇机关说”而遭到右翼势力的迫害。美浓部亮吉一直在大学任教，但并非埋首书斋的学究，而是一个关心现实、思想活跃的公共知识人。他为环境问题而忧心，期望政府能够有所作为。

事实上，1964年的东京奥运会被很多人视为日本变得干净起来的起点。当时的主政者认为，奥运会是战后复兴的日本首次向外国展示自己的窗口。除了兴建一系列公共设施外，东京还展开了大规模的“首都美化运动”，给每个家庭都分发了宣传手册，各自治团体纷纷上街进行清扫。然而，这种做法难免有作“表面文章”之嫌，因为污染问题的根源在于国家的发展战略。当时的日本政府以优先发展经济为己任，轻视公害，认为这是必须付出的代价。这种代价看似无足轻重，与生产者无直接关联，政府也不需要马上付出代价，欣欣向荣的国民生产总值也不会因此而有所减损，因此政府反应消极。例如，尽管

1962年日本政府制定了《煤烟规制法》，1963年的政府公害对策预算也增加到133亿日元，但扣除下水道事业费和防卫厅基地公害对策事业费后，仅剩下1亿日元，被讽刺为“从二楼点眼药水”。

在东京奥运会结束后，新任首相佐藤荣作针对前任首相池田勇人的“国民收入倍增计划”，提出“社会开发”的口号，开始正视公害问题，但是并没有采取有力的对策。1965年颁布的《公害防止事业团法》规定“以支持产业健全发展为目的”，1967年颁布的《公害对策基本法》规定“努力与经济健全发展相协调”，仍然强调公害治理不能成为经济发展的障碍。因此，环境污染问题继续恶化。1966年下半年，执政的自民党发生一连串政治丑闻，该党17名东京都议会议员因腐败而被捕，让东京市民对政府的信任度下降。民众掀起抗议运动，发出“刷新都政”的呼声。在这样的背景下，63岁的美浓部亮吉站出来，参加东京都知事竞选。

自民党担心，如果让思想左倾的美浓部亮吉当选，势必会影响1970年的安保条约的再审议。因此推荐立教大学校长为候选人，而且喊出了“不能让红旗飘扬在都政府大厅之上”的口号。作为社会党和共产党的联合推荐人，美浓部亮吉阵营组织了市民运动“光明都政创造会”，以文化人和知识人为中心，开展广泛的竞选活动。美浓部亮吉本人形象清廉，高举“都政的主人是都民，与都民进行深入对话”的竞选纲领，特别是喊出了“还东京蓝天”的竞选口号，赢得了社会各界的共鸣。美浓部亮吉最终成功击败对手，成为东京都的首位“革新都知事”。

美浓部亮吉当选东京都知事，代表了当时的一股潮流。明治维新之后，日本建立起中央集权的地方自治。由于没有宪法的保障，地方自治体在第二次世界大战期间完全沦为中央政府的附属行政机构，毫无自治可言。战后，新宪法赋予地方极大的自治权。进入 20 世纪 60 年代，日本地方自治迎来了新时代。城市居民对中央政府迟迟没有采取积极的公害对策措施非常不满，渴望有所改变，因而纷纷支持那些批判自民党执政的无党派学者及文化人士。受美浓部亮吉当选东京都知事的影响，在 1968 年冲绳最初的首长选举、1970 年京都府知事选举中，都是这样的人士当选。这些形象清新、呼应民众要求的人士，成为政坛的一股清流。他们所在的自治体则被称为“革新自治体”。到 1973 年，加入“革新市长会”的城市达到 132 个，占日本全部城市的 20%。20 世纪 70 年代中期，革新自治体的人口超过日本总人口的 40%。

根据宪法，日本地方自治体的权力运作，主要依靠民意支持，不受中央政府的直接控制。这些革新自治体积极回应民意要求，率先从发展优先向居民生活优先转化。美浓部亮吉在胜选演说中，给自己的定位是“东京清洁工”。当时，这座高速发展的城市正经历着“垃圾围城”：日均垃圾生产量约 10 万吨，垃圾塞满了整个东京。美浓部亮吉打了一场持续 8 年、声势浩大的“垃圾战争”。

当整个社会面临一个陌生的、复杂的公共议题时，需要消化时间。在这个过程中，不同区域之间因为垃圾填埋问题而发生尖锐矛盾，反对在自己居住区域建设垃圾处理场的“邻避运动”（Not in my backyard，即不要建在我家后院）也如火如荼地进行。不过，大众的观念在逐渐改变。到了 1973 年，当被问及如何看待在自家附近修建垃圾厂时，75.6%的受访者表示自己会无条件接受。越来越多的人把保护公共卫生环境当成自己家的事，严苛到接近变态的垃圾分类制度由此产生。正如美国历史学家西尼亚维尔所说："垃圾战争最大的意义在于修正了人们对于垃圾的看法，从最初的疑虑和恐惧，慢慢转变成在一个正确的机制下，人和垃圾可以安全相处。"

革新自治体特别重视公害对策，美浓部亮吉所在的东京都更是身先士卒。1969年，东京都率先制定《公害防止条例》，赋予企业防止公害最高标准的义务。这个条例比国家的标准都严厉得多，中央政府施加压力，要求东京都政府撤回该条例。但在社会舆论和市民运动的支持下，最终反而是中央政府修改了标准。在东京都的影响下，制定《公害防止条例》的都道府县，从1965年的9个增加到1969年的32个，到1970年，46个都道府县均制定了此类条例。专门设置公害对策部门的地方自治体，在1969年时有9个都道府县、70个市町村，但在1970年达到37个都道府县、125个市町村。1969年地方自治体公害对策费为226亿日元，1970年增加到320亿日元。

此外，美浓部亮吉强调"市民本位"，根据市民的需求施政。他致力推动各种先进福利计划，如为东京市民提供免费医疗保险，增加幼儿园及养育设施，实行老人医疗免费等。他重视居民参与施政，经常举行对话会、市长会、公证会、审议会等，组织市民参与自治体各种计划的制订和设施建设。东京都不仅具有独立性，还拥有日本人口的十分之一，自然成为日本政治走向的晴雨表。其他革新自治体竞相跟进，发展社会保障与社会福利，推动市民社会的发展。

这些自治体的革新举措，起到了倒逼改革的作用。有了危机感的自民党不得不正视城市问题及公害问题，调整执政思路。1967 年自民党成立“城市政策调查会”，发表《城市政策大纲》，在城市积极推动道路、公园、住宅、上下水道、文化体育等公共设施的建设。1970 年 5 月，在“全国知事会”上，佐藤首相表示，“公害对策是重要的政治课题”。随后成立直属内阁的“中央公害对策本部”，佐藤首相兼任部长。

佐藤内阁向国会提出有关公害的 14 个法案。1970 年 12 月 18 日，在一天时间里，国会一口气通过了这 14 个公害对策相关法案，因此被称为“公害国会”。其中《公害对策基本法》的修正案删除了“经济发展协调条款”，明确“没有福利就没有发展”的理念，强调该法的目的是“在确保国民健康、文化的生活方面，防止公害极其重要”；《防止公害事业费事业者负担法》规定了国家、地方自治体在进行防止公害的公共事业时企业的负担范围及作用；《公害犯罪处罚法》第一次将公害视为犯罪，并规定给予“有可能对公众的生命或身体造成危险的人”处罚。

1971 年，政府设置环境厅，负责保护大气及水质等自然环境、制订环境保护计划、调查环境影响、补偿公害受害者等。其后国会通过《公害健康被害补偿法》，让受害者能够较容易得到经济援助及健康照顾。在 1970 年的公害对策预算中，公害对策费合计为 666 亿日元，相关财政投融资为 1 142 亿日元，比 1969 年分别增长 52%、26%，1971 年进一步分别增加到 932 亿日元、1 702 亿日元。在社会福利方面，自民党及中央政府采纳地方政府的做法，转化为中央政策。它宣布 1973 年为“福祉元年”，大力推进各种退休及健康保险计划。

于是，1970 年之后的日本，开始从注重经济发展，转向“生活优先”。一个完成了现代化的追赶型国家开始了新的征程。作为革新自治体的代表，美浓部亮吉在国政转向中发挥了重要作用。地方变革影响了国政走向。等到 1979 年美浓部亮吉离任东京都知事之时，东京的天空已经越来越蓝了，整个国家也一跃成为令世人艳羡的福利国家。

1968年，“大国梦”有那么重要吗？

经历了战争洗礼的日本民众意识到，无论如何总结明治维新以来的历史，有一点都是确切无疑的，那就是在当今世界，任何一个国家的崛起，可以称道的意义只是在于：对内，给自己的人民带来富裕与幸福；对外，给世界带去和平与安全。

全世界在舆论上曾对日本有极高的评价，特别是由于日本在明治时期吸收西方文明，卓越地实现了现代化，并在第二次世界大战后迅速得到了恢复和发展。

1967年，89岁的日本前首相吉田茂做了人生中最后一件大事，就是应《大英百科全书》之邀，为该书当年的年鉴撰写卷首论文。环顾全球，回首1853年“黑船事件”以来的日本历史，吉田茂感慨万端。在这篇论文的基础上，他又润色增删，在为后人留下一册言简意赅的《激荡的百年史》后，于当年秋天与世长辞。

正如吉田茂所说，日本的发展受到了当时世界各国的关注。许多研究者将目光投向这个远东之东的岛国，“经济大国论”“日本经济论”在海外被热烈讨论。也是在1967年，著名的英国杂志《经济学人》发表了一篇题为《升起的太阳》的报告，认为日本已成为六大工业先进国之一。其实，早在五年前，这家杂志就发表过报告《令人惊奇的日本》，讨论日本战后的“经济奇迹”，对日本经济的增长能力给予高度评价。不过，五年后的报告的结论更加坚定，不仅高度赞扬日本的成就，还试图解开“升起的太阳”之谜。《升起的太阳》引起世界各国的高度关注。

美国的日本史专家、曾任美国驻日大使的赖肖尔对日本的现代化予以高度评价。他认为日本是唯一获得成功的非西方国家，其现代化经验可以成为后发国家的一个指南。除了对日本历史的肯定外，还有对日本未来的乐观展望。同样是在1967年，美国著名未来学家赫尔曼·卡恩出版《纪元2000年》一书，预言到20世纪末至21世纪初，日本人均国民收入有可能超过美国，甚至宣称“21世纪是日本的世纪”，轰动一时。

其实，在20世纪60年代之前，日本经济并没有引起世界的关心，外国杂志也很少介绍。当时的评价是：日本仍然没有能够改变它是一个低工资出口国的形象，充其量只不过是以朝鲜特需为基础、设法恢复了工业力量而已。可是，随着“国民收入倍增计划”的实施，日本经济以10%的年增长率持续发展。1964年，在美国的鼎力支持下，日本加入OECD。加入这个“富人俱乐部”，便意味着日本作为发达自由主义国家的一员被欧美国家所认可。此外，十国财政部长会议也定期邀请日本参加。

此后，日本开始“超车”。1966 年日本国民生产总值超过法国，1967 年超过英国，1968 年国民生产总值达到 1 445 亿美元，比联邦德国高出 7%，成为世界第二，仅次于美国。从工业生产来看，日本是仅次于美苏的第三经济大国。1968 年，日本船舶、汽车、收音机的销量位居世界第一，新闻用纸、合成纤维、合成橡胶、合成树脂、电视机等销量位居世界第二，钢铁、水泥、硫酸等销量位居世界第三。这不仅让世界感到震惊，也出乎日本国民的意料。毕竟，这时距离日本无条件投降的 1945 年仅仅过去了 23 年。不到一代人的时间，这个国家不仅重新站起来了，而且实现了一个世纪的“大国梦”。

日本成为世界第二大经济体的 1968 年，恰好迎来了明治维新 100 周年。遥想整整 100 年前，明治天皇率领群臣举行誓祭典礼，宣布要“破旧来之陋习”“求知识于世界”时，就把赶超欧美先进国家、成为世界大国作为一个宏大梦想，注入这个民族之中。从那时起，日本开始了现代化的急行军。经过 40 年的奋斗，就成为亚洲第一强国，而且跻身世界强国之列。难怪名作《拥抱战败》的开篇便说：“日本作为现代国家的兴起令人震惊：更迅猛、更无畏、更成功，然而最终也比任何人能够想象的更疯狂、更危险、更具有自我毁灭性。”在经过短暂的大正民主时代之后，日本就开始走上歧路。15 年的战争让这个国家成为废墟，几代人的奋斗成果毁于一旦。

想一想，日本战败时是怎样的惨象？日本所有大城市（除了京都）以及大部分中小城市都遭到空袭，满目疮痍，农村也是一片破败之象。经过整整 10 年，日本的人均产值才恢复到 1931 年前的水平。此后的十几年里，日本的经济年均增长率竟然达到10%，城乡呈现出勃勃生机。这样的奇迹，怎能不引起国际社会的关注呢？于是，人们看待日本经济的眼光就开始变了。日本不再是“远东的廉价劳动和倾销之国”，而是一个拥有秘密武器的奇迹之国。外国记者、经济学者纷纷探索日本经济高速增长的秘密，随之出现了所谓“经济大国论”。

在海外高涨起来的“经济大国论”，也在日本国内引起了热烈反响。国际舆论给深信日本经济先天薄弱的日本国民以强烈的冲击。有疑惑，有惊讶，有欣喜，也有信心高涨。无论从哪个角度说，1968年都是一个宣告日本重新崛起的具有象征意义的历史时点。在漫长而艰难地追赶西方的过程中，日本不仅已经取得成功，还在许多方面堪称别国表率。既然“赶超欧美先进国家”这个从明治时代以来的“最高国家目标”已经实现，又恰逢明治维新100周年，当然应该隆重庆祝。政府认为，自卑感、宿命的悲观论等在战后日本流行太久了，现在到了鼓舞士气、重塑国民精神的时候了。

因此，政府从1966年就开始筹备“明治维新百年祭”的盛大庆典。“明治百年纪念筹备会议”不仅囊括了内阁全体成员，还有重要团体代表、著名知识人，筹备期间还规划了大赦、“青年之船”航行、建设纪念公园、举办“明治美术展”，以及在东京和各地举行大规模的庆祝会、狂欢节和盛装游行等纪念活动。政府希望借此建立一个“光明”的国家历史，以消除战争和殖民统治的阴影。通过宣扬国家的成就，激发国民的爱国心和自信心，在国际社会树立“大国”形象。

在官方高调纪念明治维新100周年时，知识人也展开了对明治维新百年来所走过的道路的热议。正面评价者认为，明治时代英明的圣贤果断引领日本走上了近代化国家的道路；反对者认为，正是因为奉行“脱亚入欧”“富国强兵”“弱肉强食”的路线，日本才堕入战争的深渊，成为一败涂地的战败国，并沦为“亚细亚的孤儿”。日本在明治以来的“富国强兵”路线完全破产，并且放弃了一切战争和殖民地之后，才实现了“赶超欧美先进国家”的目标。

如果是在1945年以前，出现这样完全不同的历史观是不可能的。但是经过战后改造，日本已经能够包容多元的观点。因此，在东京政府大搞庆典活动的同时，也有超过3 000人举行“反对明治维新百年祭”的集会，在东京火车站一带举行声势浩大的游行。为了纪念明治维新和“北海道历史”100周年，札幌举行了盛大的庆祝会，天皇也出席了这个活动，当地的少数族裔阿伊努人则举行示威活动，抗议政府忽视他们的贡献。这些抗议活动消解了日本政府“增强国民自信心”的努力，但日本政府对此也只能徒呼奈何。

除了历史观的歧见，人们对于当时日本的经济成就也有巨大分歧。许多人指出，那些外国记者、经济学者的“日本论”，大多都是基于误解和曲解的意见，高估了日本的成就。国民对于本国的经济规模居世界第二的事实，在感情上并未真正适应，甚至在国民中间流传着“表面上的第二位”等谴责性的论调。他们认为，虽说日本经济规模达到了世界第二，但并不值得骄傲，因为日本的人均国民收入还远远落在后面。

经济学家们也拿出数据，证实民众的不满是有道理的。日本与联邦德国相比，国民生产总值多7%，但人口多68.2%，人均国民收入约是联邦德国的三分之二。如果与美国的人均国民收入相比，日本只不过是美国的三分之一。这就是当时流行的“第二位与第二十位”的观点。此外，经济学家们也指出，日本虽然在经济规模上居世界第二，但是人均生产率比较低，在农林水产业、服务业、中小企业等领域尤为明显。而且，这种生产率低的部门，占整个经济的比重也很大。

在日本国内，“经济大国论”及“大国意识”也逐渐蔓延开来。不过，这让一些人联想到战前的“大国意识”，因此呼吁国人警惕“大国论”的声音也随之而起。“大国梦”有那么重要吗？许多国民发出这样的疑问。100年的现代化道路，的确有太多的事情需要总结。经历了战争洗礼的日本民众意识到，无论如何总结明治维新以来的历史，有一点都是确切无疑的，那就是在当今世界，任何一个国家的崛起，可以称道的意义只是在于：对内，给自己的人民带来富裕与幸福；对外，给世界带去和平与安全。

作为世界上第一个取消战争权的国家，日本没有了以武力争霸世界的合法性。曾经给日本带来巨大灾难的狂热民族主义已经被抛弃。时任美国驻日大使的赖肖尔注意到，“在日本，自卑感和优越感之间的钟摆式摆动正在逐渐消失……第二次世界大战以后，日本政府和人民想方设法削弱民族主义，使它减轻到最低限度，多数日本人认为自己是世界上最国际化的民族之一”。人们厌恶民族主义的一切象征，很少悬挂国旗、演奏国歌。“爱国主义”甚至成为一个邪恶的字眼，除了极右翼分子使用之外，人们都小心翼翼地避免提及。在国际上，日本虽然步入发达国家行列，但却一再强调自己是亚洲的一员，还是一个弱小而又贫穷的国家。这不仅延迟了履行与一个经济大国相称的国际责任的时间，而且也有效阻止了政府慷慨地向国外进行没有止境的援助。

可是，国内人民的幸福生活是否实现了呢？随着经济增长，国民收入快速增加，政府也开始提供公共福利。1961 年日本实现了“全民保险”和“全民年金”，在经济增长之后提高了对参加保险者的支付标准。此后，又废除了医疗方面的各种限制和地区差别，老年人福利年金额度逐步得到提高。但是仅有这些是不够的。在社会经济环境发生巨变之后，增长过程中累积下来的各种矛盾开始以不同的形式暴露出来，如大学骚乱、环境公害、少数族裔待遇等，各种抗议活动在各地接连爆发，日本社会又出现了骚动不安的气氛。

国民认为，“经济大国”不应仅仅是在经济规模和工业生产力上领先，福利水平也应与先进国一样，因此呼吁“从经济增长向提高福利转变”。日本政府意识到社会的要求。佐藤内阁于 1964 年登场时，就开始谈论“对高速增长政策进行纠偏”和“稳定增长”，在随后推出的“中期经济计划”中提出“提高国民生活的质量”。1967 年出版的经济白皮书，提出了“提高效率与福利”的口号。从此以后，没有一册政府的经济白皮书不提到“福利”。

1968 年 10 月 23 日，“明治维新百年祭”活动达到了高潮。当天有一万多人，包括社会各界人士和各国代表涌进日本武道馆，参加日本政府在此举行的“明治百年庆典”。庆祝活动向全国直播，亿万日本民众通过观看电视，见证了日本走向现代化的国家仪式的高潮。政府宣布，“谦虚地反思过去的错误”，“将这百年的经验教训运用到现代，明确站在国际视野下坚定迈向新世纪的决心”。

随着时间进入1969年，“明治维新百年祭”在喧嚣中结束了。不久，日本政府发表1969年的经济白皮书，在“向富裕挑战”的副标题下，强调人们的意识和政策方向已经到了应该从根本上改变的阶段。仅仅是经济规模扩大，不能说已经“富裕”，要将增长的成果用于消除经济上和社会上的不平等。

从此，日本开始了新的历史征程。

石牟礼道子：为了被损害与被忽视的人

“经济奇迹”不是战后日本历史的全部，公民权和民主运动也是其中的重要内容。1947 年《日本国宪法》的施行，标志着日本进入民主国家行列。然而，“水俣病事件”作为一个典型事例，说明民主不是一劳永逸的。要想让民主落地生根、不断拓展，还必须付出努力，公民必须站出来发出声音。

1969 年初，一本名为《苦海净土：我的水俣病》的新书面世，引起日本读者的关注。它以新闻体和诗歌混搭的新奇文风，揭示了水俣病患者的悲惨境遇，打动了无数读者。该书加印多次，被各种书籍和论文引用，还选入中学教材，在日本几乎家喻户晓。尽管该书作者石牟礼道子不事张扬，刻意保持低调，但是随着这本书成为畅销书，她想避开公众视线也越来越难了。于是，和水俣病的故事一样，石牟礼道子的故事也越来越被公众所熟知。

这是一个现代公民的故事。她为了被损害与被忽视的人而奔走，十年如一日。人们通过石牟礼道子，也对水俣病有了越来越多的了解。日本这个国家在现代化进程中的另一面也开始显现出来，促使人们反思和行动。

一、人生轨迹的转折点

1927年，石牟礼道子出生在九州，幼年时期住在水俣。水俣是九州南部熊本县的一个小镇，坐落在山海之间，风景优美，居民多以捕鱼为业。这个地方与世隔绝，脱离了明治时代以来的工业化进程。直到石牟礼道子出生20年前，一个叫作"窒素"的公司在这里建立工厂，生产化肥，水俣才卷入工业化之中。

窒素公司是日本化工业的翘楚和榜样，其创新和技术驱动的形象深入人心。在不到半个世纪的时间里，它迅猛发展成一个大型企业集团，跃居日本第三大制造商的位置，成为站在日本帝国高科技前沿的新财团之一。随着水俣工厂的发展，水俣也繁荣一时。到石牟礼道子出生时，当地人口已经接近3万。在她9岁的时候，水俣工厂迎来了昭和天皇。石牟礼道子以稚嫩的笔触记录了这次视察。警察将所有的乞丐、麻风病患者、精神病患者送到海湾的一个孤岛上，以防他们在天皇访问期间添乱。在父亲的一再央求和保证下，石牟礼道子又盲又疯的祖母才没有被送走。

日本无条件投降后，石牟礼道子辞去代课教师的工作，开始挨家挨户卖化妆品，甚至会到黑市用鱼换大米。这种困苦的生活境遇，正是战后初期日本普通民众的生活写照。不过，与日本其他地区不同，水俣的经济很快再度繁荣起来，因为水俣工厂不久就恢复生产，而且产量不断提高。1949 年水俣由镇变为市，水俣工厂贡献了该市总税收的 40% 以上。几乎当地所有家庭都有家人或亲戚在水俣工厂工作，因此当地人对窒素公司心怀感激。没有人会想到，它会对这里造成历史上持续时间最长的工业污染。

身为家庭主妇，石牟礼道子当然不可能知道，水俣工厂从 1951 年就开始向海里排放大量含有有机汞的废水。水俣湾里的汞含量越来越高，逐渐变成一个“毒湾”。不过，石牟礼道子和邻居一样，注意到海水莫名地开始变脏，鱼产量也急剧减少。从 1954 年开始，每年鱼的产量都会比前一年减少三分之一到二分之一。特别是在工厂废水流入大海的地方，越来越多的死鱼漂浮在海面上，乌鸦和海鸥不断死亡，猫也接连发狂暴死，甚至连鸡、狗、猪，还有黄鼠狼也遭遇同样的厄运。

作为文学爱好者，石牟礼道子并不关注现实，而是忙于写作。她尊重被“现代文明”毁掉的自然人的生活方式，使用当地语言进行创作，富有地域感。她的作品有一种独特的风格，假如继续这样写下去，她很可能成为一名纯文学作家，蜚声文坛。但是这条人生轨道在 1959 年突然偏航。那一年 9 月，儿子因肺结核住进水俣市立医院，石牟礼道子才第一次看到水俣病人。一个叫莆田的患者给她的思想和情感带来巨大冲击：

我第一次去医院的时候，还是一个不起眼的、不愿见人的家庭主妇……我喜欢听老歌和民歌，有时候也写写诗。我疯狂热爱不知火海，爱它的平静，以及退潮时那一大片潮湿的海滩。从九州妇女的平均年龄看，我可能会活过 70 岁。但我对余生并不期待，因为余生将像我现在的生活一样，没有一丝改变。当我见到菁田的那一天，作为卑鄙人类中的一员，我深深地鄙视自己。从那以后，她可怜地躺着，什么也看不见并且精神焦躁的状态，便深深地埋在我心底的某个角落。

病痛在人间蔓延，水俣病人生存的尊严被剥夺的模样，冲击着这位作家的心灵。从此，她将目光投向现实社会，开始追溯这个灾难性疾病的来历，进入了全新的社会领域。

二、掩盖真相的“共谋”

通过调查，石牟礼道子吃惊地发现，其实这种病早在5年前就已经被发现了。

1955年夏天，熊本大学医院确诊了第一例水俣病人，只是当时还没有“水俣病”这个名词。当地政府和医院迅速联合成立“水俣奇病对策委员会”，第一批共52名受害者确诊，其中17人已经死亡。熊本大学医学部成立研究小组，寻找病源。很快发现这是水俣湾产的鱼贝类导致的神经中毒，而且几乎完全可以确认是窒素公司的水俣工厂污染了鱼贝类。假如当时水俣工厂就停止生产，政府也采取禁止捕鱼的措施，那么水俣病患者的数量就可以被控制在最小范围内。

然而，当熊本县政府向厚生省咨询是否应该禁止在水俣湾捕鱼时，厚生省却回复说：“依据《食品卫生法》，因为不能确定病因和病源，所以不能禁止捕鱼。”随后，厚生省集合一批科学家研究水俣病，得出了惊人的结论。1958年7月，厚生省向其他各部委发出了一份通知："窒素公司工厂的废水污染了河湾的淤泥，鱼贝类和洄游鱼类由于一种物质而变得有毒，这一物质的性质与废水中的一种有毒化学物质是一样的。大量食入这些鱼就会致病。"

然而，通产省却不同意厚生省的结论。20 世纪 50 年代后期，正是日本经济起飞的关键阶段。作为以推动经济高速发展为己任的中央机关，通产省将重化工业作为重点产业，窒素公司是政府引导发展的主要对象。因为它生产了日本大部分的辛醇，以及超过三分之一的乙醛，而且还有更宏大的发展规划。通产省不愿意因为区区水俣病而伤害窒素公司，乃至整个化工业。多年以后，窒素公司有关人士在接受日本广播协会的采访时，透露了 20 世纪 60 年代中期通产省的意见：

通产省让我们"加油"，叫我们"抵抗"。一谈到是不是应该停止排放（污水），就会遭到严厉的批评。"说什么呢？现在停下来试试看。窒素这样的产业一旦停下来，哪里有什么日本的高速增长啊！绝对不能停下来。"

通产省给窒素公司社长发了一份关于工厂排放废水的调查问卷，竟然说："由于水俣怪病已经成了一个政治问题，所以这些调查都是秘密进行的。我们希望您理解，并希望在处理这一事件时采取合适手段（为了保密），不仅对外，对厂内也一样。"时任通产大臣、不久后担任首相的池田勇人也严厉斥责了厚生大臣，坚持认为肯定责任来自窒素公司为时过早。

结果，厚生省的官员为高增长折腰，解散了原来组建的

"食品卫生调查委员会"。遗憾的是，公众、媒体和国会几乎没有人站出来反对解散委员会，也没有人反对埋没其研究成果。熊本大学研究小组的资助也被停止，只能依靠来自美国国立卫生研究院的经费继续研究。

作为受害者，水俣市竟然也站在了窒素公司一边。在那个时代，各地方政府争相制定一个接一个的优惠条例，一哄而上地招徕企业在本地开办工厂。地方政治家在竞选时，也多以"开发和招徕工厂"为口号争取选票。水俣市的官员们为了发展经济，把窒素公司引进来，不仅把水俣变成一个工业城市，某种程度上也将其变成了该公司的内部殖民地。一位学者评论说："这个城下町的实际主人其实是工业资本，市长只是这个主人委派的管理者。"官员们更愿意牺牲可怜的渔民的利益来换取高速增长，市民们也宁愿选择帮助公司。在当地，几乎所有人都把公司和城市视为一个整体，它们的命运紧密地联系在一起。水俣病人不仅被伤害，还被漠视、被鄙夷。几乎没有一个水俣市的普通人会对水俣病患者表现出同情，或者做出任何同情之举。

至于窒素公司，则想方设法推卸责任。它先后发行一系列宣传册，宣称工厂废水与水俣病之间没有任何联系，利用各种理论迷惑民众和舆论。然而，事实上，该公司所属医院的研究者已经用猫做过实验，证明了工厂废水中的有机汞是水俣病的病因。可是，窒素公司却命令停止进行实验，对研究成果保密。后来，该公司多位从事该项研究的学者一起辞职。其中一位告诉石牟礼道子，在正式辞职之前，他已经把辞职信放在兜里好长一段时间了。

"水俣病不仅是一种环境病，一种人类在加速现代化进程中所付出的代价，”美国学者蒂莫西·乔治在《水俣病：污染与战后日本的民主斗争》一书中指出，“它也是一个无情的、犯有谋杀罪的企业隐藏罪恶的过程，是各级政府和社会，包括科学团体和媒体，互相勾结、混淆视听、容忍悲剧的发生并掩盖事实的过程，是当权者施压，反对说出真相和采取行动的过程。”

在经济发展这个大义面前，人权和弱者的生命被轻视了。企业高居于人之上。人们认为，为了富裕和经济发展，做出牺牲在所难免。因为没有解决的办法，受害者哀告无门，而且随着时间的推移，受害者不断增加。

三、我只应该在需要我的地方出现

自从接触到水俣病人后，熊本大学的原田正纯教授一直在坚持追踪和研究这种怪病。他发现，工厂废水里的有机汞可以通过胎盘给胎儿造成伤害，导致许多新生儿先天便患有小儿脑性瘫痪。他经常走进海边的渔村，探访水俣病人。他后来回忆说：“那时，我的身后总是有一位女性悄悄地跟着，她柔和的目光给我留下了深刻的印象。”

这位女性就是石牟礼道子。除了去患者家里，她还常常到医院探望水俣病人。她的父母和丈夫埋怨她忽视了家庭，但她说：“我只应该在需要我的地方出现。”她把水俣病视作自身的苦难经历，满怀爱心和同情地对患者及其家人的悲苦人生进行记录，并通过文章呈现水俣病患者的惨状。这些文章在当地的杂志上发表，故事真实得令人战栗，但是影响不大。

水俣病患者大部分来自渔民家庭。对于大多数日本人来说，渔村就代表着贫穷肮脏的乡下生活，渔民是被歧视的对象。患者向窒素公司请愿，要求赔偿，但没有结果。于是他们改为在工厂前静坐，在政府门前游行。他们没有外界力量的帮助，力量分散，就像孤独的鬼魂一样。他们仍然延续了旧时代的价值观和行为模式，期待政府给他们一个“说法”。这些人大多接受的是战前帝国体系的教育，从国民转化为公民是需要时间的。

当地政府极力防范公民关注水俣病的行为。一位来自东京的摄影家拍摄水俣病人，就有官员向有关人士提醒说：“现在有东京大学的年轻研究者在搜集水俣病的资料，因为不知道他要干什么，所以一定要提高警惕。”权力和资本形成了“统一战线”，不让纠纷正式化。最终，在政府的调停下，平均每位患者获得了区区不到30万日元的赔偿，协议中还特别指出这是“抚恤金”，回避了“赔偿金”的说法。公司成功避免了法律责任的追究。这个政治解决方案被称为“像河水一样干净”，把水俣病问题变成了赔偿问题。它是窒素公司的胜利，也是政府的胜利。政府不愿让公司为高速增长付出代价。

水俣病患者则是博弈的失败者。患者代表含着眼泪签署协议，却说：“我依然认为水俣市要感谢窒素公司，希望我们能够继续和平相处。”厚生省成立了“水俣病患者检查委员会”，患者只有经过它的确诊，才能得到公司的赔偿。真正被确认为患者的只是少部分人，即使是被认定的患者，得到的补偿也微乎其微。对那些没有其他收入来源的患者来说，这些钱远远不够，有些家庭不到一年就花光了所有的“抚恤金”。更可怕的是，新的病例还在不断增加，因为窒素公司安装的污水处理设备很少使用。事实上，当地居民头发中的汞含量非但没有减少，反而大大增加。

可是秘密却被深埋，很少有人知道。许多人，包括医生都认为，不会再出现水俣病患者了。然而，在不为人知的角落里，原有的病人在病痛折磨中艰难度日，新的病人在悄然出现。

“像树叶枯萎或者汞中毒患者脑细胞的死亡一样，日子就这样过去，年复一年。”这是石牟礼道子的哀叹。越接触水俣病患者，她越觉得无力。然而，她没有退出对水俣病的关注，仍然“在需要我的地方出现”。她心痛地发现，许多儿童一出生就有先天性水俣病，窒素公司却只肯给患儿家庭低额补偿。石牟礼道子帮助受害者写请愿书，公司置之不理。面对一些患者想向法院起诉的说法，公司管理层却说：“去试试啊。厚生省和经济企划厅还没有对病因得出任何结论。我们只要摆摆手，拒绝承认，就没有任何人相信你们。律师、检察官、法官都不会相信你们的，并且我怀疑，你们有钱把我们告上法庭吗？”

四、在整出剧目开场中的位置

在 20 世纪 60 年代中期，水俣市风平浪静，绝对看不出表面下的压力正在逐渐积累。病情严重、无法在家治疗的病人被安置在医院里，不那么严重的病人则在家中煎熬，甚至默默死去。无法充分行使自己的权利或表达自己的意见的，大多数都是社会上的少数派和弱势群体。正因如此，伤害才更容易集中，更容易扩大，救济也被轻易延迟。这种现象在世界各地都是共通的。

但是，关注这个弱势群体的人士也在缓慢地增多，其中有公务员、医生和艺术家。石牟礼道子不断地对患者进行访谈，记录他们的生活，写信同水俣市以外的人交流情况。她帮助外地的摄影家在当地举办展览，展出那些触目惊心的患者照片。身在九州僻壤，石牟礼道子并没有意识到，一个新的时代正在悄然到来。

一方面，国家经济快速增长，人均国民生产总值从 1961 年到 1966 年翻了一番，生活水平显著提高。另一方面，经济高速增长引起的各种问题开始浮现，各地都出现了公害问题。据相关统计，从 1963 年 11 月到 1964 年 10 月，地方报纸报道的公害事件约 700 件，其后 5 年间平均每年超过 1 000 件。政府忙于经济发展，对这些问题无暇顾及。1962 年美国人蕾切尔·卡逊出版《寂静的春天》，描写过度使用化学药品和肥料给人类带来的灾难，震惊世界。两年后，日本学者出版《可怕的公害》一书，揭示污染对生态环境和居民生活的危害。这些书唤醒了日本人的环境意识。一场宏大的公民运动由此兴起。

1965 年 6 月，出现了一条震撼性的新闻，在新潟市阿贺野川下游发现了第二个水俣病发作的地方，因为一家电厂向当地的河流中排放含有有机汞的废水。新潟市在东京北面，距离水俣市 1 300 多公里。新潟市患者出现的时间比水俣市晚 10 年，可是很快就引起了社会的关注。在各界力量的支持下，受害者在 1967 年 6 月正式起诉电厂。紧随其后，四日市空气污染、富山镉污染（痛痛病）的受害者也相继起诉。它们和新潟市水俣病、熊本（水俣市）水俣病一起，被称为“日本四大环境污染公害”。虽然熊本（水俣市）水俣病最早被发现，但却一直隐藏在不为人知的角落。

1968年1月，一个新潟市患者代表团来到水俣市。为了迎接新潟市代表团，“水俣病应对公民委员会”成立，目标是“保护生命和还原真相”。41岁的石牟礼道子是该委员会核心成员之一。她一向不喜欢高调的作风，就像歌舞伎中的黑衣（演员助手，永远穿黑衣，尽量不被注意），只是沉默做事。而这次她却热情地迎接来自新潟市的患者，向他们介绍当地的患者。水俣市第一次和其他地区的公民组织进行联动与交流。石牟礼道子敏锐地意识到“我们处在整出剧目开场中的位置了”。

水俣市和新潟市的患者联合发表声明，“要求政府明确承认科学家们的病因结论，并负责解决这一问题”，呼吁全国人民，“让我们一起战斗，保护生命，保护健康，保障生计”。于是，水俣这个被世人遗忘的地方终于进入全国民众的视野。全日本县市工人工会聚集到熊本，以投票的方式决定支持水俣病患者。水俣市的人们也开始正视存在于身边的悲剧。“同水俣病的斗争也是我们公认的斗争，”当地的工人发表声明称，“斗争必须针对全日本境内仍在制造污染的企业，斗争必须和整个工会的工人以及全体公民一起进行。”

在社会各界的压力下，1968年9月26日，厚生大臣正式发表讲话，第一次向社会公开承认，“窒素公司水俣工厂生产乙醛排放出的废水中含有的甲基汞，就是水俣病的病因”。病因得到官方证实，是水俣病事件最重要的转折点。对于长期处于歧视和偏见的痛苦之中的患者来说，这是翘首以待的一天。对于那些被弃而不顾的患者来说，他们也终于有可能让其他人知道自己的存在了。在厚生省发表声明的前一天，通产省命令全日本49家使用汞的工厂避免污染。窒素公司也不得不答应接受政府的结论，向受害者道歉，并同意就赔偿问题进行谈判。

1968 年 9 月 13 日，政府出资为 42 名死于水俣病的人举行悼念仪式。这是一种新的政府认证，即承认水俣病患者是污染疾病的受害者。此时距离正式发现水俣病，已经过去了 13 年。从 32 岁到 41 岁，石牟礼道子已经奋斗了 10 年。

五、没有万岁的胜利

1970 年 3 月，石牟礼道子因为《苦海净土：我的水俣病》而获奖，但是她拒绝了，因为她不想利用患者的痛苦而获得奖励，而且水俣病的赔偿问题并没有解决。她积极参与“水俣病告发会”（指控那些应该为水俣病负责的机构和个人）的活动，一如既往地为水俣病患者奔走。

在政府承认水俣病病因后，窒素公司开始和部分患者谈判。但是该公司又要求工会和公民们合作，执行“五年计划”——这是一种间接的威胁：如果公司被迫赔偿太多，它就会进一步减少工厂的生产，进而影响当地的生活水平。厚生省成立了一个第三方的调停委员会，根据它提出的方案，患者每年仅能获得 1 000 多美元的补偿。石牟礼道子和其他人一起，在东京的厚生省门前示威，反对低额赔偿。厚生省负责污染的官员回应说：“这份补偿协议是目前体制下能制定出的最好协议。”这种说法甚至引起厚生省内部人士的不满，他们对外散发传单批评厚生省说：

作为全国人民卫生福利监护机构的厚生省，本该对所有人民开放，但它却关上了大门。我们为何允许当局对“水俣病告发会”的成员采取这样的态度？……让我们，这些被水俣病患者指责为其共犯的人，同患者们联合起来，严肃地看看我们周围发生的这些不该发生的事情吧！

厚生省内部的“反叛”行为间接促成了日本环境署在1971年成立。这是一个直属于首相的政府部门，负责处理污染问题。在此之前，日本国会先后通过了《公害被害救济法》和《公害健康被害补偿法》。许多地方政府也制定了《公害防止条例》。于是，整个社会形势丕变，居民运动爆发性地扩大起来。政治家们放弃了过去那种“开发和招徕工厂”的口号，改为“福利和拒绝大企业进入”。

除了与窒素公司进行谈判外，还有部分患者家庭径直走向法庭，向窒素公司提起损害赔偿的诉讼。一个由专家学者们组成的审判研究小组为诉讼提供各种帮助。石牟礼道子作为成员之一，用她特有的力量唤醒不知火海的自然之美，这使水俣病的悲剧显得更加悲凉。一位剧作家根据《苦海净土：我的水俣病》写了一个剧本，在全日本演了数千次，令无数人感动落泪。还有报纸、电视和电影的报道，把他们的故事与更广泛的政治、文化问题连接起来，让人们思考高增长的代价、弱势群体的命运等沉重话题。公害问题在全日本沸腾，强大的舆论给了公害受害者极大支援。

1973年3月20日，水俣病诉讼迎来判决之日。在熊本地方法院门前，聚集了1 300多人。年轻人排队领取旁听券，前来报道的记者则支起了帐篷。旁边是随风飘舞的黑旗，其中染成白色的“冤”字异常醒目。人们都在兴奋地等待着法院的判决。也有人担心，这个公害案在法律上是史无前例的，法院会不会以“不可预见”为由做出公司无过失的判决呢？

最终，与此前的新潟市水俣病诉讼、四日市哮喘诉讼、富山镉污染（痛痛病）诉讼一样，水俣患者取得了全面胜诉。法院判定窒素公司承担责任，向患者支付9.3亿日元的损害赔偿。这是日本法庭有史以来判罚金额最高的赔偿。可是，媒体报道说，这是一次“没有万岁的胜利”，因为没有人欢呼。石牟礼道子记录了一位失去父母、弟弟，自己也受到伤害的原告的话：“判决下达了，赔偿是预期的金额。这金额不就是我父母生命的价值吗？……我只能不停地流泪。没有喜悦，也没有悲伤，只是空落落的，全身都失去了力气。”

然而，不管怎样，这是一次空前的胜利。通过电视节目的播放，来自学者、文化人、市民、学生和工人的支援增加了，人们争相募捐。集会的时候，常常有上千人参加。就像一位患者所说：“全日本的人都来支援我们。”20世纪70年代，反公害运动在全国范围内进入了高潮期。各种公民组织借此成长，推动了日本的民主进程。

如果民主是指人民的政府，那么任何民主的定义都不能忽视人民的想法，尤其是少数派的声音更应该被听到。在公民组织的压力下，日本的政治体系调整为以经济建设为中心的发展路径，开始更加倾向于大众的安全和福祉。如果说，重视企业利益压倒公民利益是国家的一种“非常态”，那么20世纪70年代之后的日本越来越走向正常化。

“整个战后日本历史的主要内容是什么？”

在日本各地旅游时，我常常想起一位朋友的这个问题。观察这个现代化的国家，城市里漂亮的高楼大厦，乡村里完善的公共设施，还有那高速飞驰的新干线列车，再想想从书本上看到的 1945 年战败时满目疮痍的画面，我觉得“经济奇迹”就是日本战后的整个历史。作为一个放弃交战权、无权拥有军队的国家，日本将全部精力都放在经济发展上，心无旁骛，最终成就了“经济奇迹”，成为世界上最富裕的国家之一。

一天，我乘坐新干线来到九州的中部。站在蔚蓝的不知火海边，看那浪花闪耀，美丽得令人眩目，我的心情却难以平静。这片内陆海美丽而富饶，几条窄窄的触角伸向中国东海方向。在缥缈之处可以看到的天草诸岛有着不属于这世间的美丽，如同净土，让人无法相信在这片土地上曾经上演过人类历史上前所未有的公害悲剧。在海面上，能看到许多不锈钢半球。导游告诉我，它们代表着水俣病受害者的灵魂。不远处就是水俣病博物馆，但是我不忍心去看那些凄惨的照片，而是在博物馆周围徘徊。

我想起石牟礼道子，这位站在弱者的立场记录“水俣病事件”的女性作家。在 1973 年判决之后，水俣病患者又先后发起过两次诉讼。石牟礼道子一直热心地为患者的赔偿交涉提供支援，直到 1995 年末才最终达成一份几乎所有参与者都可以接受的协议。2018 年，90 岁的石牟礼道子逝世，数千人参加追悼会，媒体引用日本皇后的话说：“失去了日本的瑰宝。”

我又想起朋友的问题，第一次意识到，“经济奇迹”不是战后日本历史的全部，公民权和民主运动也是其中的重要内容。1947 年《日本国宪法》的施行，标志着日本进入民主国家行列。然而，“水俣病事件”作为一个典型事例，说明民主不是一劳永逸的。要想让民主落地生根、不断拓展，还必须付出努力，公民必须站出来发出声音。只有这样的公民越来越多，一个国家的民主制度才能越来越完善和稳固。石牟礼道子不就是这样的现代公民吗？

丑陋的日本人：盛世里的自我反省和自我批判

《丑陋的日本人》是那个年代一面自我反省的镜子，引发了日本国民的反思。没有哪个民族国家是完美的乌托邦。日本以自己的实践证明，一个后发国家在走向成功之际，自我反思和自我批判实属难能可贵。知耻而后勇。自我反思和自我批判不仅是勇气的体现，还能够催生智慧，产生推动社会进步的力量。

1970 年春天，日本陷入狂热之中。人们或乘坐新干线列车，或搭乘飞机，纷纷举家赶往大阪。大阪在中世纪曾是日本最大的城市，在这座城市里，世界博览会第一次在亚洲拉开了帷幕。1964 年东京奥运会的成功举办振奋了日本国民的精神，于是大阪顺势承办了 1970 年的世界博览会。此次世博会共有 77 个国家参与，在长达 183 天的时间里，世博园内每天都人山人海，累计入场参观者达到 6 422 万人次，创造了世博会的最高纪录。

这场世博会的主题是“人类的进步与和谐”。从别具一格的场馆，到丰富多彩的展览内容，都切实展现了日本的进步。一位著名的日本小说家写道：“国家文明快速发展，开启世界之门的钥匙就是‘现代化’。1970 年大阪世博会的成功举办正是日本国家现代化到来的标志。”然而，在世博园的欢声笑语背后，也有诸多“不和谐”的场景。《每日新闻》记录了当时世博园外的一个镜头：

人！人！人！从国际特卖会场，跨过北大阪急行电车的轨道，距离庆典广场大约 300 米的那座天桥，活像一截被堵住了的轨道。拥堵在天桥上的人们，只能缓缓地蠕动着。被人踩踏的孩子，像让火给烫着了似的，在那儿哭喊。警务人员被人浪给吞没了，早已消失得无影无踪。只见脑袋探出在人挤人的闷热和混乱之上的一大群人，脸上露出了杀气，终于彼此大声地呵斥了起来……众人一边让人从背后推搡着，一边歇斯底里地叫嚷道：“世上没见过有这样的世博会，还不如趁早关门大吉了吧！”脸上的表情充满了愤怒：自己花大价钱买了入场券，孰料却成了人口超密集都市里的实验动物。

当时的新闻报刊的头条文章，不乏这样的标题：

- 《世博会之哀鸣——八万人拥挤“未来都市”》
- 《排山倒海涌向“未来”的人潮》
- 《孩子被踩踏》
- 《挤爆了的“残酷世博会”》
- ……

场馆外如此，场馆内又是什么情形呢？

一大清早，只听“哗”的一声，地动山摇，好几万人拼命地拥进场馆来。我以为发生了暴动，吓得拔脚就逃。然而，那仅仅是观众入场而已。可他们为什么要跑呢？请告诉我。老人、妇女都被冲得七零八落，跑在前面的，尽是年轻力壮的男性。……我害怕日本男子了。假如结婚的话，保不齐哪天会被他当作弱者抛弃掉。爱侣必须是能携手共进的人。我讨厌日本人，讨厌……

这是一位来自阿根廷的女孩向日本学者高桥敷发出的抱怨。这位名叫弗萝拉的可爱姑娘，热烈崇拜日本，因此来到大阪应聘，成为世博会的工作人员之一。在她的祖国，也举办过世博会，也有几千人等候入场，“可是，门打开后，谁也不会奔跑。没有那种争先恐后的丢脸的人。而且，男人绝不会把女人甩在后面，青年也不会抢到老人前面去。如果遇上一个坐轮椅的人，大家都会随着他的速度慢慢地走”。

弗萝拉的工作就是站在展览室被挤坏的栏杆旁，提醒游客注意安全。她发现，只要日本人不在场，工作就很轻松。“危险，请勿靠近！”这句话，德国人传给印度人，美国人传给中国人……根本不用她再操心。然而，日本人一来，信息就不通了。面对三个结伴而来的高中生，竟要把同样的话说上三遍才行，结果连嗓子都喊哑了。本来弗萝拉的梦想是，一边工作，一边寻找可心的日本男子。但是她说：“一天过去，梦就破灭了。日本的男人是全世界最糟糕的。我还是回去，到自己的国家寻找爱人吧。”

弗萝拉之所以向高桥敷坦陈自己的抱怨和失望，是因为他们是旧相识，而且高桥敷在日本世博会召开的这一年，出版了《丑陋的日本人》一书，轰动一时。其实，高桥敷本来是不可能写这样一本书的。这位出生于1929年的科学家，研究的领域是宇宙物理学。1959年，也就是美国国家航空航天局成立的第二年，他被招聘录用，携带家眷漂洋过海，赴南美大陆参加太阳观测计划。他先是在安第斯山上的国际研究所工作，后到秘鲁中部、委内瑞拉东部的大学讲课。在8年时间里，他住在国际村住宅区，与来自世界各国的人生活在一起。

最初，在健壮、快活、爽朗的外国人面前，在世界主义者面前，高桥敷受到自卑感的折磨。可是，过了几个月以后，强烈的国粹思想压倒了自卑感。在他看来，外国的一切文明，绝对没有超越日本人的能力。外国人在生活、工作中，都远不及日本人那么勤劳。日本人是优秀的，日本女性是最贤惠且具有献身精神的。他逢人便宣扬日本的“幽雅”“古朴”，到处宣扬日本人的优点。虽然身处异国，但高桥敷家的客厅里却贴着东京塔和新干线列车的照片，大门口挂着太阳旗。

然而，随着时光推移，当深入理解了外国人的价值观后，他又有了新的发现：“日本人憧憬的，却是外国人所不屑一顾的；而日本人回避的，却是外国人所刻意追求的。我们同他们的精神生活，存在着莫大的分歧。”于是，这位日本学者开始以世界主义者的眼光，苦涩地反思“蜗居世界一隅的日本人对事物的看法和想法的弊端所在”。通过外国人的眼睛，他看到了日本人“丑陋”的一面：

- 日本人是寂寞、无聊的。不苟言笑，话语均为同一模式。
- 日本人是一个不重视人的民族。工作勤奋，肯吃苦，任劳任怨，这是积极面；但不知休息与享受，回避批评，则是消极面。
- 日本人是不能自立的民族。就是说，过于崇奉上司，从第一把手到第二、第三把手……直到警察的地位次序，都有严格的规定，人人都在拼命往上爬，哪怕能晋升一级也行。
- 日本人是一个注重形式的民族。在其他国家，很少像日本的官厅那样拥有众多的印章，然而这些印章又仅仅是用于不问内容的机械盖戳而已。买一张写字桌，竟要在市政厅的文件上盖40多个印戳。
- 日本人平时总是把“日本、日本，我们日本、我们日本”挂在嘴上，简直像个孩子。……我是秘鲁人，当然热爱自己的祖国。但如果我要加入日本国籍，谁也不会阻拦或说什么闲话，朋友们只会提醒我“记住秘鲁”。但如果是日本人，却会说既然你有日本人的血统，为什么成了第二代日裔呢？你是叛国者的子孙。
- 日本人具有非凡的能量。可是，自我意识过剩会导致人性的丧失，而国家意识过剩会导致社会性的丧失。就像一个因脾性乖僻、粗暴而在班级里十分孤立的高才生。

经过不断的反思和总结，高桥敷认为，这都是由于日本“人的意识”落后。1967年，他回到阔别8年的祖国，他激动地说："我热爱哺育我长大的土地。我眷恋同我有血缘关系的同胞。这种近乎疯狂的感情，不背井离乡，就意识不到。"可是，在回国后的一年里，高桥敷的心里却充满了失望，甚至感到绝望，因为这位学者看到了以前没有注意到的问题——空气污染、乱丢垃圾、随地小便、从不排队、缺乏公德、漠视人权、不尊重休息权等，这些现象让他失望至极。

然而，当时日本国民生产总值的总量超过联邦德国，仅次于美国，成为世界第二。东京奥运会的成功举办、世界瞩目的经济成就，使日本人恢复了自信，跻身世界发达国家行列的"大国意识"日益滋生。于是，"日本社会论""日本文化论"等肯定日本特殊性的观点日益盛行起来。1946—1978年，"日本文化论"方面的单行本论著就有698部之多，论文和随笔尚不包括在内。从正面评价日本人的图书越来越多，《纵向社会的人际关系》《日本人和犹太人》《"撒娇"的构造》《阿隆集中营——西欧人道主义的界限》等书，通过发现日本社会的特殊性，对日本社会的优越性大加赞赏，让日本人感到自豪。越来越多的日本人走出国门旅游。在他们眼里，欧美国家也褪去了光环，甚至黯然失色。从成田机场着陆归来的海外旅行者们，骄傲地说着大话：

- 我们电视机的数量，（新干线上的）光号列车的速度，不管同哪个国家比都输不了。
- 美国也好，欧洲也好，都没有什么了不起的啊。日本才是世界第一。

在许多日本人看来，这是一个千载难逢的盛世。“日本文化论”占领了新闻媒介，带来了巨大的影响，并引发了人们对日本文化特殊性的肯定，乃至讴歌。但是高桥敷却不能忍受这种“不值钱的自满心情”。彼时他在教育研究所工作，并作为教育评论家，为报纸撰写连载文章。他受到1958年两位美国人合著的畅销书《丑陋的美国人》的启发，拿起笔来，开始写作《丑陋的日本人》。他以南美大陆的国际村住宅区为背景，以亲身经历为线索，用强烈的对比手法，揭示日本人在思想观念、社交礼仪、衣食住行、性格气质、工作态度、性意识等方面的种种弊端，审视日本人身上的“丑陋”。

高桥敷指出，日本人“满足于名次排列和产品的数量；关于人的意识，仍停留在两千年前的石器时代；他们狂妄自大，以世界一等国民自居。这种心理意识的偏颇和落后，竟被当作日本的传统美德而继承着。于是，人们变得像化石一样，冥顽不灵。不仅如此，人们还忘记了祖先两千年来的苦难，沉醉于日本自开天辟地就是雄踞世界的一流国家这一幻想之中，狂热地美化门第观念，容不得半点批评。万国博览会的举办，进一步助长了这种情绪”。

墨西哥有一句谚语：不要跑得太快，你会把灵魂跑丢的。在高桥敷看来，一直追求经济高速增长的日本，就像一个“目标前置，却未察觉身体欠佳的长跑者”，忘记了人世最重要的“某种东西”。高桥敷写道：

这种失掉“某种东西”的缺陷，在电视日益普及、大学日渐增多、日本在形式上已跃居世界强国之林的今天，终于完全暴露出来。这就是“人的意识的落后”和“民族性格的偏颇”。

高桥敷在书的前言里，向自己的同胞大声疾呼：“明治维新百年后的日本，必须再进行一次‘发现人’的维新。”

在大阪举行世博会的同一年，《丑陋的日本人》问世。非常有趣的是，一本称赞日本的图书也同时出版，它就是法国《世界报》驻远东记者吉兰的《世界第三大国日本》。这是一本充满对崛起大国的赞叹乃至溢美之词的书。两本书都成为当年日本的畅销书，不同的是，《丑陋的日本人》里充满了尖锐的批判。诚如京都大学名誉教授会田雄次所评价的那样，“那种犀利深刻的剖析，连续不断地撞击和刺痛着读者的心灵’，是“谋求新的发展的日本人最值得阅读并且应该铭刻于心的文章”。

因此，《丑陋的日本人》一时广为人知，风行东瀛大地。这本书因为犀利的言辞而激怒了某些日本人，高桥敷本人也遭到“身为日本人，却说日本人坏话”之类的批评，不得不屡次躲藏起来。不过，令他欣慰的是，来自全国各地的读者支持他对本民族的批评，还有好几千封来信鼓励他。虽然《丑陋的日本人》缺少理性的思辨和更深层次的剖析，但它至少是那个年代一面自我反省的镜子，引发了日本国民的深刻反思，成为未来进步的开端。

1970 年 9 月 13 日，大阪世界博览会闭幕。在人们的欢呼声中，皇太子明仁留下了名言：“愿人类进步与和谐的理想之火永久不熄。”半个世纪过去了，《丑陋的日本人》里的诸多现象已经消失，书中的有些内容甚至显得可笑。虽然一些深层次的问题或许仍然存在，但是无人否认，日本已经成为世界公认的文明国家。没有哪个民族国家是完美的乌托邦。日本以自己的实践证明，一个后发国家在走向成功之际，自我反思和自我批判实属难能可贵。知耻而后勇。自我反思和自我批判不仅是勇气的体现，还能够催生智慧，产生推动社会进步的力量。

浅间山庄事件：激进左翼运动的终结

这是一个时代的结束，它宣告利用冲锋枪和手榴弹，通过暴力来实现“革命理想”的方法彻底失败了，从此日本再也没有发生类似的反体制的“革命行动”。不过，“联合赤军”以“革命”为名，肆意作恶，不能不让人反思。

从东京站出发，新干线向西北方向一路奔驰。一个小时左右，就抵达了有“日本小瑞士”和“皇家后花园”美称的轻井泽。走下列车，凉爽之气扑面而来，与炎热的东京迥然不同。街头的一流品牌店鳞次栉比，令人目眩。众多的古董店、特色茶餐厅和咖啡店，又让这里弥漫着文化气息。难怪无数国际和日本国内的游客，都在这里流连忘返。

走出商业区，经过一个高尔夫球场，就来到一个名叫 Lake New Town（湖新城）的别墅区。别墅区的入口处是一个人工湖，很像欧洲的日内瓦湖。周围是冷杉和落叶松构成的森林，树下的杂草长得异常繁茂，地上铺满了青苔。轻井泽的森林也有些像欧洲，带一点昏暗的色调，让人觉得有一种莫名的神秘感。想起48年前发生在这里的“浅间山庄事件”，更感到这是一个具有时代寓意的地方。

一

“浅间山庄事件”的背后，是一个狂热的时代。而在这个狂热的时代背后，则是一群狂热的年轻人。

1969年，日本的激进学生运动开始走下坡路。社会大众不再认同学生的激烈对抗做法，政府也呼吁回归常态，并派出防暴警察进驻大学校园。在这样的背景下，绝大多数学生回归教室，但是也有极少部分学生越来越陷溺于自己臆造出来的激进主义的泥潭，走上了武装化道路。

同许多所谓革命活动一样，日本的学生武装组织也是派系林立。其中一个激进组织将反对美军基地的斗争作为自己的主要目标。1969年8月，它以阻止外务大臣爱知揆一访美的斗争为契机，倾尽全力进行暴力抗争，还从工程现场盗取甘油炸药。领袖很快遭到逮捕，但是第二代领袖又冒了出来，其中一位就是24岁的永田洋子。

这位毕业于日本共立药科大学的女孩子，相貌丑陋，性情怪僻。她曾是神奈川左派成员，一直冲在激进运动的前沿，好勇斗狠。在成为领袖后，永田洋子领导的激进组织虽然资金枯竭，但因为成功袭击枪械店铺，而拥有充足的枪支弹药。不过，这支弱小的“武装力量”当然不是政府的对手。随着成员相继被捕，这个激进组织的人数越来越少。

而另一个激进组织“赤军”，同样主张武装斗争。它认为，日本和世界的现状“正处在对帝国主义与资产阶级公开发出战争宣言的阶段，在日本要开始直接战斗”。但是它更倾向于与海外革命势力联手，在全世界推动革命。“赤军”的领导者重信房子也是一位年轻女性，毕业于明治大学，是一个迷信“不流血的革命是不会成功的”的人。她带领“赤军”成员，潜入山区，搜罗武器，设立秘密基地，准备对包括首相官邸在内的目标进行袭击。然而，密谋很快败露，基地遭到警察的围歼。总共 200 多人的“赤军”大部分被捕。重信房子等人逃离日本前往巴勒斯坦，在中东成立“日本赤军”；另一部分逃脱者则劫持了一架民航客机，投奔他们心中的理想之国朝鲜，后来杳无音信，结局不得而知。

在政府的穷追猛打下，永田洋子领导的激进组织和“赤军”残余的生存空间越来越逼仄。于是，同病相怜的“革命者”走到了一起，在 1971 年 7 月成立了“联合赤军”，永田洋子成为司令。“联合赤军”以群马县的腹地深山为根据地，与日本警察展开游击战。“赤军”有资金和知识，永田洋子领导的激进组织枪支弹药充足，而且永田洋子还和“赤军”的领袖森恒夫结婚，因此“联合赤军”的成员本来应该紧密团结的。但是，永田洋子和森恒夫认为：“半吊子的革命精神不能进行枪战，要整顿每个人，在短时间内把意志不坚决的、行动缺乏革命性的人，塑造成革命战士。”于是在人数本就很少的“联合赤军”内部开展“自我改造”，人人都得批判自身的小资产阶级行为。在没有完成自我改造前，任何人都不准走出大山。这些年轻人一边流泪，一边坦白自己的历史，包括以往的秘密。

在闭锁状态中，“自我改造”很快陷入疯狂，暴力升级，12名“联合赤军”成员被自己人残忍杀害。事后警方从他们的“革命法律执法点”挖掘出的尸体判断，这些人都是被脱光衣服受到了残酷的折磨毒打后，被捆绑起来扔在雪地里冻死的。其中包括四个年轻的女学生，处死她们的理由荒谬至极：一个因为戴耳环而被认为是资产阶级思想严重；一个因为结婚并且怀孕被指控违反了组织纪律，被赤条条绑在树上活活冻死，而那时她已经怀孕八个月。

在希特勒时代，德国法西斯就威胁和恐吓女性及不同的种族，强迫他们趋于同质化。无法同质化的，则被送入收容所。显然，“联合赤军”的做法比法西斯还恐怖。这些自诩为“高尚、无私”的日本青年，为何成为令人胆寒的恐怖分子呢？也许维克多·雨果的话是答案：真正的杀人狂，不是穷凶极恶的坏人，而是被某种崇高目标所蛊惑的圣徒。当时，永田洋子和森恒夫对惨死者毫无同情之心，竟然无情地称他们因“失败而死”。据说，一名“联合赤军”成员给那时已身在海外的重信房子打电话，哭诉内部清洗的残酷，重信房子竟然兴奋地说：“革命即将到来！”事实上，“革命”没有到来，到来的却是“联合赤军”内部的互相折磨，所有人都陷入绝望之境。

“自我改造”不久后，1972年2月初，五名“联合赤军”成员袭击了栃木县真冈市的一个军火商店并抢夺枪支弹药，引发了警察地毯式的搜捕。在逃窜过程中，永田洋子和森恒夫被活捉，剩余的“联合赤军”成员则穿越莽莽群山，向长野县方向逃命。

二

“差不多过了大半夜，来到一处奇妙的所在。那里的几处山丘被整修得一干二净，山丘间则延伸着铺设好了的公路。公路边上，按规定的间隔，伫立着许多明晃晃的水银灯，将四周照耀得就像白昼一样通明。恍然间，我们看到山下有一条无人街。因为地图上都找不到这个地方，所以我们彻底陷入了混乱之中。稍过片刻，我们朝街中走去，那儿有块指示牌，上面写着‘国土开发会社分售别墅用地’的字样。”

上面这段回忆，来自坂口弘，亡命的“联合赤军”成员之一。他在加入激进组织后与永田洋子结识，并且与她结婚，但是没过多久两人就离婚了。后来他参加“联合赤军”，成为领导者之一。在“联合赤军”内，意见出现了分歧。之前由永田洋子领导的激进组织那一派认为，在日本无法进行射击训练，为了开展游击战，应该转战他国，但是赤军派坚持在日本进行武装斗争。最终，“联合赤军”遵从坂口弘的提议，以山区和都市结合的形式来解决根据地问题。但是由于内部自相残杀，警察追捕，坂口弘和同伙不得不逃亡。被捕后，他在狱中写下了1972年2月19日深夜误打误撞闯进轻井泽的情形。

在坂口弘的脑子里，日本的山区应该像拉美游击队活动的区域一样，可以任由他们自由出没。然而，20世纪70年代初期的日本，已经是一个经历了经济高速增长时期的社会，物质富足，长野县山区也卷入国土开发的热潮。虽然早在明治时代中期，轻井泽就因为英国传教牧师的介绍报道而成为知名度假区，但是对此地的大规模开发是从 20 世纪 60 年代开始的。随着经济高速发展，休闲旅游兴起，这里兴建了 3 000 多处别墅。坂口弘和同伙踏足的，就是 1960 年开发起来的别墅区。

由于天气寒冷，这几个饥饿的亡命者潜入一间无人旅舍进食休息。中午时分，他们发现了正在进行搜索的长野县警察机动队，双方发生交火。“联合赤军”成员突破包围逃出，闯进了当地一家乐器制作公司的别墅“浅间山庄”，并胁持山庄管理人的妻子作为人质。很快，大批警察将整个山庄团团包围。由于政府要求在不开枪的情况下安全解救人质，逮捕全部“联合赤军”成员，因此双方一直对峙。

对峙 10 天后，在 1972 年 2 月 28 日上午 8 点，警方发出最后通牒。但“联合赤军”没有理睬，警察开始强攻，“联合赤军”向外疯狂扫射。无数日本人坐在电视机前，观看这场惊心动魄的攻防战直播。在人质被救出的一刻，电视台创下了接近 90%的收视纪录。逃亡的“联合赤军”分子被全部活捉，两名警察也不幸殉职。

“联合赤军”被歼灭，“浅间山庄事件”落下了帷幕。

三

在“浅间山庄事件”期间，一些学生运动的支持者认为，浅间山庄的对峙是反抗体制的行为，暗暗为“联合赤军”加油。但是，随着事件全貌趋于明朗，尤其是“联合赤军”在山区里犯下的惊人罪行被公之于众后，日本举国震惊。支持者们也都缄默无语了。

当时，为阻止成田机场建设，左翼青年正在同警察进行规模巨大的对峙。近 2.5 万名反对者在机场附近挖掘地道、修建简易碉堡。突然晴天霹雳，尼克松竟然访华了，“联合赤军”的罪行也公布了，轰轰烈烈的日本左翼运动自此进入低潮。激进左翼运动随着“浅间山庄事件”结束而终结。用当代日本历史学家小熊英二的话说：“从那以后，为了某种理念去死是没有意义的，与‘为公’相比‘利己’才是更重要的，这样的想法越来越普遍了。”

这是一个时代的结束，它宣告利用冲锋枪和手榴弹，通过暴力来实现“革命理想”的方法彻底失败了，从此日本再也没有发生类似的反体制的“革命行动”。不过，“联合赤军”以“革命”为名，肆意作恶，不能不让人反思。

即便是那些“联合赤军”成员，也对自己的行为有所反省。

坂口弘在被判死刑后，怀着满腔悔恨承认“使用暴力显然是落后于时代的行为”，“看来在理论上我们早就命中注定是失败的”。森恒夫被捕后，在监狱中写下了《自我批判书》。他回顾当初的自相残杀后说：“我承认自己处在疯狂的世界里。我试图竭力审判自己，这是我写《自我批判书》的首要前提。”在被关押十个半月后的 1973 年元旦，森恒夫用毛巾把自己吊死在监狱里。

至于和森恒夫、坂口弘都有纠葛的永田洋子，1982 年以“反社会罪”被判死刑，不过一直没有执行。她可耻地活到了 65 岁，直到 2011 年才在东京监狱病死。在她病死的 11 年前，另一位“赤军”领袖人物、在海外制造多起恐怖事件的重信房子，在日本被逮捕。在狱中她宣布“日本赤军”解散，同时还向所有受过他们伤害的人谢罪，并且“期待在寻求一个更好的日本的时候能够吸取我们的教训”。

一亿总中流：一个新国家的诞生

1853年，美国佩里将军率领“黑船”驶入东京湾，打破了日本绵延200多年的停滞而孤立的太平梦。从那时起，这个后发国家为了实现现代化，曾在正确的道路上疾驰，也曾在歧路上狂奔。120年过去，日本终于完成了追赶型现代化。特别是通过战后的奋斗，实现了国家的重生。

1957年，一位学者告诫一位哈佛大学的社会学博士说，如果他想深入洞悉日本社会，“就应该负笈海外，在一种迥然不同的文化中生活并浸淫其间”。第二年，这位28岁的博士就和妻子一同前往东京，开始了长达两年的田野调查。1963年，一本名为《日本新中产阶级》的学术著作的出版，让这位哈佛博士在学术界声名鹊起，傅高义由此成为日本问题研究专家。《日本新中产阶级》为世人展现了日本社会快速转变时期的一个“横切面”，因为傅高义敏锐地抓住了当时正在形成的中产阶级主流社会的特征。这是自从开始现代化征程以来，日本历史上前所未有的新景象。

20 世纪初，日本通过明治维新，实现了“富国强兵”的国家梦，但是随之也出现了诸多社会问题，最突出的就是贫富差距。尤其是在第二次世界大战前，阶层等级森严，社会严重不平等。据统计，20 世纪 30 年代中期，日本的基尼系数超过了 0.6。那是一个典型的“哑铃形”社会，一极是少数权贵，另一极则是广大的贫苦农民。主要由从事商业活动的市民组成的中产阶级人数极少、力量单薄、地位低下，左右不了大局。“哑铃形”社会通常是不稳定的，是充满动荡的，内乱又往往导致对外战争。1931—1945 年的“十五年战争”让这个帝国走向了自我毁灭。

1947 年开始施行的《日本国宪法》规定，废除皇室特权，全部皇室财产属于国家。从法律上说，日本皇室从此不再拥有任何私人财产，一砖一瓦全部属于国家，皇室费用必须计入预算并经国会决议。因为政府不能供养太多的皇族，因此除了昭和天皇与三个弟弟的直系亲属，其他皇室成员通过“皇籍离脱”，全部成为平民，自食其力。其中，一位亲王到食品店打工，天皇的长女也不得不到塑料加工厂兼职。与虽然缩减但仍然保存下来的皇族不同，以重要大臣、枢密院、贵族院为主体的华族①制度，则被完全废除。通货膨胀导致这些华族的资产大幅缩水，高额的财产税（对 1 500 万日元以上的财产，征 90% 的税）更使华族生活困难，有的华族子弟只得以开食品店为生，还有的充当广告员奔走街头。

① 华族是日本从明治维新至第二次世界大战结束时存在的贵族阶层。

此外，占领当局推行的解散财阀、废除贵族、土地改革等民主化改革，都极大地改变了原有的不平等现象。例如，土地改革让农民获得了宝贵的耕地，旧地主则由于通货膨胀而损失惨重，作为一个阶级迅速消失。通过解散财阀，原来处于企业中层的技术和管理骨干的地位大大提高，从中涌现出一批具有民主和改革思想的新企业家。占领当局还鼓励企业创设工会，1945 年工会的加入率超过了 50%。在《工会法》的保障下，这些工会积极地为工人争取工资、待遇等方面的权益。《日本国宪法》和《教育基本法》则保障了日本国民平等接受教育的权利。这一系列民主化改革使日本社会迅速趋于平等。

从 1955 年开始，日本进入了长达 18 年的经济高速增长时期。为使全体国民共享经济发展带来的成果，1960 年池田内阁提出了“国民收入倍增计划”，成功地把民众的精力从政治转向经济。10 年间，日本国民人均实际收入增加了 1.4 倍。各行各业工薪阶层的收入由此普遍提升，实现了共同富裕。税收政策则有效缩小了阶层差距。政府还实施“全国综合开发计划”，有效缩小了城乡差距，改善了地区之间发展不平衡的问题。从日本各县人均收入的基尼系数来看，20 世纪 60 年代之前地区之间的差距最大，1970 年前后开始大幅缩小，城乡一体化得以实现。

由于社会财富不再只由少数资本家阶级、权力支配阶级独占，而是让更多的国民参与分配，因此大众消费社会不断发展，中产阶级开始出现。当傅高义第一次抵达日本时，他发现“当时的日本正处在从第二次世界大战的破坏中基本复原，而其人民正身体力行地学习西方并努力将自己的生活标准提升至西方国家水准的历史节点之上”。当时，东京塔刚刚建成，甲壳虫家庭轿车也问世了，鸡味拉面开始进入家庭，让人真真切切看到了一个大量生产、大量消费的时代的到来。

从20世纪50年代开始进行的社会调查，持续询问受访者是否自认为属于中产阶级，其中包括所谓上层、中层及下层的中产阶级。1958年，选择自己所属社会阶层位于“中下”与“下”的回答者合计占49%。也就是说，已经有一半人口认为自己属于中产阶级。正如思想家吉本隆明在1960年的一篇文章里所写的那样：“个人利益成为战后‘民主’（资产阶级民主）的基础，如果我们不能认识到这种感受的积极性是今日发展的根源，那么我们就无法认识第二次世界大战结束后，日本社会所出现的各种进步性发展。”

在20世纪50年代中期，日本社会流行的“三大神器”是黑白电视机、洗衣机、冰箱。到了20世纪60年代中期，90%以上的人口已经拥有上述用品，于是社会上又开始谈论“新三大神器”，即汽车、空调及彩色电视机。1964年的东京奥运会是一个历史拐点。直到20世纪50年代末期，东京市内仍随处可见近代化以前的生活场景：水井、洗澡盆、蚊香、风铃、煤炭炉、和服、榻榻米。但是奥运会后，古老的一切似乎突然就消失了，取而代之的是电话、冰箱、彩色电视机、热水器、空调、立体音响、微波炉。新的时髦是关起门来开空调，家里的地板上铺化纤地毯，放西式家具，看美国连续剧，听英国音乐……越来越多的人拥有上述产品，代表越来越多的人有能力负担“典型”的现代生活，或起码有理由相信自身以及下一代可以达到这种生活水平。日本民众的生活已成为全球现代生活的一部分，与先进的资本主义世界接轨。

在媒体充斥的环境下，中产阶级生活被定型。媒体所制作的各种日常节目，以城市家庭为中心，宣扬中产阶级的生活及教育方式。当时流行的前卫女漫画家长谷川町子的漫画《海螺小姐》，就用温馨的幽默手法，描绘了一个中产阶级家庭里三代人的生活：父亲在一个十分普通的企业事务所工作，每天通勤上班，下班后，也会习惯性地先在外面喝上两杯才回家；母亲则每天做饭，主持家务，与邻居打交道，还有喝止孩子的吵闹，唠叨他们的功课，好让他们的学习更进一步。《海螺小姐》不仅吸引了无数日本人的注意，更塑造了大众的想法。

由此，日本的中产阶级主流社会隐然成形，并获得大部分日本人的认同，自认为是其中一员。1965 年，也就是在傅高义完成研究课题离开日本 5 年后，社会调查显示，已经有 56.3% 的民众认为自己属于中产阶级。回想 20 多年前，日本社会因地位、财富以及权力因素，深刻分裂为许多不同的阶级，现在一个普世性的中产阶级意识却发展起来，怎能不让观察者讶异于日本社会的急剧转变？就在这样的背景下，日本出现了“一亿总中流”的国民意识。日本人喜欢用“一亿”代表全国人民。到 1967 年，日本人口正好突破一亿，达到 1.01 亿。

教育的均等化在培养中产阶级上发挥了重要作用。20 世纪 60 年代，日本的义务教育入学率几乎达到 100%，高中升学率超过 70%，大学升学率也达到 40%。即便是农家子弟也能接受高水准的教育。一批批农村的年轻人进入城市，成长为具备现代工人阶级素质的蓝领工人。企业实行“终身雇佣制”，为员工提供住宅、各种津贴福利和细致入微的关照。只要是正式员工，企业就能保证其过上中产阶级的“中流生活”。蓝领与白领之间的工资差距很小。例如，同样年龄的公司职员收入可以达到名牌国立大学教授年收入的三分之二。社会总体收入水平较为平均，少有“暴富”阶层，基尼系数也长期保持在 0.25 左右。

作家新井一二三这样描写 20 世纪 70 年代初的日本社会：“随着都市化的进展，过去很明显的白领与蓝领的区别不再容易看出来了：穿着西装系着领带、开着私家车上班的公司职员，到了职场就换上工作服而从事生产线劳动，没有人觉得奇怪了。结果，很多蓝领——工人阶级，一厢情愿地把自己划为‘中流’。我家也不例外。父亲虽然中学毕业，但是白手起家做了小公司老板，虽然有起有落，但从没有穷到挨饿穿不暖的田地，所以自我感觉还不坏呢。谁敢说我家属于‘下流’？”

从 1965 年开始，日本首相官邸每年公布《国民生活舆论调查》。1973 年的调查显示，认为自己属于中产阶级的人数达到 90%。此项调查极具主观性，但是民间的调查表明，自认为属于中产阶级的人占的比例也达到 61.3%。这说明，“一亿总中流”的国民意识已经广泛存在。各国现代化过程中，社会结构的一个重大变化，就是以各类专业人员为主体的中产阶级的崛起，取代传统社会的权贵阶层，成为社会的中坚力量。日本同样如此。进入 20 世纪 70 年代，日本像其他发达国家一样，形成了一个“橄榄形”社会。一个总体构成稳定、贫富差距较小、涵盖绝大多数人口的中产阶级，成为日本经济发展和社会稳定的基础。

就在 1972 年，一个名叫横井庄一的士兵回到日本。他作为守岛的士兵之一，参加了 1944 年的关岛战役，失败后逃进深山密林。直到被两名关岛的猎人发现前，横井庄一像野人一样生活了 28 年。此前他一直不知道，日本早已战败。这个被称为“日本最后一名皇军士兵”的老人觉得自己“好像做了一个长长的噩梦，什么都稀里糊涂”。回到祖国，他发现自己面对的是一个完全不同的世界，“所见到的一切如同进入一个神奇的宫殿”：城市里到处是高楼大厦，商店里琳琅满目，街头满是俊男靓女，高速公路上汽车川流不息，机场里也挤满要到世界各国旅游的人。在乡下，那些低矮的木屋和穷苦的农民一起消失了，冒出来许多别墅式庭院，门前屋后都停着轿车，村民们也都鲜衣怒马，气宇轩昂。日本已经成为世界第二大经济强国。同时“英美鬼畜”之类仇恨西方国家的说法不见了，人们都热衷于谈论英美流行的东西，热烈讨论如何改造“日本列岛”，动辄宣称“民主”“和平”。天皇不再是神，没有人相信“日本是神国”，许多人不愿意唱国歌《君之代》，甚至公开宣称当外国势力入侵时，日本应该集体投降……这一切让横井庄一感到目眩，就像乘坐时光机，穿越到了另一个世界。

是的，经过一代人的奋斗，日本变成了一个新国家。曾经发动战争的“大日本帝国”灰飞烟灭，取而代之的是“日本国”。至少从体制变革的角度看，这就是“建国”。当然，发生变革的不仅是国家体制，还有人们的价值观念。民主主义、和平主义取代了 1945 年以前的“富国强兵”，个人权利取代了“国家至上”。时代变迁的一个显著象征是：曾经信奉“国家至上”的横井庄一本人，也在 1974 年参加了参议院全国区议员竞选。

1853 年，美国佩里将军率领“黑船”驶入东京湾，打破了日本绵延 200 多年的停滞而孤立的太平梦。从那时起，这个后发国家为了实现现代化，曾在正确的道路上疾驰，也曾在歧路上狂奔。120 年过去，日本终于完成了追赶型现代化。特别是通过战后的奋斗，实现了国家的重生。尽管在 1973 年世界遭遇了“石油危机”，日本也告别了两位数的高速增长，进入了中速增长阶段，但是日本国内依旧安宁，人们怀着对生活的满足感，向着一个新的时代迈进。

“日本奇迹”的兴与衰

战后初期，为了推动经济复苏，日本选择了“政府主导的市场经济模式”。这种模式虽然在一段时期里推动了日本经济高速增长，甚至创造了“日本奇迹”，但是也形成了“路径依赖”，从而成为未来发展的阻力。虽然经多任日本首相努力改革，但是迄今都没有得到完全解决。

一、“日本公司”

“日本的人均收入将在1990年左右超过美国，而其国民生产总值大约在2000年就可能赶上美国。”

虽然现在看，这种预言荒唐可笑，但是50年前它却受到国际社会的重视，还引起许多认真的讨论。预言者是美国未来学家赫尔曼·卡恩，一名受过严格学术训练的物理学家，凭借涉及各种题材的作品而赢得国际声誉。他在1970年出版的《新兴的超级大国日本》一书中，赞扬日本政府英明的官僚确定发展路线，敬重当权者的工人则辛勤劳作，这种成功组合创造了经济奇迹，到2000年日本将成为世界第一大国。赫尔曼·卡恩预言，日本是美国的接班人，21世纪将属于这个东方岛国。

1973年，日本的人均GDP不到美国的60%，GDP总量只有美国的约30%，但是日本的增长势头却非常迅猛。如果按1963—1973年的增长速度计算，到1985年日本的真实人均收入将超过美国，到1998年日本的总产出就会超过美国。因此，包括赫尔曼·卡恩在内的许多国际观察家确信，当时的日本正在迈向全球经济霸主的地位。然而，就在1973年，“第一次石油危机”爆发，世界经济受到冲击。对于严重依赖石油进口的日本来说，打击尤为沉重，1974年日本经济首次出现负增长。

在国内外的双重压力下，日本政府从在20世纪50年代和60年代执行的“纵向的”“选择性的”产业政策，转向“横向的”“功能性的”产业政策。与此同时，日本官产学各界也开始反思战后的发展模式。战后日本的政治家将经济增长作为国家最优先事项，保守主义政党领袖们个个鼓吹“高速增长”，并把国民生产总值作为衡量国家一般福利的代用词。于是，日本政府提出经济远景目标，制订经济计划，调动资源，以实现赶超，由此形成了“政府主导的市场经济模式”。

在积极应对下，日本很快从“第一次石油危机”的阴影中走出来，在1975年经济就实现了正增长。此后，日本经济从平均10%左右的高速增长阶段，进入5%左右的中速增长新阶段。饶是如此，日本在发达国家中仍然是一枝独秀，强劲的增长势头让观察家们对日本的未来充满信心。因此，在20世纪70年代即将结束的时候，世界又出现了对日本的一片赞美之声。曾担任美国驻日大使多年的外交家赖肖尔称赞说，日本是“所有重要国家中组织得最好又最有活力的”。还有美国社会学家傅高义，他在1979年出版了《日本第一：对美国的启示》一书，认为日本在许多方面都会成为一个了不起的竞争者，可以挑战美国。在他看来，“与任何其他国家相比，日本能够越来越成功地解决后工业化社会的各种基本问题”。

1980年前后，围绕“日本战后高速增长的秘密”，发生了国际性大讨论。日本著名经济学家有泽广巳等计划经济学派认为，主要是因为当年在“满洲国”搞统制经济的那批人回到日本，推动实行计划经济和产业政策，日本经济才取得高速增长的。现代经济学派则认为，日本高速增长是因为引入了市场经济机制，市场经济是普世的繁荣之道，无论是谁引进市场机制，都会实现经济增长，所以没有“日本奇迹”。文化人类学者认为，日本高速增长应归功于终身雇佣制、年功序列制、主银行制等具有日本文化特色的独特制度。国际关系学者则提出“搭便车说”，认为日本是搭了冷战时期美国的便车，《日美安全保障条约》使得日本节省了国防开支，可以全力以赴地发展经济。同时美国又对日本开放市场、提供技术转移等，极大地推动了日本的经济发展。

最引人注目的是美国东亚问题专家查默斯·约翰逊教授的观点。他在1982年出版《通产省与日本奇迹》一书，认为是通产省创造了日本的经济奇迹。因为这个部门聚集了许多具备高级管理才能的公务员，他们制定的产业政策专业且细致，以顺应市场经济规律的国家干预经济的方式，引领日本走向成功。

这本书影响极大，从此日本通产省成为一个举世瞩目的神话，其产业政策则被认为是国家经济发展的“神器”。

通产省的管辖范围很广，除了产业政策之外，还有贸易政策、通商外汇、工业技术、商业流通、中小企业振兴、工业标准、计量、工业设计和情报服务等。它对企业微观经济活动的干预一般分为直接干预和间接干预，前者通过价格干预、产量干预和准入制管理等办法直接限制企业的某些决策权限，后者则通过财政、税收、信贷、情报等手段影响企业的微观决策。为了及时与掌握大权的官僚沟通，大企业纷纷把总部设立在通产省办公处附近，通常步行就能到达。许多通产省的官员常常在 50 岁刚出头时就选择从政府机构退休，接受日本大公司的高层管理职位，这种独特的“高官下凡”也便于落实通产省的“行政指导”。于是形成了政府与企业密切合作的、被国际社会称为“日本公司”的独特体制。

在这种“政府主导的市场经济模式”里，政府官员在市场运行中发挥着重要作用。一位政府官员不无得意地说，这种体制是“一种非常有效的赶超模式”。加拿大的一位日裔学者说，日本的官僚“在制定重大社会和经济政策方面所达到的高服务水准”，使日本得以实现“异乎寻常的成功”。

二、“东亚奇迹”

进入 1980 年，日本经济的表现依然令世界瞩目，因为这一年日本的汽车年产量首次超过美国，高居世界第一。1982 年日本机床年产量达到世界第一，1983 年日本机械工业出口（包括汽车、半导体、计算机、原动机等）超过美国居世界第一。世人惊叹，日本已经成为名副其实的“世界工厂”。日本媒体写道：“在世界经济中一枝独秀的不是美国，而是日本。在纺织、钢铁、造船、家电、汽车和半导体等制造领域，美国完全输给了日本。”

在《通产省与日本奇迹》的影响下，国际上有不少人认为，这是日本产业政策成功的结果。然而，1984年，著名经济学家小宫隆太郎主编的《日本的产业政策》一书出版，对日本战后初期的产业政策进行了严厉而扎实的批判。该书收录了20多位日本资深经济学家的研究成果，他们根据大量事实指出，日本政府制定的这类产业政策，或者被议会否决，或者被企业抵制，或者被法院判为违法，并没有得到完全执行。即使得到执行，结果往往也是负面大于正面。而多数在日本取得高速发展的产业，都是在没有得到政府的保护扶持政策支持的情况下发展起来的。其中许多企业几乎是从零或者极小的规模起步的，是在没有得到产业政策优待的情况下，依靠自己的力量发展起来的。因此，一位作者指出，日本经济的高速发展得益于市场机制，即使市场机制出现或多或少的缺陷，也应该重视它，“要以民间的活力为主，同时政府也应根据需要进行必要的政策性补充”。

然而，这些反思和批判并没有受到国际社会的重视。相反，随着产品出口越来越多，“日本制造”风靡全球，世界各国都为日本的经济表现所震惊。1985年签订《广场协议》以后，日元升值，日本资本大量涌入发达国家。特别是在美国，日本人出手阔绰，购买各种商品，从普通商品到奢侈品，从工厂到酒店，从影像公司到世界名画，纷纷落入日本人囊中。在洛杉矶，日本人掌握该市闹市区一半以上的房地产。在夏威夷，96% 的国外投资来自日本。到了 20 世纪 80 年代末，在世界十大银行中，有八个是日本的银行。美国全国不动产的 10% 都为日本人所有，甚至被视为美国国家象征的洛克菲勒中心，也被三菱集团以 14 亿美元收购。因此有人惊呼，日本正在“买下整个美国”。与此同时，日本政府利用大量的公共投资和扩张性的货币政策，也将内需刺激起来。

举国狂热之际，中曾根康弘不失为清醒者。这位从 1982 年起蝉联三届日本首相的政治家认识到，市场自由化是时代潮流。1985—1987 年，他大刀阔斧地对日本国有铁道（铁路）、日本电信电话公社（电信）、日本专卖公社（烟草专卖等）这三家国营企业进行民营化改革。特别是国铁，它通过改革挣脱了官僚束缚，服务质量与财务效益均获得提升，成为世界铁路行业发展的典范。

只是这些改革经验并没有引起东亚其他国家的关注和警醒。战后，这些拥有相似屈辱历史的国家形成了强烈的民族振兴富强的力量，追求的目标就是经济繁荣和国家自豪感。它们认为，日本之所以取得远快于西方国家的经济发展速度，秘密就在于实行“政府主导的市场经济模式”。韩国、新加坡、中国台湾竞相学习这种发展模式，以“雁行方式”相继跟进。它们在政府的支持下，对石油化工、汽车和电子工业等产业进行大规模投资，建立巨型工厂，以制造业和出口拉动经济增长。由于处于经济起步阶段，这些国家和地区的威权主义政府和政治体制可以调动资源取得经济增长，从而突破贫困的陷阱。尤其是在20世纪80年代，韩国、新加坡、中国台湾的年均经济增长率都接近10%，与日本高速增长时期相近，因此它们和中国香港一起被誉为“亚洲四小龙”。就连作为第三梯队的泰国、马来西亚、印度尼西亚，也有一飞冲天之势。

从历史角度看，当诺贝尔经济学奖得主冈纳·缪尔达尔在1968年撰写《亚洲的戏剧》的时候，人们还把东亚视为落入贫困陷阱的地区。在20世纪50—60年代，非洲的人均收入要高于东亚。然而，在20世纪80年代东亚却远远超过非洲，成为世界瞩目的经济增长高地。因此，学界纷纷对其增长原因进行分析研究。许多学者认为，东亚成功的秘密在于政府主导市场经济的“东亚模式”，它把经济发展作为国家目标，能够快速而大规模地运用各种资源，获得快速增长，这远胜于自由市场经济和计划经济。在20世纪80年代中期，正值中国争论改革目标模式之际。当时具有现代经济学知识的学者向往自由市场经济的“欧美模式”，而官员们则钟爱政府主导经济的“东亚模式”。经过各方争论，中国最终也选择了“东亚模式”。从此，中国开始了从计划经济模式向政府主导的市场经济模式的转变。

就在20世纪80年代即将结束的时候，日本的各项经济指标达到了空前的高水平。1989年12月29日，日经股票价格指数达到最高点38 957.44点，而3年前只有13 000点。日本经济学家小林实忧心忡忡地对中国学者魏加宁说，他担心日本经济会出问题。可是这种声音非常微弱，而相反的声音却甚嚣尘上。一本名为《日本可以说“不”》的书受到了许多日本人的追捧，也在国际上引起极大关注。很少有人意识到，这既是日本的顶点，也是下落的起点。

三、迷茫

实际上，日本“政府主导的市场经济模式”在20世纪80年代就暴露了一些潜在问题。当时，一家名叫“里库路特”的房地产公司向政府官员们赠送未上市股票，使受赠者在公司上市后获得暴利。媒体揭露有众多官员涉案，其中包括前任和现任首相三人，因此引发日本政坛地震。在政府主导的经济体制里，官员的腐败是难以避免的，何况日本形成了议员、官僚、企业家组成的所谓“铁三角”，利益输送方便。不过由于当时日本的经济表现良好，所以很少有人反思经济体制问题。

进入1990年后，随着股价、地价相继暴跌，泡沫经济走向崩溃，政府采取各种措施也难以见效，同时政府官员的腐败不减反增。1995年大藏省4名高级官员被捕，112名下属受到行政处罚，因此大藏省被媒体批评“已成为腐败温床”。这时人们才认识到问题的严重性。“日本公司”是否完蛋了？人们为此争论不休。在这一时期，由于私人投资乏力，公共工程支撑着经济，尤其是地方经济，所以政府并没有及时从那些本应由市场进行调节的领域退出，反而强化了政府的主导作用。

但是有识之士认识到，政府与市场的关系需要调整，只有减少国家干预才能恢复经济的竞争力。因此，要求限制政府权力、放松国家对经济管制的呼声越来越高，人们也开始呼唤有伊藤博文、吉田茂之风的有远见和魄力的政治家。1996年，桥本龙太郎出任首相，他认为日本经济的根本问题在于政府主导，因此必须进行结构性改革。减少国家干预成为政治日程的中心内容，但是来自既得利益者的阻力也很大。由于自民党执政数十年，所以形成了大批既得利益者。那些曾经被认为集中了日本最好、最聪明的人才的通产省等国家机关，现在不仅缺乏想象力，而且傲慢自大、思想僵化，只知道维持现状，维护既得利益。

几乎同时，国际社会爆发了一场关于“东亚模式”的争论。1993 年世界银行发布研究报告《东亚奇迹：经济增长与公共政策》，将日本、韩国、中国台湾、新加坡、马来西亚、印度尼西亚和泰国等誉为“东亚模式”的奇迹，这也是“东亚奇迹”首次正式出现在官方文件中。美国著名经济学家保罗·克鲁格曼对于此论颇不以为然，1994 年底他在美国《外交》杂志发表文章《亚洲奇迹的神话》，指出日本不是东亚经济奇迹的典型，日本和其他东亚国家的体制并不相同。这些东亚国家虽然增速惊人，但其实是“一群纸老虎”，因为它们的发展很大程度上依赖大规模的劳动力和大量的资金投入，而非创新或质量的推动。东亚并没有独创一种新的现代化发展途径，“东亚奇迹”只是暂时的现象，它们最终必将像苏联一样崩塌。

这个观点遭到新加坡的李光耀、马来西亚的马哈蒂尔等人的愤怒批判。这些东亚的政治家认为，东亚向世界展现了现代化的新型模式，亚洲价值观比美国理念有更多的优越性。他们不认同自由市场和公民自由权利，而是自信地宣称自己的制度更为优越，他们国家的人民承认政府的强大，愿意为了共同的利益限制个人自由。这种新模式最终能使亚洲国家超越西方那些越来越混乱的社会。当时，似乎有越来越多西方知识分子同意这种观点，例如美国著名未来学家约翰·奈斯比特在其著作《亚洲大趋势》里就宣称："东方崛起的最大意义是孕育了世界现代化的新模式。亚洲正以'亚洲方式'完成自己的现代化。"

就是在这种国际舆论环境下，桥本龙太郎先后启动行政改革、金融体制改革、财政结构改革等六大改革。例如，他"对臃肿的官僚机构实施皮下脂肪切除术"，将22个省厅改编为1府12省厅，将中央银行独立出去，取消了企划厅，这样就把过去以省厅为中心转变为以内阁为中心，绕开陈旧而因循的官僚体系，强化了内阁职能。1997年初，桥本龙太郎在第二次组阁后的施政演说中表示："身处世界一体化的社会背景下，在人、物、资金、信息均可自由流通的时代当中，很明显，现在的体制已经成为我国发展的障碍，我们必须争分夺秒地创造出引领世界潮流的新经济社会体系。"他认为经济规制原则是自由，他仿效撒切尔夫人大规模撤销英国证券业管制的做法，宣布全面改革日本金融制度，并将这次改革称为"日本式大爆炸"。

就在桥本龙太郎推进结构性改革时，保罗·克鲁格曼的预言成真，"亚洲神话"破灭。1997年7月开始，一场突如其来的金融风暴席卷亚洲，"亚洲四小龙"首当其冲，马来西亚、泰国、印度尼西亚、日本等国也受到波及。危机使幻想破灭，人们认识到，在市场发育不足的情况下，运用政府的力量协调经济是有利的，然而一旦发展到一定阶段，政府必须及时撤出，"让政府的归政府，让市场的归市场"，否则，就会形成不利于国家发展的"裙带资本主义"。虽然马哈蒂尔仍然嘴硬，但是李光耀悄然改变了态度，承认在信息化时代最重要的是发挥企业家精神。一些东亚国家从此开始从威权体制向民主体制过渡，有过渡平稳的，也有挫折重重的。

亚洲金融危机给日本造成了重大打击，因为日本金融业本来就存在着各种潜在危机。随着股价下跌、出口衰退、不良债务激增，多家金融机构破产。有人形容说，“日本人第一次看到了‘妖怪’”，因为此前都认为不可能倒闭的日本大型银行相继破产。1998 年，日本经济增长率为 –1.1%，桥本龙太郎黯然辞职，结构性改革停滞。随着经济持续恶化，人们对政府指导市场的能力的信任逐渐消失，不再相信政府制定的政策，对未来感到迷茫。

四、改革道阻且长

2001 年 1 月 6 日，通商产业省改组为经济产业省。通产省的神话虽然早就破灭，但是这次改名仍然具有“告别过去”的象征意义。3 个月后，日本政坛出现了一位有魄力的政治家，他就是小泉纯一郎。这位高举改革旗帜上台的政治家，以特立独行的执政方式获得了极高的民意支持，一度出现“小泉旋风”。

小泉纯一郎曾多次担任内阁大臣，深知日本的问题所在。在他看来，“不进行结构性改革，就无法实现真正的景气复苏，也无法实现持续增长”。因此，他主张“资源的流动基本上是通过市场实现的，要清除市场的障碍或抑制增长的因素”，“要建设付出智慧和努力就能够得到回报的社会，通过这些举措让经济资源迅速流入增长领域”。小泉改革的理论依据是自由主义市场经济理论，他主张以市场经济为主，政府调控为辅，建立“小政府”，放松对企业的管制，“改革无禁区”。他喊出“自由的市场是根本”“民间能做的就交给民间，地方能做的就交给地方”等鲜明口号，不断推进改革。

在担任首相的 5 年中，小泉纯一郎积极推行民营化、市场化。例如，他主动推行邮政改革，把银行、保险分离出来，让公共性很强的业务和市场性很强的业务各自独立。他打破了曾经被称为日本经济成功经验的经营模式，终身雇佣制、年功序列制等逐渐退出日本的经济舞台，企业通过精减人员增加了收益。随着外部经济形势的好转，新一轮投资热潮来临。日本经济从 2002 年 1 月进入景气时期，直到 2008 年 2 月，长达 73 个月，超过了战后的所有景气时期。

改革就意味着触动既得利益。因此，在允许各利益方都充分表达意见的民主国家里，改革有时会遭遇比在威权国家更大的阻力。21 世纪以来日本一些舆论批评贫富差距在扩大，“日本变成了差距分化社会”，指责根源就是“小泉政权推进的自由市场性改革”。这些争议席卷整个日本，就连原本一直支持小泉改革的自民党政治家麻生太郎也说，小泉改革“虽然也有成功的部分，但是过度的自由市场主义反而使日本产生了贫富差距。对地方和中小企业造成的负面影响应该予以修正”。2009 年 8 月，日本民主党政治家鸠山由纪夫在《纽约时报》上发表了一篇文章，声称“‘冷战’后，日本人被称为‘全球化’的美国自由市场主义之风击垮，失去了作为人的尊严。这次的经济危机（雷曼兄弟冲击）是由以下这种思想导致的——唯有美国式的自由主义经济学才具有普遍性，各国都应该按照这个全球化标准来修改传统和国内相关规定”。这几乎是对自由市场经济的全盘否定。

民主党获得政权之后，开始“与近年来过度的自由市场主义彻底诀别”，结果并没有解决2008年全球经济危机给日本带来的问题，最终黯然下台，2012年底日本迎来了战后执政时期最长的安倍晋三政权。安倍晋三射出“三支箭”，第一支箭是宽松的货币政策，第二支箭是大规模的量化宽松财政政策，第三支箭就是结构性改革。在小泉纯一郎时代，本来已经大大减少公共工程，可是这时要求回到以前那种通过公共事业支援地方经济的状态的呼声很高。安倍晋三的前两支箭就是为了给金融市场注入活力，让企业和消费者振作起来而推出的一系列刺激经济政策。他还干涉日本央行的人事变动，让央行逐步失去政策的独立性，因此被批评为“改革的倒退”。

不过，安倍晋三的第三支箭将结构性改革作为施政重点，制定了包括各种战略协定、放松管制和促进创新等在内的一揽子增长战略，希望依托结构性改革实现日本经济的整体性复苏与发展质量的提升。他推动电力自由化，实行竞争上网，而以前的电力价格全部受到总体管制。考虑到政治经济结构的僵化，以及来自传统利益集团的阻力，他设立“国家战略特区”，作为监管制度改革的工具。这些特区可以自己选择适用的法律条文，不受某些法律条文的约束，从而将竞争从传统的工业领域，引入农业、医疗、教育、劳资关系等领域。安倍改革的目的就是，通过这些举措，打破既得利益壁垒，让市场竞争覆盖的领域越来越广，发挥日本经济的潜在能力，重新焕发农业和大城市应有的活力。

安倍晋三的结构性改革成效显著。日本宏观经济在2011年探底后，几乎连续8年持续恢复（从2012年12月开始到2019年1月，持续长达74个月），成为战后最长的景气时期。日经指数不断攀升，失业率降至历史最低水平，企业收益大幅改善。然而，像这样创纪录的长期景气趋势，却被许多人抱怨“没有实感”，因为个人的实际收入并没有相应增加。

现在，“东亚模式”已成陈迹，东亚国家纷纷从威权体制向民主体制过渡，但是“政府主导的市场经济模式”仍然受到一些国家的追捧。尤其是2008年全球经济危机和2020年新冠肺炎疫情暴发之后，似乎证明这种模式仍有生命力，更有人认为历史的钟摆将摆向政府一方，自由市场模式将被抛弃。然而，从更长的历史时段来看，这种观点并没有根据。战后日本发展路径选择的成败得失，值得认真研究，深长思之。

战后初期，为了推动经济复苏，日本选择了“政府主导的市场经济模式”。这种模式虽然在一段时期里推动了日本经济高速增长，甚至创造了“日本奇迹”，但是也形成了“路径依赖”，从而成为未来发展的阻力。虽然经多任日本首相努力改革，但是迄今都没有得到完全解决。著名经济学家道格拉斯·诺思教授曾警告说，一旦路径被锁定，除非经过大的社会震荡，否则就很难退出了。怎样以更大的政治勇气和智慧深化改革，彻底摆脱旧模式，是日本必须正视和思考的问题。

2019年4月，明仁天皇退位，德仁皇太子即位成为新天皇，改年号为“令和”。按照官方的解释，“令和”出自日本古典文集《万叶集》的梅花之歌，它意味着寒冷的冬天过去就是春天，希望每个人都像盛开的梅花一样对未来充满希望。令和时代的日本是否会像人们所期望的那样“美丽和谐”（Beautiful Harmony）？

未来会给出答案。

后记

互惠地照亮着对方

窗外柳丝袅袅，桃红杏白，北国的春天总是来得这么突然。尤其是在两场突如其来的沙尘暴之后，还没有来得及去踏春，春天已经来到了家门口。这个世界不也是同样如此吗？不经意间，过去一年世界发生了巨变，中国的国家气质和社会氛围也遽然变化。因此，在写作序言时迟疑不定，这篇后记也难以落笔，不如回顾一下“日本三部曲”的由来吧。

2016年夏天，受日本国际交流基金（The Japan Foundation）的邀请，我到日本庆应义塾大学做访问学者，无意中开启了阅读日本历史、追寻日本现代化历程的旅行。最初，我主要关注的是明治维新的历史，撰写了60篇文章，2018年6月结集为《国家的启蒙：日本帝国崛起之源》出版。德高望重的吴敬琏先生在看过书稿后说，这本书好像没有写完，应该继续写下去。正是在他的鼓励下，我决心写作“日本三部曲”，完整反映这个邻国现代化转型的过程。于是，我在2020年2月出版了《国家的歧路：日本帝国毁灭之谜》，反映明治维新成功后日本走向自我毁灭的过程。现在奉献给读者朋友的这本《国家的重生：日本战后腾飞之路》，则反映了日本战后重建国家的奋斗历程。

社会学家本尼迪克特·安德森说："观察外国的事情，时常会让人产生'眩晕'的感觉，就像从望远镜的相反一侧窥探本国一样。"[①]我相信，作为后发国家，日本现代化转型的经验和教训，对中国有着特别的意义。经济学家魏加宁先生就说过一句很有启发性的话："今天中国的问题，都是日本曾经遭遇过的；今天日本的问题，都是中国未来要面对的。"

对我个人来说，"日本三部曲"的写作，是一次阅读、思考与启蒙之旅，趣味盎然，收获良多。不仅填补了对日本的认知空白，也丰富了对自己国家的理解。我越来越认识到，启蒙首先不是针对别人，而是启自己之蒙。用康德的话说，就是"要有勇气运用你自己的理智"[②]。就今天而言，就是打破居高临下的心态，虚心学习那些代表了人类现代文明的知识成果。

让我欣喜的是，《国家的启蒙：日本帝国崛起之源》与《国家的歧路：日本帝国毁灭之谜》得到了读者朋友们的支持。迄今为止，《国家的启蒙：日本帝国崛起之源》已经加印 9 次，《国家的歧路：日本帝国毁灭之谜》也加印 4 次，经常听到朋友们提到这两本书。而且《国家的启蒙：日本帝国崛起之源》被翻译为日文，2021 年 1 月在东京出版，摆在了日本各大书店。对

① 转引自青木昌彦著《我的履历书：人生中的"越境博弈"》，赵银华译，中信出版社，2009 年 10 月第一版。

② 引自陈乐民著《启蒙札记》，东方出版社，2020 年 10 月第一版。

于一位写作者来说，这是最大的鼓励。

记得2019年元旦前夕，我在北京的建国饭店采访傅高义先生，他也鼓励我多写一些日本。这位美国学者抱着同情的态度，在强烈责任感的驱使下，于2018年完成了一部著作《中国和日本：1500年的交流史》，向人们介绍中日两国深刻而复杂的历史关系。傅高义建议："两国可以帮助国民更好地了解中日间长期的、互相交织的历史，以此方式承认彼此学习的程度之深，并呈现彼此合作的正面经验。"法国历史学家费尔南·布罗代尔说："过去和现实是互惠地照亮着对方的。"同样，作为东亚的邻国，中国和日本也是互惠地照亮着对方的。

很遗憾，傅高义先生在2020年12月份遽然离世。这个世界多么需要像他这样的睿智学人，能够从不同角度推进国家间的相互理解。在政治环境动荡的时代，文化的交流与理解就显得尤为重要。正如钱钟书先生所说："东海西海，心理攸同；南学北学，道术未裂。"尽管文化形态不同，但是都植根于共同的人心与人性，因此能够成为世界的最大公约数，也是推动人类走向美好未来的重要力量。

"日本三部曲"不是句号，今后我将继续学习日本历史，并写下自己的心得。同时，我也将开启欧洲国家的历史之旅，扩大视野。事实上，我现在阅读的魏玛共和国历史，就给我开辟了一个全新的世界。在那段混乱而又辉煌的短暂岁月里，德国处在历史的十字路口，许多人物的痛苦抉择与内心挣扎，都让我感触良多。我希望能够写下那些触动我的人物和故事，与读者朋友分享。

"日本三部曲"顺利完成之际，我内心充满感恩之情。首先感谢吴敬琏先生的启发与鼓励，他为“日本三部曲”的每一本书都写下了热情的推荐语，既是奖掖后学，也引导读者在更高的层次上去思考问题。他也向我提出了许多宝贵的建议，例如本书的最后一篇文章“‘日本奇迹’的兴与衰”，就是根据他的建议增加的，而且在写作过程中我多次得到他的指导（还有魏加宁老师）。当然，本书必会存在错误或瑕疵，作为作者，我要对本书的观点和文字承担全部的责任。

感谢我所服务的《财经》杂志社，感谢王波明总编辑、戴小京社长、何刚主编、苏琦副主编等领导，他们营造的工作环境宽松、宽容、宽厚，是这个变幻莫测的时代里殊为难得的。感谢王波明总编辑拨冗为本书撰写推荐序，他提出的“一个国家为什么能成功”的分析框架是非常深刻的。感谢刘道玉先生、冯天瑜先生、易中天先生、葛兆光先生、钱颖一先生、许纪霖先生、刘瑜女士、吴晓波先生的热情推荐，他们都是饱学之士，我从他们的著作里受益良多。感谢中信出版社原总编辑乔卫兵先生（现为中译出版社社长），《国家的启蒙：日本帝国崛起之源》的书名就源自他的智慧，“日本三部曲”由此而确定了总体格局。感谢主编寇艺明女士，她耐心细致，敬业精神令人感动。感谢国内外师友提供的各种帮助，因为人数太多，不便在此一一致谢。感谢读者朋友们对“日本三部曲”的关注与支持。

感谢我的爱人，她给予我的关心与支持是无私的。感谢马浩宇同学，他帮助我查找资料、核对史实，而且作为这些文章的第一读者，提出了许多非常好的建议。他 2020 年被迈阿密大学（牛津）录取，但是由于新冠肺炎疫情而不能出国，自己也开始写文章，进步很快，让我感到欣慰。现在由于疫苗大规模接种，世界逐步恢复正常，他即将负笈海外，和成千上万的中国学子一起开启新的人生旅程。我相信，这一代人必会拥有一个更美好的未来。

现代日本大事记（1945—1973年）①

1945年

•8月15日，天皇宣布日本投降（玉音放送）

•8月23日，日本文部省通知要求各地学校复课

•9月2日，日本签署投降文书（横滨湾“密苏里号”战列舰）

•9月26日，哲学家三木清惨死狱中

•9月27日，昭和天皇前往盟军总司令部拜会麦克阿瑟

•10月4日，盟军总司令部发出“人权指令”（又称“自由指令”），要求即刻解除日本在政治、人权、宗教信仰等方面的一切限制

•10月11日，盟军总司令部对日本政府下达“五大改革”指令，包括解放妇女、鼓励组织工会、改革教育制度、废除秘密警察、经济体制民主化改造

•10月13日，首相币原喜重郎任命松本烝治负责宪法问

① 为了读者朋友们有更清晰的历史框架，此处收集了1945—1973年日本国内外重大事件，并将本书所涉人物、事件纳入。

题调查委员会

•11月6日，麦克阿瑟向日本政府发出促使四大财阀立即解散的备忘录，冻结15家大财阀资产

•11月30日，日本的武装力量被正式解散

•12月17日，日本妇女获得选举权

•12月22日，国会通过《工会法》（1946年3月1日起生效）

1946年

•1月1日，昭和天皇发布《人间宣言》

•1月4日，根据盟军总司令部的备忘录，天皇发出"公职追放敕令"，禁止军国主义者担任公职（1947年再次进行公职追放，两次总计清洗20万人）

•2月4—12日，盟军总司令部民政局秘密草拟宪法样板

•2月11日，东京大学校长南原繁发表演讲《新日本文化之创造》

•2月13日，盟军总司令召集开设远东国际军事法庭，审判战犯

•4月，举行战后第一次民主选举

•4月，《美国教育使团报告书》发表，"描绘了战后教育改革的全景"，日本教育改革开始

•5月22日，吉田茂出任首相

•5月，思想家丸山真男的成名作《超国家主义的逻辑与

心理》发表

•9月27日，颁布《劳动关系调整法》

•10月7日，国会通过新宪法

•10月21日，国会通过《农地调整法改正法律案》，土地改革开始

•11月3日，昭和天皇颁布新宪法

•11月，松下电器公司成立PHP研究所

•本年，为了稳定经济而成立“经济安定本部”

1947年

•1月31日，麦克阿瑟禁止定于次日举行的大罢工。

•3月31日，颁布《教育基本法》，本年开始实施九年义务教育制度

•4月14日，国会通过《反垄断法》

•5月3日，新宪法生效

•12月，制定《经济力量过度集中排除法》，指定325家公司为“排除”对象

•9月1日，《劳动基准法》生效，设置劳动省

•12月18日，国会通过《经济力量过度集中排除法》

•12月22日，颁布新的《国民法典》（1948年1月1日生效）

•自本年开始，日本政府每年发布经济白皮书

1948 年

- 1 月，发布《排除财阀同族支配办法》，56 个财阀家族和财阀所属主要公司领导人一律辞职，并禁止 10 年内重新任职
- 9 月 12 日，远东国际军事法庭做出判决
- 12 月 23 日，东条英机等 7 名甲级战犯被执行绞刑

1949 年

- 3 月 7 日，约瑟夫·道奇为日本经济开出处方，开始实施“道奇路线”
- 5 月 24 日，设置通商产业省（原为商工省）
- 11 月 3 日，京都大学教授汤川秀树荣获诺贝尔物理学奖
- 本年，经济学家争论日本经济是否应该独立自主

1950 年

- 5—12 月，盟军总司令部发布“清红”令，数千名嫌疑人失去工作
- 6 月 25 日，朝鲜战争爆发
- 7 月 8 日，麦克阿瑟指示日本政府设置国家警察预备队

1951 年

- 4 月 16 日，被解职的麦克阿瑟离开日本
- 9 月 8 日，日本签署《旧金山对日和平条约》及《日美安全保障条约》

●1949—1951年，日本知识界与政界围绕如何媾和发生争论

1952年

●2月20日，东京大学发生“泼泼罗事件”

●4月28日，《旧金山对日和平条约》正式生效，日本获得独立

●5月，静冈县发生“村八分事件”

●8月13日，日本加入国际货币基金组织和世界银行

1953年

●2月1日，日本广播协会首次播放电视节目

●8月27日，正力松太郎的日本电视台取得电视执照，次日正式营业

1955年

●5月，十河信二出任日本国有铁道总裁（相当于铁道部长）

●夏天，熊本大学医院确诊第一例水俣病人

●7月20日，内阁设置经济企划署

●10月13日，左翼政党合并组成日本社会党

●11月11日，保守党派合并组成自由民主党

●1946年成立的全日本部落民解放委员会（前身为战前的

水平社）改名为“部落民解放同盟”。

●本年，形成“五五体制”，“神武景气”开始

1956年

●7月，日本政府发布经济白皮书《已经不是战后了：日本经济增长与现代化》

●12月18日，日本加入联合国

1957年

●6月29日，东京塔动工兴建

●8月12日，朝日茂起诉厚生大臣，要求“享有健康和文化的最低限度的生活的权利”

●8月13日，官方成立“宪法调查会”，隶属内阁

1958年

●6月8日，反对修改宪法的学者建立“宪法问题研究会”

●10月14日，东京塔竣工

●12月，日本内阁会议批准建造东京—大阪间的新干线

1959年

●4月10日，皇太子明仁与正田美智子结婚

●4月20日，东海道新干线工程举行开工仪式

●本年制定《国民年金法》，强制所有60岁以下的民众加

入国民养老体系

●从本年开始，日本出口量超过进口量

1960年

●5—6月，抗议《日美共同合作和安全条约》的浪潮（安保运动）在全国兴起

●6月15日，反对《日美共同合作和安全条约》的游行队伍包围国会议事堂，东京大学历史系学生桦美智子不幸死亡

●6月23日，日美双方交换《日美共同合作和安全条约》批准书，条约生效，岸信介首相辞职

●6月24日，内阁会议通过“贸易和汇兑自由化大纲”，开始“自由化”政策

●10月12日，社会党委员长浅沼稻次郎遇刺身亡

●12月27日，池田勇人内阁制订作为政府政策的“国民收入倍增计划”

●本年秋天，持续313天的“三池煤矿大罢工”结束

1961年

●从本年开始，政府要求所有国民都加入公立医疗保险制度，实现“国民皆保险”

●5月，日本国铁与世界银行签订8 000万美元（约288亿日元）贷款合同

1962 年

●2 月 23 日，松下幸之助成为美国《时代》杂志封面人物

1963 年

●3 月，通产省将《特定产业振兴临时措施法》提交国会审议（连续经过第三届国会审议均未有结果，最终成为废案）

●秋天，丰田汽车开始在日本市场上销售

●本年，傅高义出版《日本新中产阶级》

1964 年

●4 月，日本正式加入经济合作与发展组织，开始资本自由化

●7 月，宪法调查会向政府提交《宪法调查会报告书》

●9 月 9 日，国际货币基金组织大会在东京召开

●9 月，美国《生活》杂志制作松下幸之助与其事业的专集

●10 月 1 日，新干线开通，新干线“子弹头”列车开始运行

●10 月 10—24 日，东京奥林匹克运动会

●本年，日本学者出版《可怕的公害》

1965 年

●6 月，家永三郎因教科书问题向东京地方法院起诉文部省

●6 月 22 日，日本和韩国缔结《日韩基本条约》

●11 月，发生“住金事件”

●本年，反对越南战争的民间团体组成“越平联”（1974

年解散）

1967年

●2月28日，三岛由纪夫、川端康成、石川淳、安部公房四位作家联名发表《关于“文化大革命”的声明》

●10月20日，吉田茂去世

●11月，四名美国逃兵向“越平联”求助

●本年，无党派人士美浓部亮吉当选东京都知事，日本各地兴起“地方革新运动”

●本年，颁布《公害对策基本法》

●本年，日本总人口突破1亿

1968年

●9月13日，地方政府出资为42名死于水俣病的人举行悼念仪式

●10月17日，川端康成获得诺贝尔文学奖

●10月23日，日本政府举行的“明治维新百年祭”活动达到高潮

●日本各大学所组成的“全学共斗学生运动”激烈化

●本年，日本国民生产总值超过联邦德国，成为世界第二大经济体

1969 年

●1 月 18—19 日，发生“安田讲堂事件”（东京大学遭激进学生占据）

●2 月，作家石牟礼道子出版《苦海净土：我的水俣病》

●7 月 10 日，政府颁布《企业合并特别处置法》

●夏天，学生运动开始走向下坡

●东京都率先制定《公害防止条例》

1970 年

●3 月，403 名学者与文化人士联名发表《向全国国民的呼吁书》，批判国家权力对教育自由的干涉

●3 月 14 日—9 月 13 日，大阪世界博览会

●3 月 31 日，发生“淀号劫机事件”

●7 月 17 日，“第二次教科书诉讼”判决结束，家永三郎胜诉

●11 月 25 日，作家三岛由纪夫切腹自尽

●12 月 18 日，国会通过 14 个公害对策相关法案（因此被称为“公害国会”）

●本年，科学家高桥敷出版《丑陋的日本人》一书，轰动一时

1971 年

●7 月 1 日，日本环境厅设立

1972年

●1月，关岛战役中的日本士兵横井庄一被发现并被送回日本

●2月19—28日，发生“浅间山庄事件”

●5月15日，冲绳归还日本

●9月29日，中日发表联合声明，日本承认中华人民共和国政府为中国的唯一合法政府

1973年

●3月20日，熊本地方法院判定窒素公司承担责任，向水俣病患者支付损害赔偿

●10月，爆发第一次石油危机，日本的高速增长时代结束

●自民党宣布1973年为“福祉元年”，大力推展退休及健康保险计划

推荐读物

《国家的启蒙：日本帝国崛起之源》

内容介绍：从1853年美国“黑船”叩响紧闭的国门，到1912年明治天皇去世，日本用60年时间从一个落后国家跻身世界强国之列，成就了近代世界史上“大国崛起”的一个独特模式，也成为许多追赶型国家羡慕和模仿的对象。此书通过描写这个时期的重要历史人物和重大历史事件，生动记录了60年间日本奋起追赶、建设现代国家的艰难历程，也分析了日本后来走上军国主义道路的内在原因。对于追求大国崛起的国家而言，日本所走过的道路至今仍然有强烈的现实意义。本书是“日本三部曲”的第一部。

《国家的歧路：日本帝国毁灭之谜》

内容介绍：1912 年，随着明治天皇去世、大正天皇登基，日本开始出现宽松的社会环境，民主主义运动高涨，实现了普选制和政党内阁制。此外，军部和右翼势力暗流涌动，最终在 1936 年酿成了“二二六”事件。从那时起，日本迅速滑向法西斯主义，先是侵略中国，而后向英美宣战，结果不但给世界造成灾难，日本自身也几乎被战争毁灭。本书通过描写 1912—1945 年的重要历史人物和重大历史事件，生动勾画了一个曾经充满希望的新兴国家如何走向战争的历程，也分析了日本走上自我毁灭的内在原因。本书是《国家的启蒙：日本帝国崛起之源》一书的续集，这两本书完整地呈现了近代日本开国—崛起—膨胀—毁灭的历史进程，也是一个完整的后发国家的现代化故事。日本走向战争对中国产生了巨大的影响，了解这段历史，对于认识日本、认识后发国家的发展具有现实意义，对今天的中国也仍然有很强的警示意义。本书是“日本三部曲”的第二部。

《看中国》

内容介绍：中国经济正在崛起，国际地位越来越重要，但是另一方面，中国也面临着巨大的转型难题。只有站在世界看中国，才能清晰地看到中国面临的问题和挑战；只有以世界的视野来审视中国的转型，才能准确认识到中国未来的道路。本书是马国川对国际最权威、最有影响力的人士的采访。其中既有基辛格、李光耀、斯考克罗夫特、莫德罗等世界知名政治家，也有科斯、科尔奈、青木昌彦等大师级经济学家，还有福山、尤努斯等著名思想家。这些人士以客观理性的态度分析中国的现状，对中国政治、经济、法律、民生、文化、历史等方面进行了全方位、多角度的剖析，包括如何消除贫困和腐败、中国经济新阶段的最大特点、政府自我改革、人口政策与户口制度变革、中国未来的挑战、中国与美国和世界的关系等涉及每一个中国人命运的重大问题，力图从严峻的现实问题中思考和探索出未来中国当走的路。对中国的改革提出了诸多有价值的建议，很值得正在为实现大转型而努力的国人从中汲取营养。